POISON AND VISION

POISON AND VISION

VISION

POEMS AND PROSE OF BAUDELAIRE, MALLARMÉ AND RIMBAUD

SELECTED, TRANSLATED AND WITH AN INTRODUCTION BY

DAVID PAUL

VINTAGE BOOKS
A Division of Random House   New York

For Angela

VINTAGE BOOKS EDITION, June 1974
First Edition
Copyright © 1974   by David Paul

Library of Congress Cataloging in Publication Data

Paul, David, 1914–   comp.
  Poison and vision.

  Parallel texts in French and English.
  Includes bibliographical references.
  1. French literature—19th century. 2. French
literature—Translations into English. 3. English
literature—Translations from French. I. Title.
PQ1141.P25   840'.8'007   74–723
ISBN 0–394–71986–7

Manufactured in the United States of America

Contents

Mallarmé

Rimbaud

Introduction

Poison and Vision, or, as Baudelaire expressed it in
the title of one section of *Fleurs du Mal*, Spleen and
Ideal... a curious coupling: in a sense it is even a sort
of equation. The one side of it is the essential counter-
part and source of the other; and as a whole it
expresses, better than any other three words can—better
even than the title of his one volume of poems—the
essence of Baudelaire, and the reason why he remains
the first of modern poets. "Poison" is a key word in his
poet's vocabulary, and in Rimbaud's as well. It has a
complex aura of meaning—it can denote pleasure,
drugs, even the sense of happiness, but above all I
think it expresses the pain, the impurity and the horror
of experience—and the obsessive urge of the poet's
imagination to transfix this in his work, to justify and
thereby sublimate it. From early childhood, Baudelaire
had been dominated, as he notes in his journals, by
twin and opposite sensations: the horror and the ecstasy
of life. And towards the end of his career, in 1862, he
writes, in a famous phrase: "I have nurtured my
hysteria with joy and terror..." Only a few years
later, in a remote northeast corner of France, Rimbaud,
a boy of sixteen, was writing a poet's credo, which
might be an immense, megalomaniac and yet
reasoned expansion of Baudelaire's words:

"Self-knowledge," he wrote to his school friend,
Démeny, "self-knowledge, entire, that should be the
first study of the man who wants to be a poet; he
seeks out his soul, inspects, tempts and teaches it.
Once he knows its workings, he must cultivate it: that
sounds easy; a natural development takes place in
every mind: there are so many *egoists* who proclaim
themselves authors: and a lot of others who credit
themselves with their intellectual progress!—But the
thing is, to mutilate the mind... Think of a man
planting and growing verrucas all over his face.

"I mean this: you have to be a *seer*, make yourself
a *seer*.

"The Poet makes himself a *seer* by a long, immense

and reasoned process of *disordering the rules of all the senses*. All the forms of love, suffering, madness; he personally seeks out and exhausts in himself all the poisons, to save and keep only their quintessences. An unspeakable torture under which he needs all of a superhuman faith and force, and he becomes above all others the great sick one, the great criminal, the above all accused—and the supreme Sage! For he attains the unknown! Seeing he has cultivated his already abundant personality more than anyone! He attains the unnkown and even if, driven mad, he loses the meaning of his visions, he has seen them!

"So, the poet is truly a stealer of fire.

"He is responsible for humanity; even for the *animals*: he must make his inventions sensible, palpable as well as listenable: if what he brings back from *down there* has form, he gives it form: if it is formless, he makes it formless. How to find a language;—anyway, every word being idea, a universal language will one day come!"

Obviously, Rimbaud's definition of the poet's function and task—it could be taken as an outline of Baudelaire's career—is based more than on anything else on his reading of the *Fleurs du Mal*. In the same letter he describes Baudelaire as "the first seer, king of poets, a *true god*." His ideal Prometheus-poet cultivates an imagination that will dare to take on any experience, at the risk of madness, self-destruction. It was Baudelaire who had deliberately sought, had brought back this sense of *danger* into poetry. From Wordsworth—and Lamartine—onwards, the function of poetry had seemed more and more to be to uplift, console, edify. A certain cleavage had begun between the poet's mind and the ominously changing world around him, a cleavage that was to continue in England, uneasily widening with Tennyson, Morris, the Pre-Raphaelites. None of them faced his environment, and what was happening to it, as clearly as Blake had done. But with Baudelaire, poetry leaps into the sense of the "dangerous world"

of human experience—in its self-created environment—
as of a poison which had to be assimilated, and trans-
muted by the alchemy of the creative process into an
indissoluble element of his poetry. This is what makes
him still the first of modern poets, whatever his faults,
limitations and obsessions. No one more fully risked
monotony by his insistence on certain themes. But
the more one assigns limits to Baudelaire, the more
subtly he escapes them. The strictures of a Henry
James, or a Sartre, however monumental and final
they obviously seek to be, are two-dimensional: they
break on their object like paper hoops. Deplorable,
degenerate, perverse, childish, dandyfied, period poseur,
prophet of gloom, aloof, disdainful, dilettantish—
Baudelaire survives and still provokes with all his
contradictions.

And no poet, not even Donne, has proved such a
vitalizing and various influence on his successors. For
both Rimbaud and Mallarmé, the encounter with his
work was the event that altered their whole development. The same is true of Verlaine, Corbière, Laforgue
and others. But there is no doubting that the greatest of
these, Rimbaud and Mallarmé, were the closest to his
influence and example. Some of their earlier poems are
almost continuations of Baudelaire, but no less vital for
that. The intermingling of the senses which Baudelaire
so often foreshadows was carried to a limit by Rimbaud.
Bateau Ivre begins where *Le Voyage* leaves off. *Igitur* is
the final consummation of Baudelaire's Dandy, rejecting
all action, contemplating himself—to the point of self-
annihilation—in a mirror.

The kind of vision sought by all three—the
"voyance," as Rimbaud nicknamed it—was not a
romantic search for escape or exaltation: it meant above
all a new perspective, the ability to transfix and deepen
commonplace, immediate experience—the contents of a
room, the atmosphere of a street, the force of a childhood memory—by seeing beyond it. An object cannot
be truly seen except by situating it in a space that
transcends it. The will to transcend is not enough;

the will to see only the immediate can only defeat itself. In one sense, the search of these poets for "vision" was like the quattrocento painter's obsession with the laws of perspective. In another sense, they learned— like Blake, a poet they had never heard of—each in his own way to combine the faculties of the inward and outward eye. Blake *saw* the London of his immediate environment—*every charter'd street*—because of the Jerusalem he imagined beyond it. The deep-bitten realism of Rimbaud's *Seven-Year-Old Poets* is a direct prelude and foil to *Bateau Ivre*, a triumphant evocation of the sea he had never yet even seen.

But how do we reconcile the visionary with the figure of the Dandy, so deliberately canonized by Baudelaire? The Dandy he visualizes is indeed a sort of saint; and Dandyism has to be seen, not as a pose, or even as a way of life, but as a perpetual, challenging discipline. To my mind the three Dandies par excellence were Delacroix, Chopin and Baudelaire, in their character, their personal style and their work. All three singularized themselves among their fellows and contemporaries by the tenacity of their observance of the great traditions with which they chose to identify: Renaissance painting, the music of Bach and Mozart, the poetry of Racine. In all three an emotional intensity—a fury even—is controlled *and* enhanced by the ruthlessly disciplinary form that contains it. Baudelaire's originality as a poet is based on a reversal of the Biblical precept: he put the newest of wine into old bottles. He evoked the city world of his day in a poetry that maintains the classic line of the seventeenth century. For all his faults and rhetorical lapses—and they are a witness to the challenge he set himself—he was a purist, aiming not only to intensify and widen the scope of poetry, but to strengthen and purify its forms. In this sense, he recognized one predecessor, Gautier, the dedicatee of *Les Fleurs du Mal*: the one poet among the romantics who had celebrated technical discipline, the joy of the craft for its own sake, as being central to the poet's *credo*—

an ideal that was to intensify with Mallarmé, and later to find its most surprising consummation in the Byzantium poems of that arch-visionary and most laborious of craftsmen, Yeats.

What Baudelaire had initiated became a long, painful and yet exalted inquisition into the very nature of poetry, its function, limits and purpose. Poe had fore-shadowed this in his brashly astute, intuitive fashion. But the stimulus of his *Philosophy of Composition* was the merest nudge that prompted an immense disturbance already imminent: there was after all no phenomenon to compare with it in contemporary English poetry. And the chief inheritor of Baudelaire's ideal of self-searching, ultra-refining craftsmanship was Mallarmé, who began to study English as a boy "in order to appreciate Poe better," and who chose the humble but safe career of English teacher in a school so that he could dedicate his nights, and what was left over of his days, to the quest for perfection.

The mental and spiritual agony of the crisis endured by Mallarmé in the years 1867–1870 is sufficiently attested in his letters and by his friends: once under-stood, its results in the work are clearer still. To simplify drastically, one might say that he was haunted by the simple equation: Nothing is perfect. Endless musing on this is what created the perspective of his thought. For him, "absence" and "essence" became the same thing. If perfection is nothingness, then it can only be celebrated by its absence. (There's a prec-edent for everything, of course, and *The Phoenix and the Turtle*, an elegiac eulogy of two perfect entities that never were, draws curiously close to the Mallarmean ideal.) But Mallarmé pressed his imaginative conviction with the rigorous patience of a saint, to a point where, for him, the human situation was no more than a mote of dust in a nearly void universe, whose only visible evidence, outside the tiny solar system, was the thinnest scatter of stars in the dark of the night sky—supreme and enigmatic demonstration of the law of chance. All

this may be statistically demonstrable, and in that sense obvious. But Mallarmé *lived* with it, where the basic human response is to accept and ignore it. In the imaginative perspective of a Mallarmé, landing on the moon is an infinitesimal step, making no essential difference to the dimensions of the human situation in the sum of all space.

The same scale of measurement can be applied to the individual human mind and personality. What does one human individual signify in the actual or potential aggregate of all human individuals, past, present and to come? Every individual assumes a value to himself by living—without answering the question. Mallarmé's answer was to invent Igitur, an individual whose "race" may be a family lineage of the oldest and purest, or simply the human race and its heritage as a whole. Igitur is an individual "absolute"—or simply, he has a lifelong urge to assert some act that will be final, even if it involves self-extinction; but it will be a fully conscious recognition of what it is, in the face of the infinite.

Mallarmé, after a pious upbringing, had rejected Christian belief. But the ordeal reflected in *Igitur* is as acute as that of Pascal—and more akin to that of a Zen Buddhist. The quest for purity, certainty, became a slow process of self-immolation—a recognition of the truth that perfection is a Nirvana that can only exist in what is a void to human consciousness; and that human thought, however self-contradictory this may seem, must face its own annihilation in order to attain that end. It seems to me that *Igitur*—slender, rough draft though it be—resumes at least three very distinct traditions: the philosophy of Hegel—nothingness and the universe are complementaries which interchange and cannot exist without each other; the Buddhist, or Taoist way—the castle of purity, or the One, can only exist beyond the madness, confusion and shipwreck of human life; and finally, the legacy of Hamlet: Igitur offers a final answer to the question of to be, or not to

be. And as I have suggested, Igitur can be seen as the ultimate Dandy, rejecting human experience as impure, incoherent and futile. The Dandy is an absurdity, but only the absurd can attain the absolute.

Mallarmé's approach to the problem of the poem, and of the *Grand Work* he dreamed and never wrote, has to be seen in terms of alchemy, and music. The alchemical analogy is continually present in Baudelaire's thought and imagery, and in Rimbaud's. The task of the poet was endlessly to refine, purify, distill, sublimate the language, the forms he gave it, and the whole heritage of experience that had gone to shape it. Baudelaire glances into the infinite depths of meaning in the most commonplace figures of speech, "holes dug by generations of ants": Mallarmé sees the poet as reforging and purifying the language of the tribe, even to a meaning which the tribe had created without ever understanding it.

But, meaning? What does music really *mean?* The meaning of the ideal poem could only be akin to that of music, self-contained, nonexplanatory, infinitely suggestive. If all three poets were often preoccupied with music, Mallarmé was—jealously—obsessed with it; in a way it is the obsession of a hypersensitive, hyperintelligent being with the mystery of a craft of which he knows nothing at first hand. Ignorance of the technical means of an art may heighten one's susceptibility to its magic. But there were specific reasons for the sense of rivalry. Music had always been free of the bonds from which he was striving to liberate his verse. It had no strictly utilitarian purpose; it could be all-powerful in its effect, and yet triumphantly *useless.* Its means of expression was not the worn and corruptible coin of daily, practical communication. It was a language, yes, but one that communicated without explaining. Even a single note from a plucked string can strike a response from the whole nervous system. How can poetry be made to achieve a comparable feat? This was a part of Mallarmé's quest-for-the-

impossible, a poetry which explained nothing and yet attained a maximum concentration of expressive force.

"Music with all its cunning falls short of our desire..." This was Rimbaud's final defiance and rejection. Mallarmé's more reasoned and more intellectual preoccupation led him, I think, into false analogy. To give one instance, the text of his final work, *A Throw of the Dice will never abolish Chance*, is disposed across the double page in a studious sprinkle of words meant to suggest both the stars of the night sky and the notes of a musical score. But music is not a question of magic sounds, or symbols; but of aural structure, of patterns of procedure through systems of repetition and development. In this respect, Baudelaire is, instinctively or otherwise, the superior musician. In *Le Balcon* and other poems of similar form, in the intervolving pattern of *Harmonie du Soir,* he uses refrain, delayed or syncopated repetition, with results closer to music than that of any other poetry I know.

Mallarmé, Rimbaud: it would be hard to imagine two more opposite temperaments. Rimbaud's family circumstances and upbringing might have been calculated to produce a criminal. His father, a bookish military man, had fled wife and family when Arthur was only six. "She wants to treat me like one of the children" is the only comment he left to explain his abrupt desertion. I cannot doubt that *Mémoire* is a distillation of that childhood trauma. The father is the "He" who disappears "like a flight of angels," and Arthur's mother is "Madame" who "runs after him, in black!" Vitalie was obviously the kind of good woman who was bad for people. Life had been hard on her from the start, leaving her as a sharp young girl to manage an unwieldy orphan family of shiftless men. Manage them she did, and the habit became ingrown. Who knows what forces in herself and her bad heredity her adamant temperament had to contend with? The wound of abandonment was something never to be discussed, and must have burned the deeper. For her, duty was a penalty to be paid, by other people

as by herself. Deserted, her final defense was to take on the stance, the black garb and the *duties* of a widow. It is impossible to imagine that she ever laughed—and the same applies to her son. Until he was fourteen Arthur sweated obedience, hatred and the demand for love. From then on he threw off the harness, though he was never to break the isolation that settled on him so early. His mother became the "mouth of darkness," the "leaden-helmeted regiment" with whom there could be no parley. What had been a chronic deterrent became a chronic stimulus.

Rimbaud and his mother were near-identical characters—hence the hopelessness of their problem. He simply released the volcano in himself which she for her part had always suppressed. As a character, however taciturn, she remains more formidable and complex than some of Balzac's "giants." Rigidly conformist, she held an atavistic darkness, and her obsession with death suggests an earth-religion rather than Christianity. At sixty she ordered astonished workmen to open up the family vault for her. Down there she inspected Arthur's remains, wrapped up the bones of her dead daughter and appointed her own resting place. She is said never to have looked at the memorial to Arthur, raised by admirers, in his—and her—native town.

Perhaps the chief torment and enigma for both was simply the fact that Arthur was that rarest of all phenomena, a literary infant prodigy. A boy of eleven who could, before school, turn out Latin verse exercises for a whole class, all so different as to raise no suspicion that they could be by the same hand, was already as much a master of the manipulation of words as Mozart, at the same age, was a master of musical composition. But this was not a gift that could be exploited, or exhibited—except in a shower of school prizes. Time is not the same factor for any two individuals. For Rimbaud it seems a few seconds could be a slow fever. "I've been patient so long..."!! No one has ever consumed so much creative energy—and impatience—in so short an interim: from precocious

gropings to maturity and renunciation in four years.
But however mature the craftsman, he cannot be older
than his age. " Nothing at all can give me illusions..."

Rien de rien ne m'illusionne

is still the cry of a young man. It is the combination
of a ferocious maturity of style with a naked youngness
of impulse and response that will always give Rimbaud's
work its peculiar power.

" Every man's life is an allegory..." Or a tragic
fable. Rimbaud wrote his own tragedy. And however
often it is interpreted, his own terms are the clearest.
The challenge in his " Lettre du Voyant," from which
I have already quoted, is a classic case of hubris.
Having taken on his own fate as a young Prometheus,
he had to undergo the reward and penalty. As to why
he renounced writing—that endlessly-to-be-debated
problem—the reasons are multiple and contradictory,
and most of them are best stated in his own words.
He had been young enough literally to believe that
somehow he could transform the human lot. No less.
His herculean genius had power only over words. And
life seemed to take no notice. The world offered him no
place—no " helping hand." Moreover, his aim to con-
dense all experience in the crucible of poetry, to break
down the barriers between the senses, could only lead
to chaos. Some of the most concentrated and violent of
the *Illuminations* are suspended on the brink of chaos—
just as the purest of Mallarmé's sonnets hover on the
verge of nothingness. Poetry can go no further, in either
direction.

" If what he brings back from down there has form,
he gives it form; if it is formless..." But in fact, what is
the formal difference, say, between verse and prose?
Baudelaire set out deliberately to be a poet in both
media. From his example onwards, prose, in France,
has been just as much the poet's instrument as verse.
For a parallel to this in English, one thinks of Traherne,
or of Blake's *Marriage of Heaven and Hell*, forgetting

for a moment that Shakespeare is equally a master of
prose. The most confessional, central and the least
exhaustible of passages in *Hamlet* is the scene with
Rosencrantz and Guildenstern—in prose.

The poet's business is expression through the pattern-
ing of words, whether in prose or verse rhythms: the
two are complementary, and their use can only confirm
and inform each other, their relationship and distinctness. But in the world of the English language, the
difference and the mutual necessity of the two media
have never been fully recognized; instead there are false
distinctions and pseudo-categories. There is the horror
of "poetic prose" for instance, or the artificial and
rootless concept of "verse-drama," with only an
invented tradition to support it. Eliot and Tennyson
wrote "verse-dramas"; Shakespeare and Webster did
not. James Joyce called himself a "killed poet," but in
fact he manipulates prose with all the architectonic
skill which he denied himself in verse, because of his
conventionally limited ear in this medium—and perhaps,
being a singer, his conviction that verse should be
singsong in the tradition of Tommy Moore.

It must be admitted that Baudelaire's "little poems in
prose," as he first called them—they were collected
only after his death, under the final title *Paris Spleen*—
bear the reek of effort at times, and the ring of a tired,
conventional cadence. But they were written for
publication in journals, like much of his critical work,
under conditions of despair, anxiety and chronic
necessity that make the mere fact of their production
heroic. The suppression of his poems in 1857 had left
him to feel he was not only a failure but a pariah as
well; and henceforth he alternated between working
like a hack and bouts of complete despair, and sickness.
Yet those last terrible years saw the production not
only of the prose poems and the journals, but of nearly
forty additional poems—all showing a capacity for
development and self-renewal that would be astonishing
in any circumstances. And the best of the prose poems

are a concentrate of "supernaturalism and irony"
unlike anything else in literature.

They were the obvious exemplars for both Mallarmé
and Rimbaud in the same form. The elaborating and
transforming technique which Mallarmé applied to
prose is in a way even more surprising than his mature
poetry. True, his first essays in the genre are definitely
sub-Baudelaire. But with *The Demon of Analogy* and
The White Water-lily, he not only perfects his own
idiom, but makes the first delicate inroads into phases
of consciousness that were soon to be vastly explored.
The "Water-lily," with its premonitions of Proust and
its painterly technique, is to my mind a more original
work than the famous "Faun." For all its dazzling
virtuosity, the poem cannot break its inevitable ties
with pastoral convention, and the Racinian line and
verse-period. As for Rimbaud, the vehemence of his
prose is a match for its economy. One or two of the
Illuminations touch an extreme of laconism. And in
them all, as in nearly all he wrote, there is that sense of
drawing on and articulating an irresistible natural
force—the jet of a geyser out of unknown depths—
which makes the term "nature poetry" absurd. He
seems to have the register of all things natural, from an
earthquake to the whisper of a grain of sand. In a way
this quality alienates him from the poets of his own
language, and brings him close at times to Shakespeare,
Blake and the wild, anonymous world of the ballads,
and Tom o'Bedlam.

"*Poètes maudits*"—doomed poets—Verlaine
christened them, including himself, rather gratuitously,
among their number. But the term was already implicit
in their own work. A Shakespeare, a Racine could
direct the lightning elsewhere, he could "earth" it in
his dramatic theme, visit his "doom" on the tragic
protagonist of his play. We cannot know what was the
relationship between the poet and his Phèdre, his Lear
or Hamlet, but we know that there must have been one,
involving catharsis and release through dramatic

projection. But Baudelaire, Rimbaud had to earth the
lightning in themselves. The emotional world in which
Racine's mind moved must have been as dangerous as
theirs—the force he can put into portraying jealousy,
the will to murder, is evidence of that—but to have
given direct expressions to his own emotions would
to him have been inconceivable. Shakespeare's Sonnets
are a record of personal torment—his own season in
hell; and some of the darkest of them, with a few of
Donne's love poems, are closer to Baudelaire than
anything else in English. But the Sonnets are an
overflow, a strange overflow that began as an exercise.
The real emotional force of Shakespeare's creative
imagination was dammed and directed into the plays.

But if, in the case of these three poets, the material
was themselves, it was nevertheless a projected self.
"*I* is another," as Rimbaud said. The "I" of the poet
cannot attain conviction, insight into truth, until it
achieves a certain dramatic alienation. Perhaps that is
the basic function of all drama. Certainly the dramatic
dimension is vital not only to the *Saison en Enfer* but
even to *Mon Cœur Mis à Nu* (the two titles are almost
interchangeable); and it is expressly invoked at the
beginning of *Igitur*. Throughout Rimbaud's confession
there is an element, however grim, of playing a part—
playing with fire: perhaps after all he can reject this
terrible role, repudiate it, escape? In one remarkable
interlude he sheds it, for a further projection into the
role of the Foolish Virgin—a cruel caricature-in-the-
round of the hapless Verlaine—through whose eyes he
sees a further projection of—himself. But escape is
only temporary; and nothing in the whole monologue
is sadder than the defiant fling of its curtain line.

But Baudelaire's Journals are in a way equally
dramatic, the poet's mind is always playing a role:
playing up to the challenge of the dandy or the saint,
deliberately veering between opposite views. The
contradictions, and the tensions they create, are what
makes for three-dimensional truth. Baudelaire's idolatry
and his hatred of woman have to be taken as

indissoluble parts of the same individual complex, just
as Rimbaud's deliberate crapulousness is a part of his
ruthless urge for purity. The truth must contain its
own contradictions. To accuse it of inconsistency is
like accusing the planet earth of being simultaneously
hot and cold. That is how it is. And that is why poetry
—"childish" and "dishonest" in the eyes of Pascal or
Newton—has always, since Plato, been a danger to
philosophy, which must always be struggling to devise
a system that will not contradict itself. All the voluminous jargon of existentialism seems to give birth to
climactic two-dimensional pronouncements, resounding
half-truths. "Hell is other people." All very well. But
the reverse of the coin—"Hell is oneself"—is equally
true.

If there were a bible of the world's poetry, ranging from
the *Divina Commedia* to the *Rubáiyát*, from Donne's
Nocturnall to all the poems of Catullus, how much is
there in French poetry, in the long era between Villon
and Baudelaire, that would insist on inclusion? Almost
nothing—apart from the grand enigma of Racine: "the
pure, the strong, the great," as Rimbaud said of him.
But "blow on his rhymes, muddle his hemistiches, and
the Divine Idiot would today be as unknown as any
old author of Origins. And after Racine, the game went
rotten. It had been going on for two millennia!..."
  Idiot... idiom. The idiomatic force of Racine's work
remains a self-enclosed phenomenon, so rigorously
pure as almost to exclude comparison with other poetry,
or even relationship with it. Euripides transformed into
the language, tone and moral perspective of *Phèdre*
becomes quite unrecognizable. (Racine is in fact closer
in many ways to that preeminently Latin poet and
closet-dramatist, Seneca.) As a poet-dramatist, Racine
remains as peculiarly French a phenomenon as the
court of Versailles. But as Rimbaud saw, his manipulation of the classic alexandrine was a feat of endless
virtuosity, never to be paralleled again in the language.
It remained a haunting obsession in French poetry,

still exerting a pythonlike grip at times on Mallarmé, whose fragmentary *Hérodiade*, the task of a lifetime never completed, is the ghost of a Racine play. One of Baudelaire's minor triumphs—in *The Swan*—is to evoke a Racine heroine, Andromache, almost in the poet's own terms, against a background of rubble, rebuilding and dry gutters, in the Carrousel.

Mithridates he died old... Perhaps poetry only survives and renews itself by a sort of homeopathy, a drop-by-drop assimilation and refinement of life's poisons. If so, no modern poet gave it a more powerful or vivifying injection than Baudelaire: "a tutelary poison," as Mallarmé says in his valedictory sonnet,

> Always to be breathed in, even if we die of it.

But with Rimbaud, Baudelaire does much more than add a new savor to poetry, a new tone to the palette: "creating a new shudder," as Hugo put it. There are poets, like Tennyson, Racine, who are literally nothing outside the magic bounds of their form; "divine idiots" to repeat Rimbaud's phrase. There are others whose force and insight seem to penetrate in any direction. As a moral philosopher, Blake, in the "Marriage," anticipates and transcends Nietzsche. As for Baudelaire, read the longest single passage in the Journals: "The world is going to end..." Allowing for a certain "period" tone in the invective, and the vital touch of caricature, is there any more condensed prophecy in all nineteenth-century writing? An exhausted prophecy? It seems to grow truer with every minute. And the sheer perversity of many another phrase in the Journals strikes off sparks of truth:

> Never rely on the heart, the people, common sense, inspiration, or the evidence.

In one sweep it demolishes every stand-by of the journalist, politician, stump-orator, man-of-affairs. What does it leave us with? Experience, imagination... and fictions...

If I have avoided until now mentioning the word "symbolism"—with all its subdefinitions and ramifications—it has been on purpose. Classificatory criticism is too much of an end in itself—if there ever is an end to it. And in the case of "symbolism," it constructs a labyrinth for which the present subjects bear no conscious responsibility. They never knew they were symbolists, and their work transcends its definitions. It is as much a part of the fabric of human thought and experience as that of Heraclitus or Chuang-tzu.

D. P.

NOTE: I wish to thank Librairie Gallimard for permission to use the copyright text of Mallarmé's *Igitur* (first published 1925) and of the early version of his sonnet *Le Pitre Châtié*.
I am very grateful to Jason Epstein and Susan Bolotin for helpful comments and criticism. My especial thanks to Angela Paul for comradely help at all levels—and to Helena, for aid with assembling the final scripts. A number of the verse translations in this volume have appeared in *The Listener*, *The Hudson Review*, and *Flowers of Evil* (edited by Marthiel and Jackson Mathews, New Directions, 1955).

BAUDELAIRE

Au Lecteur

La sottise, l'erreur, le péché, la lésine,
Occupent nos esprits et travaillent nos corps,
Et nous alimentons nos aimables remords,
Comme les mendiants nourrissent leur vermine.

Nos péchés sont têtus, nos repentirs sont lâches;
Nous nous faisons payer grassement nos aveux,
Et nous rentrons gaiement dans le chemin bourbeux,
Croyant par de vils pleurs laver toutes nos taches.

Sur l'oreiller du mal c'est Satan Trismégiste
Qui berce longuement notre esprit enchanté,
Et le riche métal de notre volonté
Est tout vaporisé par ce savant chimiste.

C'est le Diable qui tient les fils qui nous remuent!
Aux objets répugnants nous trouvons des appas;
Chaque jour vers l'enfer nous descendons d'un pas,
Sans horreur, à travers des ténèbres qui puent.

Ainsi qu'un débauché pauvre qui baise et mange
Le sein martyrisé d'une antique catin,
Nous volons au passage un plaisir clandestin
Que nous pressons bien fort comme une vieille orange.

Serré, fourmillant, comme un million d'helminthes,
Dans nos cerveaux ribote un peuple de Démons,
Et quand nous respirons, la Mort dans nos poumons
Descend, fleuve invisible, avec de sourdes plaintes.

Si le viol, le poison, le poignard, l'incendie,
N'ont pas encore brodé de leurs plaisants dessins
Le canevas banal de nos piteux destins,
C'est que notre âme, hélas! n'est pas assez hardie.

Mais parmi les chacals, les panthères, les lices,
Les singes, les scorpions, les vautours, les serpents,
Les monstres glapissants, hurlants, grognants, rampants,
Dans la ménagerie infâme de nos vices,

Il en est un plus laid, plus méchant, plus immonde!
Quoiqu'il ne pousse ni grands gestes, ni grands cris,

To the Reader

Stupidity and sin, muddle and niggardliness
Occupy our minds, and keep our bodies at work,
And all this to fend off and feed our remorse
Much the way beggars do their precious lice.

Our sins are obstinate, we funk repentance;
We like to be well rewarded for our penitence,
Then back we slide again into the muddy road,
Thinking a few stingy tears will wash our stains.

Satan the triple sorcerer holds us entranced
And lulled for long hours on the pillow of evil;
A subtle alchemist, he evaporates to gas
All the precious metal of our better will.

It's the devil pulls the strings that make us dance!
We discover secret charms in what repels;
Every day we take a further step towards hell
Through fetid darknesses, without repugnance.

Like a penniless rake who kisses and chews
At the martyred breasts of some ancient whore,
We snatch as we go at any idle pleasure
Squeezing it hard and dry as a wrinkled orange.

Serried and swarming like a myriad tapeworms,
A populace of demons roisters in our brains,
And with every breath we draw into our lungs
Death, like a sunken river sighing downwards.

If the knife, the incendiary's fire, if poison and rape
Have not been added as a pretty flourish
To the mean canvas of our miserable landscape,
Perhaps it's only because we lack the courage.

But amid the panthers and preying bitches, the jackals,
The apes, scorpions, the snakes and the vultures,
The monsters that yap, howl, scream or crawl
In the squalid menagerie of all our vices,

There's one still more ugly, ludicrous and mean!
Though it never makes a gesture or utters a cry,

Il ferait volontiers de la terre un débris
Et dans un bâillement avalerait le monde;

C'est l'Ennui! — L'œil chargé d'un pleur involontaire,
Il rêve d'échafauds en fumant son houka.
Tu le connais, lecteur, ce monstre délicat,
— Hypocrite lecteur, — mon semblable, — mon frère!

Bénédiction

Lorsque, par un décret des puissances suprêmes,
Le poète apparaît en ce monde ennuyé,
Sa mère épouvantée et pleine de blasphèmes
Crispe ses poings vers Dieu, qui la prend en pitié:

— "Ah! que n'ai-je mis bas tout un nœud de vipères,
Plutôt que de nourrir cette dérision!
Maudite soit la nuit aux plaisirs éphémères
Où mon ventre a conçu mon expiation!

Puisque tu m'as choisie entre toutes les femmes
Pour être le dégoût de mon triste mari,
Et que je ne puis pas rejeter dans les flammes,
Comme un billet d'amour, ce monstre rabougri,

Je ferai rejaillir la haine qui m'accable
Sur l'instrument maudit de tes méchancetés,
Et je tordrai si bien cet arbre misérable,
Qu'il ne pourra pousser ses boutons empestés!"

Elle ravale ainsi l'écume de sa haine,
Et, ne comprenant pas les desseins eternels,
Elle-même prépare au fond de la Géhenne
Les bûchers consacrés aux crimes maternels.

Pourtant, sous la tutelle invisible d'un Ange,
L'enfant déshérité s'enivre de soleil,
Et dans tout ce qu'il boit et dans tout ce qu'il mange
Retrouve l'ambroisie et le nectar vermeil.

Il joue avec le vent, cause avec le nuage
Et s'enivre en chantant du chemin de la croix;

Willingly it would turn the whole earth into a sty
And swallow the universe in an idle yawn.

Boredom's the name: eyes moist with an unwilling tear,
He dreams of the scaffold while puffing at a hookah . . .
—You know as well as I that sated, delicate monster,
Reader, hypocrite reader, my double, and my brother!

The Blessing

When, by a decree of the sovereign power,
The poet makes his appearance in a bored world,
With fists clenched at the outrage, his horrified mother
Calls on a pitying God, at whom these curses are hurled:

"Why was I not made to litter a brood of vipers
Rather than conceive this human mockery?
My curses on that night whose ephemeral pleasures
Filled my womb with this avenging treachery!

Since I must be chosen among all women that are
To bear the lifetime's grudge of a sullen husband,
And since I cannot get rid of this caricature,
—Fling it away like old letters to be burned,

On what you have devised for my punishment
I will let all your hate of me rebound,
I will torture this stunted growth until its bent
Branches let fall every blighted bud to the ground!"

And so she prepares for herself in Hell's pit
A place on the pyre made for a mother's crimes,
Blind, in the fury of her foaming hatred,
To the meaning and purpose of the eternal designs.

Meanwhile, under the care of an unseen angel,
The disinherited child revels in the sun's
Bright force; all that he eats and drinks can fill
Him with memories of the food that was heaven's.

The wind his plaything, any cloud a friend,
—The Spirit watching can only weep to see

Et l'Esprit qui le suit dans son pèlerinage
Pleure de le voir gai comme un oiseau des bois.

Tous ceux qu'il veut aimer l'observent avec crainte,
Ou bien, s'enhardissant de sa tranquillité,
Cherchent à qui saura lui tirer une plainte,
Et font sur lui l'essai de leur férocité.

Dans le pain et le vin destinés à sa bouche
Ils mêlent de la cendre avec d'impurs crachats;
Avec hypocrisie ils jettent ce qu'il touche,
Et s'accusent d'avoir mis leurs pieds dans ses pas.

Sa femme va criant sur les places publiques:
— "Puisqu'il me trouve assez belle pour m'adorer,
Je ferai le métier des idoles antiques,
Et comme elles je veux me faire redorer;

Et je me soûlerai de nard, d'encens, de myrrhe,
De génuflexions, de viandes et de vins,
Pour savoir si je puis dans un cœur qui m'admire
Usurper en riant les hommages divins!

Et quand je m'ennuierai de ces farces impies,
Je poserai sur lui ma frêle et forte main;
Et mes ongles, pareil aux ongles des harpies,
Sauront jusqu'à son cœur se frayer un chemin.

Comme un tout jeune oiseau qui tremble et qui palpite,
J'arracherai ce cœur tout rouge de son sein,
Et, pour rassasier ma bête favorite,
Je le lui jetterai par terre avec dédain!"

Vers le Ciel, où son œil voit un trône splendide,
Le Poète serein lève ses bras pieux,
Et les vastes éclairs de son esprit lucide
Lui dérobent l'aspect des peuples furieux:

— "Soyez béni, mon Dieu, qui donnez la souffrance
Comme un divin remède à nos impuretés
Et comme la meilleure et la plus pure essence
Qui prépare les forts aux saintes voluptés!

How in childhood his way of the cross is lightened
By the wild bird-song of his innocent gaiety.

Those he would love look at him with suspicion
Or else, emboldened by his calm, experiment
With various possible methods of exciting derision
By trying out their cruelty on his complaint.

They mix ashes or unspeakable filth with the bread
And the wine of his daily communion, drop
Whatever he may have touched with affected dread,
And studiously avoid wherever he may step.

His mistress, parading her contempt in the street,
Cries: "Since he finds my beauty a thing to worship,
I'll be one of the ancient idols he talks about,
And make myself with gold out of the same workshop!

I will never have enough of his kneelings and offerings
Until I am sure that the choice foods, the wines
The 'nard', the 'incense', the 'myrrh' that he brings
He brings as other men would to the Virgin's shrines.

And when I am sick to death of trying not to laugh
At the farce of my black masses, I'll try the force
Of the hand he calls 'frail', my nails will dig a path
Like 'harpies', to the heart that beats for me, of course!

Like a nestling trembling and palpitating
I will pull that red heart out of his breast
And throw it down for my favourite dog's eating
—Let him do whatever he likes with the rest!"

A serene piety, lifting the poet's gaze,
Reveals heaven opening on a shining throne,
And the lower vision of the world's ravening rage
Is shut out by the sheet lightnings of his brain.

"Be blessed, oh my God, who givest suffering
As the only divine remedy for our folly,
As the highest and purest essence preparing
The strong in spirit for ecstasies most holy.

Je sais que vous gardez une place au Poète
Dans les rangs bienheureux des saintes légions,
Et que vous l'invitez à l'éternelle fête
Des Trônes, des Vertus, des Dominations.

Je sais que la douleur est la noblesse unique
Où ne mordront jamais la terre et les enfers,
Et qu'il faut pour tresser ma couronne mystique
Imposer tous les temps et tous les univers.

Mais les bijoux perdus de l'antique Palmyre,
Les métaux inconnus, les perles de la mer,
Par votre main montés, ne pourraient pas suffire
À ce beau diadème éblouissant et clair;

Car il ne sera fait que de pure lumière,
Puisée au foyer saint des rayons primitifs,
Et dont les yeux mortels, dans leur splendeur entière,
Ne sont que des miroirs obscurcis et plaintifs!"

Correspondances

La Nature est un temple où de vivants piliers
Laissent parfois sortir de confuses paroles;
L'homme y passe à travers des forêts de symboles
Qui l'observent avec des regards familiers.

Comme de longs échos qui de loin se confondent
Dans une ténébreuse et profonde unité,
Vaste comme la nuit et comme la clarté,
Les parfums, les couleurs et les sons se répondent.

Il est des parfums frais comme des chairs d'enfants,
Doux comme les hautbois, verts comme les prairies,
— Et d'autres, corrompus, riches et triomphants,

Ayant l'expansion des choses infinies,
Comme l'ambre, le musc, le benjoin et l'encens,
Qui chantent les transports de l'esprit et des sens.

I know that among the uplifted legions
Of saints, a place awaits the Poet's arrival,
And that among the Powers, Virtues, Dominations,
He too is summoned to Heaven's festival.

I know that sorrow is the one human strength
On which neither earth nor hell can impose,
And that all the universe and all time's length
Must be wound into the mystic crown for his brows.

But all the treasury of buried Palmyra,
The earth's unknown metals, the sea's pearls,
Mounted by Thy hand, would be deemed an inferior
Glitter, to his diadem that shines without jewels.

For Thou knowest it will be made of purest light
Drawn from the holy hearth of every primal ray,
To which all human eyes, if they were one bright
Eye, are only a tarnished mirror's fading day."

Correspondences

Nature is a temple where living columns rise,
Releasing at times a murmur of words half understood:
Within it man can wander as though within a wood
Of conscious symbols that watch him with familiar eyes.

Like prolonged echoes that distance mingles together
Into an obscure but endless unity,
Vast as light itself, or as the night sky,
Perfumes, colours and sounds all answer one another.

Some perfumes are cool as the flesh of young children,
Tender as oboes, or rainy prairies green
—And others overbearing, opulent, corrupt,

With the expansive power of things infinite,
Like amber and musk, benzoin and frankincense,
Singing the exaltation of the mind and senses.

Les Phares

Rubens, fleuve d'oubli, jardin de la paresse,
Oreiller de chair fraîche où l'on ne peut aimer,
Mais où la vie afflue et s'agite sans cesse,
Comme l'air dans le ciel et la mer dans la mer;

Léonard de Vinci, miroir profond et sombre,
Où des anges charmants, avec un doux souris
Tout chargé de mystère, apparaissent à l'ombre
Des glaciers et des pins qui ferment leur pays;

Rembrandt, triste hôpital tout rempli de murmures,
Et d'un grand crucifix décoré seulement,
Où la prière en pleurs s'exhale des ordures,
Et d'un rayon d'hiver traversé brusquement;

Michel-Ange, lieu vague où l'on voit des Hercules
Se mêler à des Christs, et se lever tout droits
Des fantômes puissants qui dans les crépuscules
Déchirent leur suaire en étirant leurs doigts;

Colères de boxeur, impudences de faune,
Toi qui sus ramasser la beauté des goujats,
Grand cœur gonflé d'orgueil, homme débile et jaune,
Puget, mélancolique empereur des forçats;

Watteau, ce carnaval où bien des cœurs illustres,
Comme des papillons, errent en flamboyant,
Décors frais et légers éclairés par des lustres
Qui versent la folie à ce bal tournoyant;

Goya, cauchemar plein de choses inconnues,
De fœtus qu'on fait cuire au milieu des sabbats,
De vieilles au miroir et d'enfants toutes nues,
Pour tenter les démons ajustant bien leurs bas;

Delacroix, lac de sang hanté de mauvais anges,
Ombragé par un bois de sapins toujours vert,
Où, sous un ciel chagrin, des fanfares étranges
Passent, comme un soupir étouffé de Weber;

Ces malédictions, ces blasphèmes, ces plaintes,
Ces extases, ces cris, ces pleurs, ces *Te Deum*,

Beacons

Rubens, garden of idleness watered by oblivion,
Where quick flesh pillows the impotence of dreams,
Where life's affluence writhes in eddying abandon
Like air in the air, or water in streams.

Leonardo da Vinci, mirror of darkness,
Where angels appear, their smiles charged with mystery
And tenderness, within the shadowy enclosures
Of pines and glaciers that shut in their country.

Rembrandt, tragic hospital re-echoing round a sigh;
A tall crucifix for only ornament
Traversed obliquely by a single wintry ray
Through which prayers rise, exhaling from excrement.

Michelangelo, no man's land where Hercules and Christ
Are at one; where powerful phantoms in crowds
Erect themselves deliberately in darkening twilights,
With pressed, rigid fingers ripping open their shrouds.

Rage of the wrestler, impudence of the faun;
Puget, the convicts' melancholy emperor,
Caging the lion's pride in weak, jaundiced man,
Deducing beauty from crime, vice and terror.

Watteau, carnival where many a distinguished soul
Flutters like a moth, bathed in the brilliance
Of chandeliers shedding frivolity on the cool
Clear decors enclosing the changes of the dance.

Goya, nightmare compact of things incredible:
Foetuses being fried for a witch's sabbath feast;
An old woman at a mirror, a little naked girl
Lowering an artful stocking to tempt a devil's lust.

Delacroix, blood lake haunted by evil angels
In the permanent green darkness of a forest of firs,
Where under a stricken sky a muffled sigh fills
The air like a faintly-echoed fanfare of Weber's.

Such, O Lord, are the maledictions, the tears,
The ecstasies, the blasphemies, the cries of Te Deum

Sont un écho redit par mille labyrinthes;
C'est pour les cœurs mortels un divin opium!

C'est un cri répété par mille sentinelles,
Un ordre renvoyé par mille porte-voix;
C'est un phare allumé sur mille citadelles,
Un appel de chasseurs perdus dans les grands bois!

Car c'est vraiment, Seigneur, le meilleur témoignage
Que nous puissions donner de notre dignité
Que cet ardent sanglot qui roule d'âge en âge
Et vient mourir au bord de votre éternité!

Le Guignon

Pour soulever un poids si lourd,
Sisyphe, il faudrait ton courage!
Bien qu'on ait du cœur à l'ouvrage,
L'Art est long et le Temps est court.

Loin des sépultures célèbres,
Vers un cimetière isolé,
Mon cœur, comme un tambour voilé,
Va, battant des marches funèbres.

— Maint joyau dort enseveli
Dans les ténèbres et l'oubli,
Bien loin des pioches et des sondes;

Mainte fleur épanche à regret
Son parfum doux comme un secret
Dans les solitudes profondes.

Les Bijoux

La très-chère était nue, et, connaissant mon cœur,
Elle n'avait gardé que ses bijoux sonores,
Dont le riche attirail lui donnait l'air vainqueur
Qu'ont dans leurs jours heureux les esclaves des Maures.

Re-echoing along labyrinthine corridors:
A mortal dream distilled from divine opium,

The watchword reiterated by sentinels
A thousand times, the message whispered from post
   to post,
A beacon burning on a thousand citadels,
A call of all the hunters lost in the great forest.

For is not this indeed, O Lord, the best witness
That our dignity can render to Your pity,
This tide of tears which age after age gathers
To fail and fall on the shore of Your eternity?

The Curse

Your courage, and yours alone,
Sisyphus, might lift this weight:
Whatever the will we dedicate,
Art is endless, and Time runs on.

Far from all celebrated tombs,
Towards the loneliest graveyard,
Like a muffled drum, my heart
Still beats out its funeral rhythms.

Many a jewel never to be known
Lies in depths of oblivion
Beyond reach of plummet or spade.

Many a flower exhales its secret
Perfume keener than regret
In depths of total solitude.

The Jewels

The precious one was naked and, knowing my wish,
Had kept only the regalia of her jewelry
Whose resonant charms can lure and vanquish
Like a Moorish slave-girl's in her moment of glory.

Quand il jette en dansant son bruit vif et moqueur,
Ce monde rayonnant de métal et de pierre
Me ravit en extase, et j'aime avec fureur
Les choses où le son se mêle à la lumière.

Elle était donc couchée, et se laissait aimer,
Et du haut du divan elle souriait d'aise
À mon amour profond et doux comme la mer
Qui vers elle montait comme vers sa falaise.

Les yeux fixés sur moi, comme un tigre dompté,
D'un air vague et rêveur elle essayait des poses,
Et la candeur unie à la lubricité
Donnait un charme neuf à ses métamorphoses.

Et son bras, et sa jambe, et sa cuisse et ses reins,
Polis comme de l'huile, onduleux comme un cygne,
Passaient devant mes yeux clairvoyants et sereins;
Et son ventre et ses seins, ces grappes de ma vigne,

S'avançaient, plus calins que les anges du mal,
Pour troubler le repos où mon âme était mise,
Et pour la déranger du rocher de cristal
Où calme et solitaire elle s'était assise.

Je croyais voir unis par un nouveau dessin
Les hanches de l'Antiope au buste d'un imberbe,
Tant sa taille faisait ressortir son bassin.
Sur ce teint fauve et brun le fard était superbe!

— Et la lampe s'étant résignée à mourir,
Comme le foyer seul illuminait la chambre,
Chaque fois qu'il poussait un flamboyant soupir,
Il inondait de sang cette peau couleur d'ambre!

A world of dazzling stones and of precious metals
Flinging, in its quick rhythm, glints of mockery,
Ravishes me into ecstasy, I love to madness
The mingling of sounds and lights in one intricacy.

Naked, then, she was to all of my worship,
Smiling in triumph from the heights of her couch
At my desire advancing, as gentle and deep
As the sea sending its waves to the warm beach.

Her eyes fixed as a tiger's in the tamer's trance,
Absent, unthinking, she varied her poses
With an audacity and wild innocence
That gave a strange pang to each metamorphosis.

Her long legs, her hips, shining smooth as oil,
Her arms and her thighs, undulant as a swan,
Lured my serene, clairvoyant gaze to travel
To her belly and breasts, the grapes of my vine.

With a charm as powerful as an evil angel
To trouble the calm where my soul had retreated,
They advanced slowly to dislodge it from its crystal
Rock, where its loneliness meditated.

With the hips of Antiope, the torso of a boy,
So deeply was the one form sprung into the other
It seemed as if desire had fashioned a new toy.
Her powdered, fawn-brown skin was perfection to
    either!

—And the lamp having at last resigned itself to death,
There was nothing now but firelight in the room,
And every time a flame uttered a gasp for breath
It flushed her amber skin with the blood of its bloom.

La Chevelure

O toison, moutonnant jusque sur l'encolure!
O boucles! O parfum chargé de nonchaloir!
Extase! Pour peupler ce soir l'alcôve obscure
Des souvenirs dormant dans cette chevelure,
Je la veux agiter dans l'air comme un mouchoir!

La langoureuse Asie et la brûlante Afrique,
Tout un monde lointain, absent, presque défunt,
Vit dans tes profondeurs, forêt aromatique!
Comme d'autres esprits voguent sur la musique,
Le mien, O mon amour, nage sur ton parfum.

J'irai là-bas où l'arbre et l'homme, pleins de sève,
Se pâment longuement sous l'ardeur des climats;
Fortes tresses, soyez la houle qui m'enlève!
Tu contiens, mer d'ébène, un éblouissant rêve
De voiles, de rameurs, de flammes et de mâts:

Un port retentissant où mon âme peut boire
À grands flots le parfum, le son et la couleur;
Où les vaisseaux, glissant dans l'or et dans la moire,
Ouvrent leurs vastes bras pour embrasser la gloire
D'un ciel pur où frémit l'éternelle chaleur.

Je plongerai ma tête amoureuse d'ivresse
Dans ce noir océan où l'autre est enfermé;
Et mon esprit subtil que le roulis caresse
Saura vous retrouver, ô féconde paresse,
Infinis bercements du loisir embaumé!

Cheveux bleus, pavillon de ténèbres tendues,
Vous me rendez l'azur du ciel immense et rond;
Sur les bords duvetés de vos mèches tordues
Je m'enivre ardemment des senteurs confondues
De l'huile de coco, du musc et du goudron.

Longtemps! Toujours! ma main dans ta crinière lourde
Sèmera le rubis, la perle et le saphir,
Afin qu'à mon désir tu ne sois jamais sourde!
N'es-tu pas l'oasis où je rêve, et la gourde
Où je hume à longs traits le vin du souvenir?

A Head of Hair

Fleece undulating between neck and shoulders,
Curls of perfume charged with recklessness,
Ecstasy! To people this alcove of shadows
With the memories slumbering in your hair,
Let me flourish it like a handkerchief in the drowsy air.

The languors of Asia and torrid Africa,
A whole world remote, absent, almost extinct,
Still lives in your forest's aromatic gloom;
As other minds launch out on wings of music,
Mine, love, plunges and swims in your perfume.

I must go where man and tree, full of strength
Yet swoon under their climate of endless heat.
Waves of ebony, holding a dazzling dream,
Strong tresses, be the high seas carrying me,
Full of sails, of men rowing, of masts and flame:

A re-echoing harbour, where my mind can draw
Great draughts of perfume, sound and colour,
Where ships, on the watered silk and gold they
    navigate,
Stretch out their vast arms to embrace the glory
Of a sky pure yet quivering with continual heat.

Let me plunge my head, longing for ecstasy
In this black ocean where the other is involved,
And my subtle mind, in that rolling caress,
Will once again find you, riches of the void,
Infinite lullings of an embalmed idleness.

Hair, tent of azure hung with darknesses,
You give me back the sky's immense blue rondure,
And the downy verges of those twisted tendrils
Craze me with their scents of intermingling power,
Musk, and oil, coconut, and pungencies of tar.

For long, for all time! In your heavy mane
My hand will sow the ruby, pearl, and sapphire,
So that you may never be deaf to my longing.
Are you not my dream oasis, the gourd
Where I slake my thirst with the wine of memory's fire?

Avec ses vêtements ondoyants et nacrés...

Avec ses vêtements ondoyants et nacrés,
Même quand elle marche, on croirait qu'elle danse,
Comme ces longs serpents que les jongleurs sacrés
Au bout de leurs bâtons agitent en cadence.

Comme le sable morne et l'azur des déserts,
Insensibles tous deux à l'humaine souffrance,
Comme les longs réseaux de la houle des mers,
Elle se développe avec indifférence.

Ses yeux polis sont faits de minéraux charmants,
Et dans cette nature étrange et symbolique
Où l'ange inviolé se mêle au sphinx antique,

Où tout n'est qu'or, acier, lumière et diamants,
Resplendit à jamais, comme un astre inutile,
La froide majesté de la femme stérile.

Le Balcon

Mère des souvenirs, maîtresse des maîtresses,
O toi, tous mes plaisirs! O toi, tous mes devoirs!
Tu te rappelleras la beauté des caresses,
La douceur du foyer et le charme des soirs,
Mère des souvenirs, maîtresse des maîtresses!

Les soirs illuminés par l'ardeur du charbon,
Et les soirs au balcon, voilés de vapeurs roses;
Que ton sein m'était doux, que ton cœur m'était bon!
Nous avons dit souvent d'impérissables choses
Les soirs illuminés par l'ardeur du charbon.

Que les soleils sont beaux dans les chaudes soirées!
Que l'espace est profond! que le cœur est puissant!
En me penchant vers toi, reine des adorées,
Je croyais respirer le parfum de ton sang.
Que les soleils sont beaux dans les chaudes soirées!

With the shot-silk, nacreous glitter...

With the shot-silk, nacreous glitter of her garments,
Even when she is walking you might say she danced
Like those winding snakes which the holy charmers
Wave at the ends of their wands in sinuous cadence.

As the unending sands and the blue sky of deserts,
Equally oblivious of all human suffering,
Or the nets of foam spreading on ocean breakers,
Undulating, she evolves in calm indifference:

Her glittering eyes are made of charming precious
    stones,
And in this strange, symbolic, dual being
Where ancient sphinx and haughty angel are as one,

Where gold mingles its gleams with diamond and steel,
There glitters for all time like a lifeless star
The icy majesty of the sterile woman.

The Balcony

Mother of memories, mistress of mistresses,
You who are all my duty, you who are all my pleasure!
You will recall the perfection of the caresses,
The charm of evenings by the hearth's gentle fire,
Mother of memories, mistress of mistresses.

Twilights that were lit by the coals' dying glow,
And on the balcony, the rosy-veiled evenings,
Your tender breasts, your heart without a shadow!
And often the words we said were imperishable things,
In twilights lit by the coals' dying glow.

How glorious the long lingerings of summer suns,
The depth of space, the heart's sheer power!
Leaning over you, queen of all worshipped ones,
It seemed as though your blood breathed like a flower.
How glorious the long lingerings of summer suns!

La nuit s'épaississait ainsi qu'une cloison,
Et mes yeux dans le noir devinaient tes prunelles,
Et je buvais ton souffle, ô douceur, ô poison!
Et tes pieds s'endormaient dans mes mains fraternelles.
La nuit s'épaississait ainsi qu'une cloison.

Je sais l'art d'évoquer les minutes heureuses,
Et revis mon passé blotti dans tes genoux.
Car à quoi bon chercher tes beautés langoureuses
Ailleurs qu'en ton cher corps et qu'en ton cœur si doux?
Je sais l'art d'évoquer les minutes heureuses!

Ces serments, ces parfums, ces baisers infinis,
Renaîtront-ils d'un gouffre interdit à nos sondes,
Comme montent au ciel les soleils rajeunis
Après s'être lavés au fond des mers profondes?
— O serments! O parfums! O baisers infinis!

Je te donne ces vers ...

Je te donne ces vers afin que si mon nom
Aborde heureusement aux époques lointaines,
Et fait rêver un soir les cervelles humaines,
Vaisseau favorisé par un grand aquilon,

Ta mémoire, pareille aux fables incertaines,
Fatigue le lecteur ainsi qu'un tympanon,
Et par un fraternel et mystique chaînon
Reste comme pendu à mes rimes hautaines;

Être maudit à qui, de l'abîme profond
Jusqu'au plus haut du ciel, rien, hors moi, ne répond!
— O toi qui, comme une ombre à la trace éphémère,

Foules d'un pied léger et d'un regard serein
Les stupides mortels qui t'ont jugée amère,
Statue aux yeux de jais, grand ange au front d'airain!

Night gradually closed round us like a screen;
In the dark my eyes could see the light in yours,
And I could drink your breath, sweet, poison-keen,
And in my two hands your feet would rest like birds,
As night gradually closed around us like a screen.

I know the art of conjuring minutes of happiness,
And live my past again sunk between your knees.
For where else could I seek or find your languorous
Beauty but in your dear body, your heartfelt gaze?
I know the art of conjuring minutes of happiness!

The promises, the perfumes, the kisses to infinity,
Can they be born again out of the soundless abyss,
As rejuvenated suns remount the sky
Cleansed after their plunge in ocean's bitterness?
Oh promises, perfumes, kisses to infinity!

I give you these verses ...

I give you these verses so that if my name
Like some vessel driven by a favouring wind
Should touch on future shores still far out of mind
Bringing an evening of dreams to the human brain,

Your memory, vague, uneasy and fabulous,
May trouble the reader like a dulcimer's beating tune,
And, by way of a mystical yet fraternal chain,
May hang fixed as an amulet to my lofty verse;

Cursed being, to whom nothing can respond
But I, between heaven's height and earth's profound
—Oh you who, passing like an ephemeral shade,

Trample with carefree foot and serene gaze
On the stupid throng that hates and resents your ways,
Bronze-faced angel, statue with eyes of jade!

Le Flambeau Vivant

Ils marchent devant moi, ces Yeux pleins de lumières,
Qu'un Ange très-savant a sans doute aimantés;
Ils marchent, ces divins frères qui sont mes frères,
Secouant dans mes yeux leurs feux diamantés.

Me sauvant de tout piège et de tout péché grave,
Ils conduisent mes pas dans la route du Beau.
Ils sont mes serviteurs et je suis leur esclave;
Tout mon être obéit à ce vivant flambeau.

Charmants Yeux, vous brillez de la clarté mystique
Qu'ont les cierges brûlant en plein jour; le soleil
Rougit, mais n'éteint pas leur flamme fantastique;

Ils célèbrent la Mort, vous chantez le Réveil;
Vous marchez en chantant le réveil de mon âme,
Astres dont nul soleil ne peut flétrir la flamme!

Réversibilité

Ange plein de gaîté, connaissez-vous l'angoisse,
La honte, le remords, les sanglots, les ennuis,
Et les vagues terreurs de ces affreuses nuits
Qui compriment le cœur comme un papier qu'on
    froisse?
Ange plein de gaîté, connaissez-vous l'angoisse?

Ange plein de bonté, connaissez-vous la haine,
Les poings crispés dans l'ombre et les larmes de fiel,
Quand la vengeance bat son infernal rappel,
Et de nos facultés se fait le capitaine?
Ange plein de bonté, connaissez-vous la haine?

Ange plein de santé, connaissez-vous les Fièvres,
Qui, le long des grands murs de l'hospice blafard,
Comme des exilés, s'en vont d'un pied traînard
Cherchant le soleil rare et remuant les lèvres?
Ange plein de santé, connaissez-vous les Fièvres?

The Living Torch

It must be a cunning angel has learnt to magnetize
Those shining Eyes, still they walk in front of me;
God-like brothers, they gaze at me fraternally,
Flickering in my eyes their diamantine fires.

Delivering me from every snare, from mortal sin,
Guiding my steps surely along Beauty's path,
They are my servants, I am their slave till death;
My whole being obeys that living torch's shine.

Enchanting Eyes, you gleam with the mystic clarity
Of candles in broad daylight: they may dim,
But sunshine cannot stain their magic purity;

Candles are for the Dead, you sing no Requiem;
As you walk you sing my soul's resurrection,
Stars whose flame can never perish with any dawn!

Reversibility

Angel of gaiety, do you know the anguish
The shame, remorse, shuddering sobs, the cares,
The nameless terrors of those waking nightmares
That crumple the heart like paper in the fingers?
Angel of gaiety, do you know that anguish?

Angel of goodness, do you know the hatred,
The fists clenched in the dark, the tears like gall,
When Vengeance raps out its infernal roll-call,
And over our faculties appoints itself the head?
Angel of goodness, do you know the hatred?

Angel of well-being, do you know the Fevers,
Along the high, faceless wall of the hospital
Dragging their crippled feet, condemned to exile,
Seeking a glimpse of sun, speechless lip-movers?
Angel of well-being, do you know the Fevers?

Ange plein de beauté, connaissez-vous les rides,
Et la peur de vieillir, et ce hideux tourment
De lire la secrète horreur du dévouement
Dans des yeux où longtemps burent nos yeux avides?
Ange plein de beauté, connaissez-vous les rides?

Ange plein de bonheur, de joie et de lumières,
David mourant aurait demandé la santé
Aux émanations de ton corps enchanté;
Mais de toi je n'implore, ange, que tes prières,
Ange plein de bonheur, de joie et de lumières!

L'Aube Spirituelle

Quand chez les débauchés l'aube blanche et vermeille
Entre en société de l'Idéal rongeur,
Par l'opération d'un mystère vengeur
Dans la brute assoupie un ange se réveille.

Des Cieux Spirituels l'inaccessible azur,
Pour l'homme terrassé qui rêve encore et souffre,
S'ouvre et s'enfonce avec l'attirance du gouffre.
Ainsi, chère Déesse, Être lucide et pur,

Sur les débris fumeux des stupides orgies
Ton souvenir plus clair, plus rose, plus charmant,
À mes yeux agrandis voltige incessamment.

Le soleil a noirci la flamme des bougies;
Ainsi, toujours vainqueur, ton fantôme est pareil,
Âme resplendissante, à l'immortel soleil!

Harmonie du Soir

Voici venir les temps où vibrant sur sa tige
Chaque fleur s'évapore ainsi qu'un encensoir;
Les sons et les parfums tournent dans l'air du soir;
Valse mélancolique et langoureux vertige!

Angel of beauty, do you know the wrinkles,
The terror of aging, the crude humiliation
Of reading a secret horror of our devotion
In eyes our thirsty eyes had drawn upon as wells?
Angel of beauty, do you know the wrinkles?

Angel of light, radiating happy airs,
David dying old would have sought renewal
In the magnetism of your body magical.
But I will ask nothing from you but your prayers,
Angel of light, radiating happy airs.

Spiritual Dawn

When over some debauch dawn enters rosy and white
To herald renewed pangs of the gnawing *Ideal*,
By way of a recompense, vengeful and mystical,
An angel awakens in the satiated brute.

The impalpable blue of that sky of the Spirit
Above the dropped victim, locked in his painful dream,
Opens the boundless gulf of its magnetic charm.
And so, dear Goddess of purity and light

Over the smoking débris of some stupid orgy,
Brighter and rosier, more live, your memory
Hovers continually on my widened vision.

The sun has blacked out the guttering candle-flame.
Victorious as always, your scintillating phantom
Radiating glory, returns like the sun!

Evening Harmonies

Now is the moment when, quivering on its stem,
Every flower exhales its essence like a censer;
Sounds and perfumes swirl mingling in the evening air,
Dizzy languorous waltz and melancholy dream!

Chaque fleur s'évapore ainsi qu'un encensoir;
Le violon frémit comme un cœur qu'on afflige;
Valse mélancolique et langoureux vertige!
Le ciel est triste et beau comme un grand reposoir.

Le violon frémit comme un cœur qu'on afflige,
Un cœur tendre, qui hait le néant vaste et noir!
Le ciel est triste et beau comme un grand reposoir;
Le soleil s'est noyé dans son sang qui se fige.

Un cœur tendre, qui hait le néant vaste et noir,
Du passé lumineux recueille tout vestige!
Le soleil s'est noyé dans son sang qui se fige …
Ton souvenir en moi luit comme un ostensoir!

Le Flacon

Il est de forts parfums pour qui toute matière
Est poreuse. On dirait qu'ils pénètrent le verre.
En ouvrant un coffret venu de l'Orient
Dont la serrure grince et rechigne en criant,

Ou dans une maison déserte quelque armoire
Pleine de l'âcre odeur des temps, poudreuse et noire,
Parfois on trouve un vieux flacon qui se souvient,
D'où jaillit toute vive une âme qui revient.

Mille pensers dormaient, chrysalides funèbres,
Frémissant doucement dans les lourdes ténèbres,
Qui dégagent leur aile et prennent leur essor,
Teintés d'azur, glacés de rose, lamés d'or.

Voilà le souvenir enivrant qui voltige
Dans l'air troublé; les yeux se ferment; le Vertige
Saisit l'âme vaincue et la pousse à deux mains
Vers un gouffre obscurci de miasmes humains;

Il la terrasse aux bords d'un gouffre séculaire,
Où, Lazare odorant déchirant son suaire,
Se meut dans son réveil le cadavre spectral
D'un vieil amour ranci, charmant et sépulcral.

Every flower exhales its essence like a censer;
A heart afflicted quivers in the sounding violin
—Dizzy languorous waltz and melancholy dream;
Like a great catafalque the sky is dark and clear.

A heart afflicted quivers in the sounding violin,
A tender heart, stricken by the void's vast fear.
Like a great catafalque the sky is dark and clear,
The sun has drowned in his blood's congealing flame.

A tender heart, stricken by the void's huge fear,
Out of the luminous past clings to the faintest gleam:
The sun has drowned in his blood's congealing flame
—Your memory's monstrance shines in me its dawning
   star.

The Phial

There are perfumes so powerful they even seem
To penetrate glass. All matter is porous to them.
Opening a coffer arrived from the Orient
Whose rusted hinges creak loud in their complaint,

Or, in a deserted house, some ancient chest
Full of the stifling scent of times past, black with dust.
You may alight on an old, memory-filled phial
Releasing in a sudden jet of life a soul's renewal.

A myriad dreams, brooding in funereal chrysalis,
Mutely vibrant under that weight of darkness,
Now spring out and launch on wings unfurled,
Blue-tinted, iced with rose, shot with gold.

There it is! bewitching memory, fluttering
In the troubled air . . . Eyes close under vertigo's wing:
The vanquished mind, pushed by unseen hands, staggers
Towards a chasm steaming with human miasmas,

And falls on the edge of time's unending gulf
Where, reeking Lazarus unwrapping his shrouded self,
There stirs, still drowsy, spectral, cadaverous,
An old love rotted with charms of the charnel-house.

Ainsi, quand je serai perdu dans la mémoire
Des hommes, dans le coin d'une sinistre armoire
Quand on m'aura jeté, vieux flacon désolé,
Décrépit, poudreux, sale, abject, visqueux, fêlé,

Je serai ton cercueil, aimable pestilence!
Le témoin de ta force et de ta virulence,
Cher poison préparé par les anges! Liqueur
Qui me ronge, ô la vie et la mort de mon cœur!

Le Beau Navire

Je veux te raconter, ô molle enchanteresse,
Les diverses beautés qui parent ta jeunesse;
        Je veux te peindre ta beauté,
     Où l'enfance s'allie à la maturité.

Quand tu vas balayant l'air de ta jupe large,
Tu fais l'effet d'un beau vaisseau qui prend le large,
        Chargé de toile, et va roulant
Suivant un rhythme doux, et paresseux, et lent.

Sur ton cou large et rond, sur tes épaules grasses,
Ta tête se pavane avec d'étranges grâces;
        D'un air placide et triomphant
Tu passes ton chemin, majestueuse enfant.

Je veux te raconter, ô molle enchanteresse,
Les diverses beautés qui parent ta jeunesse;
        Je veux te peindre ta beauté,
     Où l'enfance s'allie à la maturité.

Ta gorge qui s'avance et qui pousse la moire,
Ta gorge triomphante est une belle armoire
          Dont les panneaux bombés et clairs
Comme les boucliers accrochent les éclairs.

Boucliers provoquants, armés de pointes roses!
Armoire à doux secrets, pleine de bonnes choses,
        De vins, de parfums, de liqueurs
Qui feraient délirer les cerveaux et les cœurs!

So I, when I am lost in the memory
Of mankind, thrown away forgot to lie,
An old phial in the corner of a sordid cupboard,
Shrunk, powdery, stale, cracked, viscous, squalid,

I shall be your coffin, my precious pestilence!
The witness to your force and to your virulence,
Liqueur distilled by angels, whose keen breath
Still venomously gnaws my heart's life-in-death.

In Full Sail

How can I count or tell, sinuous enchantress,
All the variety of charms your youth enhances,
        Or paint a paragon
      Where child and mature woman meet in one?

When you move, and your wide skirts brush the air,
You are a splendid vessel, raising anchor,
        Quivering in full sail,
Launched into a rhythm powerful, lazy and tranquil.

On your neck and shoulders' soft rondure
Your head pavanes, strange, stately and sure;
        Like an infanta, child,
You make your way aloof, imperious, mild.

How can I count or tell, sinuous enchantress,
All the variety of charms your youth enhances,
        Or paint a paragon
      Where child and mature woman meet in one?

Your advancing breasts, urgent under their veil
Of tight silk, are like a chest, triumphal,
        Whose rounded panels gleam,
Swelling shields with a lightning challenge in them!

Provocative shields, each armed with a rosebud!
Chest of tender secrets, filled with all good—
        Wine, liqueur, perfume
To prompt the heart and mind to a delirium.

Quand tu vas balayant l'air de ta jupe large,
Tu fais l'effet d'un beau vaisseau qui prend le large,
        Chargé de toile, et va roulant
Suivant un rhythme doux, et paresseux, et lent.

Tes nobles jambes, sous les volants qu'elles chassent,
Tourmentent les désirs obscurs, et les agacent,
        Comme deux sorcières qui font
Tourner un philtre noir dans un vase profond.

Tes bras, qui se joueraient des précoces hercules,
Sont des boas luisants les solides émules,
        Faits pour serrer obstinément,
Comme pour l'imprimer dans ton cœur, ton amant.

Sur ton cou large et rond, sur tes épaules grasses,
Ta tête se pavane avec d'étranges graces;
        D'un air placide et triomphant
Tu passes ton chemin, majestueuse enfant.

L'Invitation au Voyage

Mon enfant, ma sœur,
Songe à la douceur
D'aller là-bas vivre ensemble!
Aimer à loisir,
Aimer et mourir
Au pays qui te ressemble!
Les soleils mouillés
De ces ciels brouillés
Pour mon esprit ont les charmes
Si mystérieux
De tes traîtres yeux
Brillant à travers leurs larmes.

        Là, tout n'est qu'ordre et beauté,
        Luxe, calme et volupté.

Des meubles luisants,
Polis par les ans,
Décoreraient notre chambre;

When you move, and your wide skirts brush the air,
Your are a splendid vessel, raising anchor,
                    Quivering in full sail,
Launched into a rhythm powerful, lazy and tranquil.

Your noble knees as they swing beating their flounces,
Stir up desire's depths, torment impatience,
                    —Sister witches who stir
In a deep cauldron some black, dangerous philtre!

Your arms that vie with those of an infant Hercules,
Lithe, smooth and strong as pythons, these
                    Were made to grip your lover tight
As though you would leave him printed on your heart.

On your neck and shoulders' soft rondure
Your head pavanes, strange, stately and sure;
                    Like an infanta, child,
You make your way aloof, imperious and mild.

Invitation to a Voyage

Sister, child,
Dream of being lulled
In the far joys of life there together,
Loving at will
Till we die, still
In that land of your own soul's weather,
Where the weeping suns
When the soft sky moistens
Fill my spirit with all the spells
And mysteries
Of your shining eyes
Through a traitorous tear as it spills.

            There, all is order, beauty,
            Ease, joy, tranquillity.

The years would gleam
In the aging sheen
Of the furniture in our room:

Les plus rares fleurs
Mêlant leurs odeurs
Aux vagues senteurs de l'ambre.
Les riches plafonds,
Les miroirs profonds,
La splendeur orientale,
Tout y parlerait
À l'âme en secret
Sa douce langue natale.

> Là, tout n'est qu'ordre et beauté,
> Luxe, calme et volupté.

Vois sur ces canaux
Dormir ces vaisseaux
Dont l'humeur est vagabonde;
C'est pour assouvir
Ton moindre désir
Qu'ils viennent du bout du monde.
—Les soleils couchants
Revêtent les champs,
Les canaux, la ville entière,
D'hyacinthe et d'or;
Le monde s'endort
Dans une chaude lumière.

> Là, tout n'est qu'ordre et beauté,
> Luxe, calme et volupté.

Chant d'Automne

I

Bientôt nous plongerons dans les froides ténèbres;
Adieu, vive clarté de nos étés trop courts!
J'entends déjà tomber avec des chocs funèbres
Le bois retentissant sur le pavé des cours.

Tout l'hiver va rentrer dans mon être: colère,
Haine, frissons, horreur, labeur dur et forcé,

And flowers undreamt
Of, mingle their scent
With amber's cloudy perfume;
The ceiling's riches,
The mirror's dark reaches
Conspire an oriental glory
Where all might yet
Tell the soul's own secret
Lost and forgotten story.

> There, all is order, beauty,
> Ease, joy, tranquillity.

See the vessels that dream
On inlet and stream,
The sails of their wandering furled:
It was to take wing
With your lightest longing
They came up from the ends of the world.
The sun as it falls
Over fields and canals
Reveals a new city, entire
Chrysolite and rose;
The whole world's adrowse
By the warmth of its dying fire.

> There where all is order, beauty,
> Ease, joy, tranquillity.

Autumn Song

I

Soon we will be plunging into the icy shades.
Goodbye to the live glow of summers quickly spent!
Already I can hear the funereal fall of logs
As they unload below with thuds on the pavement.

Winter's moods will take possession of me: rage,
Hatred, the shivering horror of forced labour's grind:

Et, comme le soleil dans son enfer polaire,
Mon cœur ne sera plus qu'un bloc rouge et glacé.

J'écoute en frémissant chaque bûche qui tombe;
L'échafaud qu'on bâtit n'a pas d'écho plus sourd.
Mon esprit est pareil à la tour qui succombe
Sous les coups du bélier infatigable et lourd.

Il me semble, bercé par ce choc monotone,
Qu'on cloue en grande hâte un cercueil quelque part.
Pour qui? — C'était hier l'été; voici l'automne!
Ce bruit mystérieux sonne comme un départ.

II

J'aime de vos longs yeux la lumière verdâtre,
Douce beauté, mais tout aujourd'hui m'est amer.
Et rien, ni votre amour, ni le boudoir, ni l'âtre,
Ne me vaut le soleil rayonnant sur la mer.

Et pourtant aimez-moi, tendre cœur! soyez mère,
Même pour un ingrat, même pour un méchant;
Amante ou sœur, soyez la douceur éphémère
D'un glorieux automne ou d'un soleil couchant.

Courte tâche! La tombe attend; elle est avide!
Ah! laissez-moi, mon front posé sur vos genoux
Goûter, en regrettant l'été blanc et torride,
De l'arrière-saison le rayon jaune et doux!

À une Madone

Ex-Voto dans le Goût Espagnol

Je veux bâtir pour toi, Madone, ma maîtresse,
Un autel souterrain au fond de ma détresse,
Et creuser dans le coin le plus noir de mon cœur,
Loin du désir mondain et du regard moqueur,
Une niche d'azur et d'or tout émaillée,
Où tu te dresseras, Statue émerveillée.
Avec mes Vers polis, treillis d'un pur métal
Savamment constellé de rimes de cristal,
Je ferai pour ta tête une énorme Couronne;

My heart will be a red, frozen block in its cage
Like the dull sun confined to its Arctic pound.

I listen with a shock to each load as it falls;
Hammering up a scaffold could have no hollower boom.
I feel like a tower that staggers and succumbs
To the heavy, stubborn blows of a battering-ram.

Bemused by those impatient but monotonous blows,
I think, are they hurriedly nailing a coffin down?
Who for?—Summer died yesterday. Autumn's come.
That mysterious knocking has a departing sound.

II

I love the greenish light glinting in your wide eyes,
Kind and lovely: but all is soured now for me,
And nothing, not your love, nor this room and its fire
Can give me back the lost sun glittering over sea.

But love me still: tender-hearted, even to one
Who is wicked, ungrateful, perverse, be a mother;
Sister or love, be like the transient gleam
Of a glorious autumn, or a setting sun.

A brief task: —the grave is waiting and hungry!
Ah, let me enjoy, my head sunk in your knees,
Longing for the dazzling heat of summer gone,
The soft, yellow gleam of autumn as it goes!

To a Madonna

Ex-Voto in the Spanish-Baroque Style

I will build for you, Madonna and Mistress,
An altar founded in the depths of my distress,
Hollowing out, in the darkest coign of my brain,
Far from worldly desire, and the quizzical inane,
A niche all enamelled in gold and blue
Where you may stand astonished, like a statue.
From my trellised Verse, in its pure metallic gleam,
Cunningly be-jewelled with crystalline Rhyme,
I'll fashion an enormous crown for your head,

Et dans ma Jalousie, ô mortelle Madone,
Je saurai te tailler un Manteau, de façon
Barbare, roide et lourd, et doublé de soupçon,
Qui, comme une guérite, enfermera tes charmes;
Non de Perles brodé, mais de toutes mes Larmes!
Ta Robe, ce sera mon Désir, frémissant,
Onduleux, mon Désir qui monte et qui descend,
Aux pointes se balance, aux vallons se repose,
Et revêt d'un baiser tout ton corps blanc et rose.
Je te ferai de mon Respect de beaux souliers
De satin, par tes pieds divins humiliés,
Qui, les emprisonnant dans une molle étreinte,
Comme un moule fidèle en garderont l'empreinte.
Si je ne puis, malgré tout mon art diligent,
Pour Marchepied tailler une Lune d'argent,
Je mettrai le serpent qui me mord les entrailles
Sous tes talons, afin que tu foules et railles,
Reine victorieuse et féconde en rachats,
Ce monstre tout gonflé de haine et de crachats.
Tu verras mes Pensers, rangés comme les Cierges
Devant l'autel fleuri de la Reine des Vierges,
Étoilant de reflets le plafond peint en bleu,
Te regarder toujours avec des yeux de feu;
Et comme tout en moi te chérit et t'admire,
Tout se fera Benjoin, Encens, Oliban, Myrrhe,
Et sans cesse vers toi, sommet blanc et neigeux,
En Vapeurs montera mon Esprit orageux.

Enfin, pour compléter ton rôle de Marie,
Et pour mêler l'amour avec la barbarie,
Volupté noire! des sept Péchés capitaux,
Bourreau plein de remords, je ferai sept Couteaux
Bien affilés, et comme un jongleur insensible,
Prenant le plus profond de ton amour pour cible,
Je les planterai tous dans ton Cœur pantelant,
Dans ton Cœur sanglotant, dans ton Cœur ruisselant!

And out of my Jealousy, Madonna mortally sad,
I will cut a mantle of barbaric fashion,
Stiff, heavy as stone, and lined with Suspicion.
Like a leaden cope it will enclose your charms
—Embroidered not with pearl, but with tears still
    warm.
Your simple robe will be my Desire, shimmering,
Rising and falling like the sea, exploring
Every nook and contour, promontory and valley,
Clothing in one kiss your white and rosy body.
Out of my Reverence I will fashion you shoes
Of satin, for your divine feet to wear and use,
Imprisoning each one in a soft tight embrace,
Like a faithful mould to feel every trace.
And if, for all the diligence of my skill,
I cannot carve you a silver Moon for Pedestal,
I will put the Snake that devours my entrails
For you to trample in triumph under your heels
That monster of hatred, swollen with venomous passion,
—Madonna of Victories, rich in redemption.
You will see my Thoughts, Candles ranged in rows
Before the Queen of Heaven's altar banked in flowers,
Lighting the azure vault above with starry haloes,
Their eyes all fixed on you in a fiery gaze.
And since you are what my being loves and cherishes,
Frankincense, Myrrh, Benzoin mixing their essences
Will rise like mists out of my stormy Mind
Towards you, snowy summit, in tribute without end.

And then to fulfill your role as Mary of Sorrows,
And give my love that final touch of the barbarous,
From the seven deadly Sins, remorseful torturer,
I will fashion seven Knives keen with pleasure;
Intent as a marksman I will aim each one
At the target of your deepest love and compassion,
Planting them all in your palpitating Heart,
Your Heart streaming with grief, your overflowing
    Heart!

Mœsta et Errabunda

Dis-moi, ton cœur parfois s'envole-t-il, Agathe,
Loin du noir océan de l'immonde cité,
Vers un autre océan où la splendeur éclate,
Bleu, clair, profond, ainsi que la virginité?
Dis-moi, ton cœur parfois s'envole-t-il, Agathe?

La mer, la vaste mer, console nos labeurs!
Quel démon a doté la mer, rauque chanteuse
Qu'accompagne l'immense orgue des vents grondeurs,
De cette fonction sublime de berceuse?
La mer, la vaste mer, console nos labeurs!

Emporte-moi, wagon! enlève-moi, frégate!
Loin, loin! ici la boue est faite de nos pleurs!
— Est-il vrai que parfois le triste cœur d'Agathe
Dise: Loin des remords, des crimes, des douleurs,
Emporte-moi, wagon, enlève-moi, frégate?

Comme vous êtes loin, paradis parfumé,
Où sous un clair azur tout n'est qu'amour et joie,
Où tout ce que l'on aime est digne d'être aimé,
Où dans la volupté pure le cœur se noie!
Comme vous êtes loin, paradis parfumé!

Mais le vert paradis des amours enfantines,
Les courses, les chansons, les baisers, les bouquets,
Les violons vibrant derrière les collines,
Avec les brocs de vins, le soir, dans les bosquets,
— Mais le vers paradis des amours enfantines,

L'innocent paradis, plein de plaisirs furtifs,
Est-il déjà plus loin que l'Inde et que la Chine?
Peut-on le rappeler avec des cris plaintifs,
Et l'animer encor d'une voix argentine,
L'innocent paradis plein de plaisirs furtifs?

Mœsta et Errabunda

Does your heart too, Agathe, long for escape
At times from the city's foul black sea
To another sea where pure glory can break
As blue, sudden and deep as all eternity?
Your heart too, Agathe, longs for escape?

The sea, the heavy sea lifts away every burden—
What raucous demon haunts its voice that can sing
To the roar of all the winds' diapason
A plain-chant soothing as a cradle song?
The sea, the heavy sea lifts away every burden.

Let the wheels move, engine breathe, wings lift
Away out of this mud of trampled tears!
—Can it be that your heart too is gripped
Tight with longing to escape the vice of years
And wait for the wheels to move, the wings to lift—

But you are too far off, perfumed paradise
Where under a blue canopy, love and joy,
Knowing each other worthy can know no vice,
Where the heart can drown in desire without alloy.
Ridiculously far off, perfumed paradise,

Green paradise of our childhood loves,
The kisses, the songs, the traced grass, the garlands,
The sound of violins across secretive groves,
The jugs of warmed wine in the evening uplands,
Green paradise of our childhood loves,

Garden of innocence, alive with furtive joys,
Are you further away than India or China?
No recalling you, is there, with magic or sad cries,
Or renewing the rung silver of your lost laughter,
Garden of innocence, alive with furtive joys?

Spleen I

Pluviôse, irrité contre la ville entière,
De son urne à grands flots verse un froid ténébreux
Aux pâles habitants du voisin cimetière
Et la mortalité sur les faubourgs brumeux.

Mon chat sur le carreau cherchant une litière
Agite sans repos son corps maigre et galeux;
L'âme d'un vieux poète erre dans la gouttière
Avec la triste voix d'un fantôme frileux.

Le bourdon se lamente, et la bûche enfumée
Accompagne en fausset la pendule enrhumée,
Cependant qu'en un jeu plein de sales parfums,

Héritage fatal d'une vieille hydropique,
Le beau valet de cœur et la dame de pique
Causent sinistrement de leurs amours défunts.

Spleen II

J'ai plus de souvenirs que si j'avais mille ans.

Un gros meuble à tiroirs encombré de bilans,
De vers, de billets-doux, de procès, de romances,
Avec de lourds cheveux roulés dans des quittances,
Cache moins de secrets que mon triste cerveau.
C'est une pyramide, un immense caveau,
Qui contient plus de morts que la fosse commune.
— Je suis un cimetière abhorré de la lune,
Où, comme des remords, se traînent de longs vers
Qui s'acharnent toujours sur mes morts les plus chers.
Je suis un vieux boudoir plein de roses fanées,
Où gît tout un fouillis de modes surannées,
Où les pastels plaintifs et les pâles Boucher,
Seuls, respirent l'odeur d'un flacon débouché.

Rien n'égale en longueur les boiteuses journées,
Quand sous les lourds flocons des neigeuses années
L'Ennui, fruit de la morne incuriosité,

Spleen I

The bored rain-god spills his irritation over
The local cemetery's fixed inhabitants,
And mortality circulating on the fogged pavements,
Darkening the whole city with an icy shower.

Turning and twisting with its discontents,
The thin cat searches vainly to recover
Its comfort in the window; a song and a shiver
Rise from the gutter where a ghost-poet sings for pence.

The grudging clock rustily marks the hours;
The fire mutters, the chimney's ruminating sighs
   increase;
While, exhaling the staleness of an old pack of cards

(That once beguiled their vanished owner's disease)
The handsome knave of hearts and the queen of spades
In sinister communion review their defunct amours.

Spleen II

I've enough memories to fill a thousand years.

An old chest of drawers crammed, strewn with papers,
Verses and song sheets, love letters, final notices,
Heavy locks of hair wrapped in old invoices,
Harbours fewer secrets than the sad nooks of my brain.
It's like a pyramid, an immense cavern,
Holding more dead bodies than any common grave.
—I am a cemetery hated by the moon
Where, stubborn as remorse, the long worms feed
With ceaseless appetite still on my dearest dead.
I am an old boudoir where roses wither,
Littered with the crumpled fashions of yesteryear,
Where faded rococo paintings, and wistful pastels,
Forlorn, breathe the perfume of dried scent-bottles.

Nothing can equal the length of the crippled days,
Under the heavy drift of the snow-bound years,
When boredom, slow fruit of total apathy,

Prend les proportions de l'immortalité.
— Désormais tu n'es plus, ô matière vivante!
Qu'un granit entouré d'une vague épouvante,
Assoupi dans le fond d'un Sahara brumeux;
Un vieux sphinx ignoré du monde insoucieux,
Oublié sur la carte, et dont l'humeur farouche
Ne chante qu'aux rayons du soleil qui se couche.

Spleen III

Je suis comme le roi d'un pays pluvieux,
Riche, mais impuissant, jeune et pourtant très vieux,
Qui, de ses précepteurs méprisant les courbettes,
S'ennuie avec ses chiens comme avec d'autres bêtes.
Rien ne peut l'égayer, ni gibier, ni faucon,
Ni son peuple mourant en face du balcon.
Du bouffon favori la grotesque ballade
Ne distrait plus le front de ce cruel malade;
Son lit fleurdelisé se transforme en tombeau,
Et les dames d'atour, pour qui tout prince est beau,
Ne savent plus trouver d'impudique toilette
Pour tirer un souris de ce jeune squelette.
Le savant qui lui fait de l'or n'a jamais pu
De son être extirper l'élément corrompu,
Et dans ces bains de sangs qui des Romains nous
    viennent,
Et dont sur leurs vieux jours les puissants se
    souviennent,
Il n'a su réchauffer ce cadavre hébété
Où coule au lieu du sang l'eau verte du Léthé.

Spleen IV

Quand le ciel bas et lourd pèse comme un couvercle
Sur l'esprit gémissant en proie aux longs ennuis,
Et que de l'horizon embrassant tout le cercle
Il nous verse un jour noir plus triste que les nuits;

Takes on the dimensions of immortality.
—From now on you are nothing more, oh sentient
  matter,
Than a granite block traversed by a vague terror,
A trance of stone lost in a blowing Sahara,
An ancient sphinx, of no concern to anyone,
Forgotten on all the charts, and whose one sullen whim
Is to breathe its note of music to the setting sun.

Spleen III

I am like the king of a rainy kingdom,
Rich and yet impotent, young, but as old as doom,
Who, despising the frisks and curvetings of his courtiers,
Kills the time among his dogs, as with any other
  creatures.
Nothing can stir his mind, no game, nor falconry,
Not even his subjects dying opposite the balcony,
Not even the grotesque ballads of his favourite buffoon
Can unruffle the brow of this cruel sick one;
His flowered four-poster bed has turned into a tomb,
And his court ladies—every prince is a god for them—
Are at their wits' end how to entice a grin
With a yet more provocative dress from this young
  skeleton.
The alchemist who makes him gold has never learnt
How to purge his being of this corrupted element,
And even in baths of blood inherited from Rome
Such as tyrants try, feeling their old age come,
Has never yet been able to warm this numbed body
Where instead of blood flows the green water of Lethe.

Spleen IV

When the sky heavy and low weighs like a lid
On the afflicted mind hounded by its woes,
And from the sky's rim up, a hemisphere of cloud
Creates a darkness gloomier than ever night does;

Quand la terre est changée en un cachot humide,
Où l'Espérance, comme une chauve-souris,
S'en va battant les murs de son aile timide
Et se cognant la tête à des plafonds pourris;

Quand la pluie étalant ses immenses traînées
D'une vaste prison imite les barreaux,
Et qu'un peuple muet d'infâmes araignées
Vient tendre ses filets au fond de nos cerveaux,

Des cloches tout à coup sautent avec furie
Et lancent vers le ciel un affreux hurlement,
Ainsi que des esprits errants et sans patrie
Qui se mettent à geindre opiniâtrement,

— Et de longs corbillards, sans tambours ni musique,
Défilent lentement dans mon âme; l'Espoir,
Vaincu, pleure, et l'Angoisse atroce, despotique,
Sur mon crâne incliné plante son drapeau noir.

Les Chats

Les amoureux fervents et les savants austères
Aiment également, en leur mûre saison,
Les chats puissants et doux, orgueil de la maison,
Qui comme eux sont frileux et comme eux sédentaires.

Amis de la science et de la volupté,
Ils cherchent le silence et l'horreur des ténèbres;
L'Érèbe les eût pris pour ses coursiers funèbres,
S'ils pouvaient au servage incliner leur fierté.

Ils prennent en songeant les nobles attitudes
Des grands sphinx allongés au fond des solitudes,
Qui semblent s'endormir dans un rêve sans fin;

Leurs reins féconds sont pleins d'étincelles magiques,
Et des parcelles d'or, ainsi qu'un sable fin,
Étoilent vaguement leurs prunelles mystiques.

When the earth is changed into an oozing dungeon
Where like a bewildered bat, Hope itself
Hurtles blind beating the walls with its wing,
Wounding its head on mouldy ceiling or shelf;

When the wind drags its slanting train of rainstorms
Emulating the bars of a vast prison,
And a mute populace of nameless spiders
Stretches its sticky webs in the depths of the brain;

A sudden peal of bells ejaculates its fury,
Flinging to heaven a clatter of rebellion
As though a herd of spectres, homeless and hungry,
Began to howl in chorus without remission,

And a funeral cortège, with no music or drum,
Passes in slow file through my mind; Hope still
Lags as it walks and weeps, and Anguish, that grim
Herald, plants its black flag in my suppliant skull.

Cats

Men devoted to love, or grown abstruse with study,
Both equally delight—their passions once fulfilled—
In soft, powerful cats, the pride of the household,
Like those fond of warmth, and like these sedentary.

Guardians of the mind's austere or voluptuous mood,
They seek out silence, and the dark where horror breeds.
Erebus might have chosen them as its funereal steeds,
If they could ever subdue themselves to such servitude.

Meditating, they take on the sculptural stances
Of a giant sphinx intent on empty distances,
Their gaze fixed and hypnotic in a dream without end.

Their sinewy, fecund flanks are full of magic sparkles,
And flakes of gold finer, more glittering than sand,
Shimmer like evanescent stars in their pupils.

Le Goût du Néant

Morne esprit, autrefois amoureux de la lutte,
L'Espoir, dont l'éperon attisait ton ardeur,
Ne veut plus t'enfourcher! Couche-toi sans pudeur,
Vieux cheval dont le pied à chaque obstacle butte.

Résigne-toi, mon cœur; dors ton sommeil de brute.

Esprit vaincu, fourbu! Pour toi, vieux maraudeur,
L'amour n'a plus de goût, non plus que la dispute,
Adieu donc, chants du cuivre et soupirs de la flûte!
Plaisirs, ne tentez plus un cœur sombre et boudeur!

Le printemps adorable a perdu son odeur!

Et le Temps m'engloutit minute par minute,
Comme la neige immense un corps pris de roideur;
Je contemple d'en haut le globe en sa rondeur
Et je n'y cherche plus l'abri d'une cahute.

Avalanche, veux-tu m'emporter dans ta chute?

Le Soleil

Le long du vieux faubourg, où pendent aux masures
Les persiennes, abri des secrètes luxures,
Quand le soleil cruel frappe à traits redoublés
Sur la ville et les champs, sur les toits et les blés,
Je vais m'exercer seul à ma fantasque escrime,
Flairant dans tous les coins les hasards de la rime,
Trébuchant sur les mots comme sur les pavés,
Heurtant parfois des vers depuis longtemps rêvés.

Ce père nourricier, ennemi des chloroses,
Éveille dans les champs les vers comme les roses;
Il fait s'évaporer les soucis vers le ciel,
Et remplit les cerveaux et les ruches de miel.
C'est lui qui rajeunit les porteurs de béquilles
Et les rend gais et doux comme des jeunes filles,
Et commande aux moissons de croître et de mûrir
Dans le cœur immortel qui toujours veut fleurir!

The Taste for Nothingness

Gloomy mind, at one time a lover of the fight,
Hope, whose spur would rowel your lust for fame
No longer mounts your back. Lie down without shame,
Old nag whose hoof at every stone feels hurt.

Resign yourself, heart, to the slumber of the brute.

Mind beaten and foundered, old plunderer, be dumb,
Spirit that neither love nor battle can animate,
Goodbye to the trumpet call, the sighing flute!
Pleasures, no longer tempt a heart stubborn in gloom.

Spring the adorable has lost its perfume!

And Time seems to engulf me, minute by minute,
Like endless snow over a body grown numb;
I gaze down from a height on the globe in a dream,
No longer looking for the shelter of a hut.

Avalanche, would you sweep me off in your downward
    flight?

The Sun

Along old terraces where blinds tent the masonry,
Each one a separate covering for private luxury,
When the cruel sun redoubles his sharp stroke
On street and hedgerow, on roof-top and brake,
I walk alone, absorbed in my curious exercise,
Duelling with words that dodge in corners and byways:
Stumbling on rhymes as on crooked curbs, colliding
With a sudden clear line that dreams were past finding.

The all-satisfying sun, anaemia's enemy,
Gives life to the worm and the rose impartially;
Evaporating care and sending it skywards
He brings honey to the hive, and to the mute mind words.
It is he who makes the ancient cripples young again
With the gaiety and gentleness of young children;
He orders the harvest to increase and flourish
In that old heart where life is the perpetual wish.

Quand, ainsi qu'un poète, il descend dans les villes,
Il ennoblit le sort des choses les plus viles.
Et s'introduit en roi, sans bruits et sans valets,
Dans tous les hôpitaux et dans tous les palais.

Le Cygne

À Victor Hugo

I

Andromaque, je pense à vous! Ce petit fleuve,
Pauvre et triste miroir où jadis resplendit
L'immense majesté de vos douleurs de veuve,
Ce Simoïs menteur qui par vos pleurs grandit,

A fécondé soudain ma mémoire fertile,
Comme je traversais le nouveau Carrousel.
Le vieux Paris n'est plus (la forme d'une ville
Change plus vite, hélas! que le cœur d'un mortel);

Je ne vois qu'en esprit tout ce camp de baraques,
Ces tas de chapiteaux ébauchés et de fûts,
Les herbes, les gros blocs verdis par l'eau des flaques,
Et, brillant aux carreaux, le bric-à-brac confus.

Là s'étalait jadis une ménagerie;
Là je vis, un matin, à l'heure où sous les cieux
Froids et clairs le Travail s'éveille, où la voirie
Pousse un sombre ouragan dans l'air silencieux,

Un cygne qui s'était évadé de sa cage,
Et, de ses pieds palmés frottant le pavé sec,
Sur le sol raboteux traînait son blanc plumage.
Près d'un ruisseau sans eau la bête ouvrant le bec

Baignait nerveusement ses ailes dans la poudre,
Et disait, le cœur plein de son beau lac natal:
"Eau, quand donc pleuvras-tu? Quand tonneras-tu,
    foudre?"
Je vois ce malheureux, mythe étrange et fatal,

When he comes down into the city like a poet
Transfiguring the values of things the most abject,
He enters like royalty, unaccompanied by officials,
All the palatial hotels, and all the hospitals.

The Swan

To Victor Hugo

I

Andromache, you come to mind! That poor stream,
Mean and tragic mirror where your widowed years
Shone with the immense reflection of your grief,
The treacherous Simois whose waters grew with your
    tears,

Just as I was crossing the new Carrousel,
It woke my remembering mind to a sudden thought.
(—Old Paris is vanishing, alas; a city's shape
Changes faster nowadays than a human heart);

Only in my mind I can see the huts encamped,
The piles of half-finished capitals, the timbers,
The weeds, the blocks of masonry mossed by the rain,
The jumble of bric-a-brac gleaming in shop windows.

That way, years ago, stretched a menagerie:
And there once, at the time when the chill, clear
Dawn wakes the world of labour, and the high-roads
Send up a booming hubbub into the silent air,

A swan that had somehow escaped its enclosure,
Its webbed feet scraping on dry cement and stone,
Or trailing its white plumage over the rough rubble,
Walked to a waterless ditch and with beak wide open

Dabbled its frenzied wings in the blowing dust,
Seeming to say, from sheer longing for its native lake,
"Water, when will you fall? Thunder, when will you
    come?"
I can see that wretched alien, foredoomed and mythic,

Vers le ciel quelquefois, comme l'homme d'Ovide,
Vers le ciel ironique et cruellement bleu,
Sur son cou convulsif tendant sa tête avide,
Comme s'il adressait des reproches à Dieu!

II

Paris change! mais rien dans ma mélancolie
N'a bougé! palais neufs, échafaudages, blocs,
Vieux faubourgs, tout pour moi devient allégorie,
Et mes chers souvenirs sont plus lourds que des rocs.

Aussi devant ce Louvre une image m'opprime:
Je pense à mon grand cygne, avec ses gestes fous,
Comme les exilés, ridicule et sublime,
Et rongé d'un désir sans trêve! et puis à vous,

Andromaque, des bras d'un grand époux tombée,
Vil bétail, sous la main du superbe Pyrrhus,
Auprès d'un tombeau vide en extase courbée;
Veuve d'Hector, hélas! et femme d'Hélénus!

Je pense à la négresse, amaigrie et phtisique,
Piétinant dans la boue et cherchant, l'œil hagard,
Les cocotiers absents de la superbe Afrique
Derrière la muraille immense du brouillard;

À quiconque a perdu ce qui ne se retrouve
Janais, jamais! à ceux qui s'abreuvent de pleurs
Et tettent la Douleur comme une bonne louve!
Aux maigres orphelins séchant comme des fleurs!

Ainsi dans la forêt où mon esprit s'exile
Un vieux Souvenir sonne à plein souffle du cor!
Je pense aux matelots oubliés dans une île,
Aux captifs, aux vaincus!... à bien d'autres encor!

Like Ovid's exiled poet, raising his head towards
The hard, ironic blue of an empty sky,
Stretching an eager head on his convulsive neck,
As though to reproach God for his cruelty!

II

Paris is changing! Yes, but in my melancholy
Nothing has budged an inch—scaffolding, masonry,
 blocks,
The old quarters, all for me is allegory,
And my dearest memories weigh on me like rocks.

In front of that Louvre one image weighs heaviest:
I think of my great swan with his frantic gestures,
Ridiculous like all exiles, and yet superb;
I think of his haunted rage of longing.—And of yours,

Andromache, fallen from the arms of your heroic
 spouse,
A vile prey, spoils in the grasp of the arrogant Pyrrhus;
Stooping in ecstasy over an empty tomb,
Widow to Hector still—and bride to Helenus!

I think of some wasted, consumptive Negress
Trailing in the mud: her haggard eyes insist
In their search for her proud Africa's absent palms
Beyond that great barricade of fog and mist.

I think of all who have lost what cannot be found
Ever again! Of those whose only drink is their tears,
Suckled as they are by the she-wolf of grief,
—Of wizened orphan children, withering like flowers.

And so in the forest where my lost mind wanders,
An old Memory winds its full-throated call!
I think of sailors cast away on some unknown island,
Of the imprisoned, the defeated—and many another
 still!

Les Sept Vieillards

Fourmillante cité, cité pleine de rêves
Où le spectre en plein jour raccroche le passant!
Les mystères partout coulent comme des sèves
Dans les canaux étroits du colosse puissant.

Un matin, cependant que dans la triste rue
Les maisons, dont la brume allongeait la hauteur,
Simulaient les deux quais d'une rivière accrue,
Et que, décor semblable à l'âme de l'acteur,

Un brouillard sale et jaune inondait tout l'espace,
Je suivais, roidissant mes nerfs comme un héros
Et discutant avec mon âme déjà lasse,
Le faubourg secoué par les lourds tombereaux.

Tout à coup, un vieillard dont les guenilles jaunes
Imitait la couleur de ce ciel pluvieux,
Et dont l'aspect aurait fait pleuvoir les aumônes,
Sans la méchanceté qui luisait dans ses yeux,

M'apparut. On eût dit sa prunelle trempée
Dans le fiel; son regard aiguisait les frimas,
Et sa barbe à longs poils, roide comme une épée,
Se projetait pareille à celle de Judas.

Il n'était pas voûté, mais cassé, son échine
Faisant avec sa jambe un parfait angle droit,
Si bien que son bâton, parachevant sa mine,
Lui donnait la tournure et le pas maladroit

D'un quadrupède infirme ou d'un juif à trois pattes.
Dans la neige et la boue il allait s'empêtrant,
Comme s'il écrasait des morts sous ses savates,
Hostile à l'univers plutôt qu'indifférent.

Son pareil le suivait: barbe, œil, dos, bâton, loques,
Nul trait ne distinguait, du même enfer venu,
Ce jumeau centenaire, et ces spectres baroques
Marchaient du même pas vers un but inconnu.

The Seven Old Men

Swarming anthill of a city, city riddled with dreams,
Where ghosts snatch at the passer-by in broad daylight,
Where mysteries, like canals in tunnels, circulate
A winding current in the veins of the powerful giant.

One morning, while the mists in the sullen street
Made the houses grow taller above its stealthy tide,
So that they seemed like high banks to a swollen river,
And, fitting *mise-en-scène* for the actor's mood,

A yellowish, dirty fog filtered through all space,
I was going my way, nerves heroically taut
In an endless argument with my tired mind,
Along the faubourg shaken by each passing cart,

Abruptly an ancient whose dirty brown rags
Emulated the shade of that fog-filled sky,
Who might have prompted a shower of coins at a
    glance,
If it hadn't been for the wickedness in his eye,

Was there in front of me. You could say his gaze
Radiated venom; his look was keener than frost,
And his beard, like that of a painter's Judas,
Grown long, jutted tight as a sheath almost.

He was not so much stooped as snapped in half, his
    spine
Making a perfect right angle to his legs and feet,
So much so that his stick, completing the pattern,
Gave him the silhouette and the hop-and-go-one gait

Of a limping animal or a three-legged Jew.
He pressed on regardless through the mud and sleet
As though trampling corpses under his ropy shoes,
Not so much indifferent to the world as loathing it.

He was followed by his double: Eyes, beard, stick, rags,
Not one detail differed; come from the same hell,
These baroque apparitions, centenarian twins,
Tottered at the same pace, to the same unknown goal.

À quel complot infâme étais-je donc en butte,
Ou quel méchant hasard ainsi m'humiliait?
Car je comptai sept fois, de minute en minute,
Ce sinistre vieillard qui se multipliait!

Que celui-là qui rit de mon inquiétude,
Et qui n'est pas saisi d'un frisson fraternel,
Songe bien que malgré tant de décrépitude
Ces sept monstres hideux avaient l'air éternel!

Aurais-je, sans mourir, contemplé le huitième,
Sosie inexorable, ironique et fatal,
Dégoûtant Phénix, fils et père de lui-même?
— Mais je tournais le dos au cortège infernal.

Exaspéré comme un ivrogne qui voit double,
Je rentrai, je fermai ma porte, épouvanté,
Malade et morfondu, l'esprit fiévreux et trouble,
Blessé par le mystère et par l'absurdité!

Vainement ma raison voulait prendre la barre;
La tempête en jouant déroutait ses efforts,
Et mon âme dansait, dansait, vieille gabarre
Sans mâts, sur une mer monstrueuse et sans bords!

À une Passante

La rue assourdissante autour de moi hurlait.
Longue, mince, en grand deuil, douleur majestueuse,
Une femme passa, d'une main fastueuse
Soulevant, balançant le feston et l'ourlet;

Agile et noble, avec sa jambe de statue.
Moi, je buvais, crispé comme un extravagant,
Dans son œil, ciel livide où germe l'ouragan,
La douceur qui fascine et le plaisir qui tue.

Un éclair... puis la nuit! — Fugitive beauté
Dont le regard m'a fait soudainement renaître,
Ne te verrai-je plus que dans l'éternité?

What squalid plot was I suddenly a prey to,
Why was I the victim, and of what wicked spell?
For minute after minute I watched, seven times,
While this sinister ancient multiplied himself.

—Whoever may laugh at my anxiety and alarm
And feels no sympathetic shudder at such things,
Let me tell him that for all their decrepitude
These seven appalling monsters looked like eternal
   beings.

I doubt if I could without dying have faced an eighth
Inexorable spectre and inevitable twin.
I turned and ran in panic from this self-begot procession
Of an infernal phoenix, his own father and son.

Exasperated like a man drunk and seeing double
I went home, and locked my door, overcome,
Chilled and humiliated, my mind in a fever,
As though stricken by an absurd and mysterious doom.

My reason struggled uselessly to take the helm;
The storm of uncertainty had made me its toy
And my mind went on bobbing, dancing like the shell
Of a mastless hulk on an endless, shoreless sea.

To a Passer-by

All round me the noise of the street dazed and deafened.
Tall, slender, stately, and in deepest mourning,
A woman passed close by me, absently managing
Her lifted flounce and fringe with a majestic hand.

Swift and erect as a goddess, a statue moving.
Arrested, like a man crazed, I drank in
The grey gleam of eyes, skies where storms threaten,
Promising enduring tenderness, a death from loving.

A flash—and then the dark!—Beautiful fugitive
Whose glance seemed to give me no less than a new
   birth,
Am I never to see you again so long as I live?

Ailleurs, bien loin d'ici! trop tard! *jamais* peut-être!
Car j'ignore où tu fuis, tu ne sais où je vais,
O toi que j'eusse aimée, ô toi qui le savais!

Le Crépuscule du Soir

Voici le soir charmant, ami du criminel;
Il vient comme un complice, à pas de loup; le ciel
Se ferme lentement comme une grande alcôve,
Et l'homme impatient se change en bête fauve.

O soir, aimable soir, désiré par celui
Dont les bras, sans mentir, peuvent dire: Aujourd'hui
Nous avons travaillé! — C'est le soir qui soulage
Les esprits que dévore une douleur sauvage,
Le savant obstiné dont le front s'alourdit,
Et l'ouvrier courbé qui regagne son lit.

Cependant des démons malsains dans l'atmosphère
S'éveillent lourdement, comme des gens d'affaire,
Et cognent en volant les volets et l'auvent.
À travers les lueurs que tourmentent le vent
La Prostitution s'allume dans les rues;
Comme une fourmilière elle ouvre ses issues;
Partout elle se fraye un occulte chemin,
Ainsi que l'ennemi qui tente un coup de main;
Elle remue au sein de la cité de fange
Comme un ver qui dérobe à l'homme ce qu'il mange.
On entend çà et là les cuisines siffler,
Les théâtres glapir, les orchestres ronfler;
Les tables d'hôte, dont le jeu fait les délices,
S'emplissent de catins et d'escrocs, leur complices,
Et les voleurs, qui n'ont ni trêve ni merci,
Vont bientôt commencer leur travail, eux aussi,
Et forcer doucement les portes et les caisses
Pour vivre quelques jours et vêtir leurs maîtresses.

Somewhere, remote from here, too late, perhaps never.
How should our unknown ways meet on the same
  path?—
You whom I could have loved—who saw me as a lover!

Comes the Charming Evening

Comes the charming evening, the criminal's friend,
Comes conspirator-like on soft wolf tread.
Like a large alcove the sky slowly closes,
And man approaches his bestial metamorphosis.

To arms that have laboured evening is kind enough,
Easing the strain of sinews that have borne their rough
Share of the burden; it is evening that relents
To those whom an angry obsession daily haunts.
The solitary student raises a burdened head
And the back that bent daylong sinks into its bed.

Meanwhile darkness dawns, filled with demon familiars
Who rouse, reluctant as business men, to their affairs,
Their ponderous flight rattling the shutters and blinds.
Against the lamplight, whose shivering is the wind's,
Prostitution spreads its light and life in the streets:
Like an anthill opening its issues it penetrates
Mysteriously everywhere by its own occult route;
Like an enemy mining the foundations of a fort,
Or a worm in an apple, eating what all should eat,
It circulates securely in the city's clogged heart.
The heat and hiss of kitchens can be felt here and there,
The panting of heavy bands, the theatre's clamour.
Cheap hotels, the haunts of many dubious solaces,
Are filling with tarts and crooks, their sleek accomplices,
And thieves, who have never heard of restraint or
  remorse,
Return now to their work as a matter of course,
Forcing safes behind carefully re-locked doors,
To get a few days' living and put clothes on their whores.

Recueille-toi, mon âme, en ce grave moment,
Et ferme ton oreille à ce mugissement.
C'est l'heure où les douleurs des malades s'aigrissent!
La sombre Nuit les prend à la gorge; ils finissent
Leur destinée et vont vers le gouffre commun;
L'hôpital se remplit de leurs soupirs. — Plus d'un
Ne viendra plus chercher la soupe parfumée,
Au coin du feu, le soir, auprès d'une âme aimée.

Encore la plupart n'ont-ils jamais connu
La douceur du foyer et n'ont jamais vécu!

Le Jeu

Dans des fauteuils fanés, des courtisanes vieilles,
Pâles, le sourcil peint, l'œil câlin et fatal,
Minaudant et faisant de leurs maigres oreilles
Tomber un cliquetis de pierre et de métal;

Autour des verts tapis des visages sans lèvres,
Des lèvres sans couleur, des mâchoires sans dent,
Et des doigts convulsés d'une infernale fièvre,
Fouillant la poche vide ou le sein palpitant;

Sous de sales plafonds un rang de pâles lustres
Et d'énormes quinquets projetant leurs lueurs
Sur des fronts ténébreux de poètes illustres
Qui viennent gaspiller leurs sanglantes sueurs;

Voilà le noir tableau qu'en un rêve nocturne
Je vis se dérouler sous mon œil clairvoyant.
Moi-même, dans un coin de l'antre taciturne,
Je me vis accoudé, froid, muet, enviant,

Enviant de ces gens la passion tenace,
De ces vieilles putains la funèbre gaieté,
Et tous gaillardement trafiquant à ma face,
L'un de son vieil honneur, l'autre de sa beauté!

Collect yourself, my soul, this is a serious moment,
Pay no further attention to the noise and movement.
This is the hour when the pains of the sick sharpen,
Night touches them like a torturer, pushes them to the
    open
Trapdoor over the gulf that is all too common.
Their groans overflow the hospital. More than one
Will not come back to taste the soup's familiar flavour
In the evening, with some friendly soul, by his own fire.

Indeed, many a one has never even known
The hearth's warm charm. Pity such a one.

The Gaming Table

Decrepit courtesans in faded armchairs,
Pale, with painted lids, pleading and hopeless eyes,
Simpering, with a constant quivering at their ears
Of jewels and metal clinking in their long ear-rings:

Around the green baize table lipless visages,
Or lips drained of colour, jaws emptied of teeth,
Fingers warped and cramped with an infernal fever
Groping in empty purses, or clutching their breasts for
    breath.

Under the soiled ceiling a pallid row of sconces
And immense chandeliers cast their changing beams
On the shadowed brows of great creative minds
Come here to squander the sweat and blood of their
    brains.

This was the dark canvas a night of restless dreams
Once unrolled before my inward-seeing eyes.
And in a corner of that mute den I could even see
Myself leaning on my elbow, cold, silent, envious,

Envious of these people's convulsed tenacity,
Of the funereal glee of those aged prostitutes,
All of them openly flaunting their daily traffic,
One of his reputation, another of her beauty.

Et mon cœur s'effraya d'envier maint pauvre homme
Courant avec ferveur à l'abîme béant,
Et qui, soûl de son sang, préférerait en somme
La douleur à la mort et l'enfer au néant!

Danse Macabre

À Ernest Christophe

Fière, autant qu'un vivant de sa noble stature,
Avec son gros bouquet, son mouchoir et ses gants,
Elle a la nonchalance et la désinvolture
D'une coquette maigre aux airs extravagants.

Vit-on jamais au bal une taille plus mince?
Sa robe exagérée, en sa royale ampleur,
S'écroule abondamment sur un pied sec, que pince
Un soulier pomponné, joli comme une fleur.

La ruche qui se joue au bord des clavicules,
Comme un ruisseau lascif qui se frotte au rocher,
Défend pudiquement des lazzi ridicules
Les funèbres appas qu'elle tient à cacher.

Ses yeux profonds sont faits de vide et de ténèbres,
Et son crâne, de fleurs artistement coiffé,
Oscille mollement sur ses frêles vertèbres,
O charme d'un néant follement attifé!

Aucuns t'appelleront une caricature,
Qui ne comprennent pas, amants ivres de chair,
L'élégance sans nom de l'humaine armature.
Tu réponds, grand squelette, à mon goût le plus cher!

Viens-tu troubler, avec ta puissante grimace,
La fête de la Vie? ou quelque vieux désir,
Éperonnant encor ta vivante carcasse,
Te pousse-t-il, crédule, au sabbat du Plaisir?

Au chant des violons, aux flammes des bougies,
Espères-tu chasser ton cauchemar moqueur,
Et viens-tu demander aux torrents des orgies
De rafraîchir l'enfer allumé dans ton cœur?

And I felt a qualm of terror at envying poor wretches
Making with all speed for the open abyss,
Driven by their own blood, every one of them seeking
Pain rather than death, and hell before nothingness.

Dance of Death

To Ernest Christophe

Proud as a living beauty of her height and bearing,
With her gloves, her shoulder-scarf, her rich bouquet,
She moves with the defiant ease, the nonchalance
Of a skinny coquette flaunting on her way.

Was ever a slenderer waist witnessed at a ball?
Her skirt, with its extravagantly royal flare,
Falls in rich, crumbling folds to a bony ankle
Pinched by a ruched slipper dainty as a flower.

The frills that undulate around her collar-bones
Like a lascivious stream fretting against a rock,
Modestly protect from prying ridicule
The funereal charms she seeks to keep in check.

Her eyes' empty depths are gulfs of darkness,
And her skull, studiously flower-festooned,
Oscillates coquettishly on her frail vertebrae
With all the charm of a void gaily bedizened!

Some might denounce you as a caricature,
Crazed connoisseurs of flesh can only detest
The anonymous beauty of the human armature:
Tall skeleton, you appeal to my deepest taste!

Do you come to trouble with your ineffaceable grin
The orgy of the living? Or is it some old lech
Still rowelling at your insatiable carcase
Drives you back to Pleasure's sabbath like a witch?

Are you hoping to exorcise your nightmare
With the glitter of candles, the sighing of violins,
Or to draw from the endless torrent of festival
Drops that may cool the hell where your lust burns?

Inépuisable puits de sottise et de fautes!
De l'antique douleur éternel alambic!
À travers le treillis recourbé de tes côtes
Je vois, errant encor, l'insatiable aspic.

Pour dire vrai, je crains que ta coquetterie
Ne trouve pas un prix digne de ses efforts;
Qui, de ces cœurs mortels, entend la raillerie?
Les charmes de l'horreur n'enivrent que les forts!

Le gouffre de tes yeux, plein d'horribles pensées,
Exhale le vertige, et les danseurs prudents
Ne contempleront pas sans d'amères nausées
Le sourire éternel de tes trente-deux dents.

Pourtant, qui n'a serré dans ses bras un squelette,
Et qui ne s'est nourri des choses du tombeau?
Qu'importe le parfum, l'habit ou la toilette?
Qui fait le dégoûté montre qu'il se croit beau.

Bayadère sans nez, irrésistible gouge,
Dis donc à ces danseurs qui font les offusqués:
"Fiers mignons, malgré l'art des poudres et du rouge,
Vous sentez tous la mort! O squelettes musqués,

Antinoüs flétris, dandys à face glabre,
Cadavres vernissés, lovelaces chenus,
Le branle universel de la danse macabre
Vous entraîne en des lieux qui ne sont pas connus!

Des quais froids de la Seine aux bords brûlants du
    Gange,
Le troupeau mortel saute et se pâme, sans voir
Dans un trou du plafond la trompette de l'Ange
Sinistrement béante ainsi qu'un tromblon noir.

En tout climat, sous tout soleil, la Mort t'admire
En tes contorsions, risible Humanité.
Et souvent, comme toi, se parfumant de myrrhe,
Mêle son ironie à ton insanité!"

Inexhaustible well of folly and fancy,
Everlasting crucible of unchanging pain,
Through the trellis of your ribs' transparency
I can see the inquisitive snake winding again.

To tell you the truth, I'm afraid your coquetry
Is wasted here, for all the reward it may find.
Who among these could relish your raillery?
Horror has charms only for the strong in mind.

Your abysmal eyes where hideous thoughts hover
Could only dizzy these prudent dancers: they seek
Some distraction other than the foul nausea
Exhaled by the fixed grin of your thirty-two teeth.

And yet who hasn't squeezed a skeleton in his arms,
Or whetted his appetite on what feeds the grave?
For all the tailoring, the toilette, and the perfumes,
The fastidious beau can only play at being a brave.

Noseless bayadere, irresistible gouge!
Tell all these dancers if they choose to take offence:
"Dainty dears, however thickly you rouge and powder
   it,
You smell of death, my precious, musky skeletons.

"Decrepit Adonises, dandies with marbled faces,
Varnished, corseted cadaver, or withered Lovelace,
The all-pervading rhythm of the death-dance
Is whirling you on to where you cannot guess.

"From the Seine's cold quays to the hot shores of
   Ganges,
The mortal cotillion hops and sways, oblivious
Of the hole in the ceiling where the announcing angel
Thrusts down his gaping trump like a black blunder-
   buss.

"No matter the country or climate, Death wonders
At all your contortions, ridiculous Humanity,
—And now and then comes, wearing your scents and
   powders
To blend her irony with your insanity!"

L'Amour du Mensonge

Quand je te vois passer, ô ma chère indolente,
Au chant des instruments qui se brise au plafond,
Suspendant ton allure harmonieuse et lente,
Et promenant l'ennui de ton regard profond;

Quand je contemple, aux feux du gaz qui le colore,
Ton front pâle, embelli par un morbide attrait,
Où les torches du soir allument une aurore,
Et tes yeux attirants comme ceux d'un portrait,

Je me dis: Qu'elle est belle! et bizarrement fraîche!
Le souvenir massif, royale et lourde tour,
La couronne, et son cœur, meurtri comme une pêche,
Est mûr, comme son corps, pour le savant amour.

Es-tu le fruit d'autcmne aux saveurs souveraines?
Es-tu vase funèbre attendant quelques pleurs,
Parfum qui fait rêver aux oasis lointaines,
Oreiller caressant, ou corbeille de fleurs?

Je sais qu'il est des yeux, des plus mélancoliques,
Qui ne recèlent point de secrets précieux;
Beaux écrins sans joyaux, médaillons sans reliques,
Plus vides, plus profonds que vous-mêmes, ô Cieux!

Mais ne suffit-il pas que tu sois l'apparence,
Pour réjouir un cœur qui fuit la vérité?
Qu'importe ta bêtise ou ton indifférence?
Masque ou décor, salut! J'adore ta beauté.

Je n'ai pas oublié...

Je n'ai pas oublié, voisine de la ville,
Notre blanche maison, petite mais tranquille;
Sa Pomone de plâtre et sa vieille Vénus
Dans un bosquet chétif cachant leurs membres nus,
Et le soleil, le soir, ruisselant et superbe,
Qui, derrière la vitre où se brisait sa gerbe,
Semblait, grand œil ouvert dans le ciel curieux,

Love the Lie

When I see you glide by, my precious indolence,
To the moan of instruments dying away in the ceiling,
Bringing the music of your pace to a pause, lingering
To sweep all round you the weariness of your glance;

When I see your brow, haloed by the flare
Of gas-light with a charm that seems to create
A pallid phantom of dawn beyond the chandeliers,
And your eyes that rivet the eyes as in a portrait,

I can only say: How splendid she is, and how novel!
A weight of memory like a massive diadem
Crowns her, and her bruised heart is like a fruit
Ripe as her body for love's most cunning game.

Are you the fruit of autumn, supreme in savour,
Or a funereal urn awaiting a few tears,
A scent that arouses dreams of some unknown oasis,
A pillow of caresses or a bed of flowers?

I know there are eyes, radiating melancholy,
That have no precious secrets at all to hide,
Caskets with no jewels in them, reliquaries
As deeply empty as the sky's endless void.

But for a heart that shuns the truth, let it be enough
That you are semblance, and not reality.
Mask or delusion, if you are a thing to worship
—Be indifferent, be mindless, what does it signify?

No, I have not forgotten ...

No, I have not forgotten, close by the town,
Our white house, small, haloed in a calm of its own,
Its statue of Pomona and its ancient Venus,
Their naked limbs half hidden by the stunted bushes,
And how the evening sun, streaming and serene,
Would seem, from behind the glass that veiled its sheen,
To watch like the sky's giant eye, inquisitive,

Contempler nos dîners longs et silencieux,
Répandant largement ses beaux reflets de cierge
Sur la nappe frugale et les rideaux de serge.

La Servante au Grand Cœur

La servante au grand cœur dont vous étiez jalouse,
Et qui dort son sommeil sous une humble pelouse,
Nous devrions pourtant lui porter quelques fleurs.
Les morts, les pauvres morts, ont de grandes douleurs,
Et quand Octobre souffle, émondeur des vieux arbres,
Son vent mélancolique à l'entour de leurs marbres,
Certes, ils doivent trouver les vivants bien ingrats,
À dormir, comme ils font, chaudement dans leurs draps,
Tandis que, dévorés de noires songeries,
Sans compagnons de lits, sans bonnes causeries,
Vieux squelettes gelés travaillés par le ver,
Ils sentent s'égoutter les neiges de l'hiver
Et le siècle couler, sans qu'amis ni famille
Remplacent les lambeaux qui pendent à leur grille.

Lorsque la bûche chante et souffle, si le soir,
Calme, dans le fauteuil je la voyais s'asseoir,
Si, par une nuit bleue et froide de Décembre,
Je la trouvais tapie en un coin de ma chambre,
Grave, et venant du fond de son lit éternel
Couver l'enfant grandi de son œil maternel,
Que pourrais-je répondre à cette âme pieuse,
Voyant tomber des pleurs de sa paupière creuse ?

Our long evening meals, grave and un-talkative,
Enhancing with a glory of candle-like reflections
The plain table-cloth and the rough serge curtains.

That Great-hearted Servant

That great-hearted servant who always made you
   jealous,
Now she sleeps so sound under the humble grass,
We ought now and then to take her a few flowers.
The dead, pity the dead, they have so many sorrows.
And when October strips the old trees to their bones
Heaving its windy sighs about the marble headstones,
Then they must feel the living are heartless indeed,
Sleeping, as they do, in their warm safe beds.
Whilst they, in the conscious dark's devouring grip,
With no one to share their bed, no friendly gossip,
Worn anatomies left to the cold work of worms,
Can hear the snow's stealthy pace through their
   dreams,
And time passing, with no family or friends
To renew their tattered wreaths with loving hands.

If, when the log fire hisses and sighs, I saw her
Calmly come and sit down in the arm-chair
—Or coming in from a December night's blue gloom
I found her there hunched in a corner of my room,
Solemn, just returned from her everlasting bed
For one long look at the face she knew in childhood,
What response could I give to that devoted gaze,
Seeing tears welling from the lidless eyes?

Rêve Parisien

À Constantin Guys

I

De ce terrible paysage,
Que jamais œil mortel ne vit,
Ce matin encore l'image,
Vague et lointaine, me ravit.

Le sommeil est plein de miracles!
Par un caprice singulier,
J'avais banni de ces spectacles
Le végétal irrégulier,

Et, peintre fier de mon génie,
Je savourais dans mon tableau
L'enivrante monotonie
Du métal, du marbre et de l'eau.

Babel d'escaliers et d'arcades,
C'était un palais infini,
Plein de bassins et de cascades
Tombant dans l'or mat ou bruni.

Et des cataractes pesantes
Comme des rideaux de cristal
Se suspendaient éblouissantes,
À des murailles de métal.

Non d'arbres, mais de colonnades,
Les étangs dormants s'entouraient,
Où de gigantesques naïades,
Comme des femmes, se miraient.

Des nappes d'eau s'épanchaient, bleues,
Entre des quais roses et verts,
Pendant des millions de lieues,
Vers les confins de l'univers;

C'étaient des pierres inouïes
Et des flots magiques; c'étaient
D'immenses glaces éblouies
Par tout ce qu'elles reflétaient!

Paris Dream

To Constantin Guys

I

Of all that fearful landscape
Never seen by a waking eye
Still there persists a haunting shape
Enhanced by a vagueness that charms me.

Sleep is the source of miracles!
By some peculiar vagary
I had banished all growing things, all
Organic irregularity

From the scene. And, painter of genius,
I revelled in the never-ending
Rapt monotony of my canvas:
Mineral, marble, waters winding,

A Babel of flights of steps, arcades
Suggesting a palace of the infinite,
Pools and fountains in courtyards
Murmuring in golden shadow or light;

And cataracts hung their ponderous
Curtains of ever-flowing crystal
As though they were dazzling draperies
Suspended from great walls of steel.

The slumbering pools were ringed around
Not by trees, but columns in rows;
Between them giant naiads looked down
Studying their mirrored images;

Sheets of water spread their blue
Between stone wharves of rose and green
For league after league extending to
The universe's farthest horizon.

There were unheard-of precious jewelled
Waters of magic: there were
Amazed immense mirrors dazzled
By everything they reflected there.

Insouciants et taciturnes,
Des Ganges, dans le firmament,
Versaient le trésor de leurs urnes
Dans des gouffres de diamant.

Architecte de mes féeries,
Je faisais à ma volonté
Sous un tunnel de pierreries
Passer un océan dompté;

Et tout, même la couleur noire,
Semblait fourbi, clair, irisé;
Le liquide enchâssait sa gloire
Dans le rayon cristallisé.

Nul astre d'ailleurs, nuls vestiges
De soleil, même au bas du ciel,
Pour illuminer ces prodiges,
Qui brillaient d'un feu personnel!

Et sur ces mouvantes merveilles
Planait (terrible nouveauté!
Tout pour l'œil, rien pour l'oreille!)
Un silence d'éternité.

II

En rouvrant mes yeux pleins de flamme
J'ai vu l'horreur de mon taudis,
Et senti, rentrant dans mon âme,
La pointe des soucis maudits;

La pendule aux accents funèbres
Sonnait brutalement midi,
Et le ciel versait des ténèbres
Sur le triste monde engourdi.

Aloof, carefree and taciturn,
Great River-Gods from overhead
Poured out the treasures of their urns
Into a golden river-bed.

Architect of all this sorcery,
I could at a moment's command
Tame an entire ocean and see
It rush through a tunnel of diamond.

And every shade of colour seemed
—Even black—charged with an iridescence;
The glory of liquid shone enshrined
Within a crystal radiance.

There was no hint of a sun to rise
Or set; no ghost of any star;
The light revealing these prodigies
Was some subjective, inner fire!

And over all this marvel of movement,
Dazzling the eye, dumb to the ear,
There soared an everlasting enchantment
Of silence, novel, and pent with fear.

II

On opening my eyes filled with flame
I saw the squalor of my den,
And felt the renewed curse of the same
Kniving cares re-entering the brain.

The clock like a funereal gong
Struck, until twelve notes were told,
And the sky hung clouds of heavy mourning
Over this soured and torpid world.

Le Crépuscule du Matin

La diane chantait dans les cours des casernes,
Et le vent du matin soufflait sur les lanternes.

C'était l'heure où l'essaim des rêves malfaisants
Tord sur leurs oreillers les bruns adolescents;
Où, comme un œil sanglant qui palpite et qui bouge,
La lampe sur le jour fait une tache rouge;
Où l'âme, sous le poids du corps revêche et lourd,
Imite les combats de la lampe et du jour.
Comme un visage en pleurs que les brises essuient,
L'air est plein du frisson des choses qui s'enfuient,
Et l'homme est las d'écrire et la femme d'aimer.

Les maisons çà et la commençaient à fumer,
Les femmes de plaisir, la paupière livide,
Bouche ouverte, dormaient de leur sommeil stupide;
Les pauvresses, traînant leurs seins maigres et froids,
Soufflaient sur leurs tisons et soufflaient sur leurs doigts.
C'étaient l'heure où parmi le froid et la lésine
S'aggravent les douleurs des femmes en gésine;
Comme un sanglot coupé par un sang écumeux
Le chant du coq au loin déchirait l'air brumeux;
Une mer de brouillards baignait les édifices,
Et les agonisants dans le fond des hospices
Poussaient leur dernier râle en hoquets inégaux.
Les débauchés rentraient, brisés par leurs travaux.

L'aurore grelottante en robe rose et verte
S'avançait lentement sur la Seine déserte,
Et le sombre Paris, en se frottant les yeux,
Empoignait ses outils, vieillard laborieux.

Le Vin des Chiffonniers

Souvent, à la clarté rouge d'un réverbère
Dont le vent bat la flamme et tourmente le verre,
Au cœur d'un vieux faubourg, labyrinthe fangeux
Où l'humanité grouille en ferments orageux,

Morning Twilight

Reveille rang thinly from across a barrack square,
And a breath of morning troubled the street-lamps'
  stare.

It was that hour of the night when guilty dreams
Rise from brown, restless adolescents in swarms,
When, quaking and cringing like a blood-shot eye,
The lamp stains the coming day with its dye;
When under the body's reluctant, stubborn weight
The soul, like the lamp, renews its unequal fight;
When the air shivers as if to escape, to efface
Itself in furtive breezes drying a tear-stung face;
When woman is sick of love, as the writer of his work.

Here and there a house sent up a thin smoke.
Women of the streets, sunk in stupid sleep,
Seemed all raw eyelid, and gaping lip.
—And the poor's womenfolk, hugging the chilly droop
Of lank breasts, blew on their fingers, and their soup.
The extra pinch of cold, amid that of penury,
Added, for women in labour, its insult to injury.
Slitting the fogged air, the cry of a distant cock
Broke like a jet of blood through the spasm of a cough.
Buildings still swam in vague tides of mist;
And in silenced hospitals, with a last
Convulsive rattle, the dying gave up breath,
—While night revellers staggered home, tired to death.

Morning, shivering in her robe of rose and green,
Made her hesitant way along the deserted Seine,
While Paris, rubbing tired eyes in its dark,
Woke like an ancient drudge to another day's work.

Rag-pickers' Wine

Often, by the sullen halo of a street-lamp,
Rattling its glass, guttering at the wind's breath
In the heart of some old quarter's squalid labyrinth
Where humanity swarms, fermenting in its swamp,

73

On voit un chiffonnier qui vient, hochant la tête,
Battant, et se cognant aux murs comme un poète,
Et, sans prendre souci des mouchards, ses sujets,
Épanche tout son cœur en glorieux projets.

Il prête des serments, dicte des lois sublimes,
Terrasse les méchants, relève les victimes,
Et sous le firmament comme un dais suspendu
S'enivre des splendeurs de sa propre vertu.

Oui, ces gens harcelés de chagrins de ménage,
Moulus par le travail et tourmentés par l'âge,
Éreintés et pliant sous un tas de débris,
Vomissement confus de l'énorme Paris,

Reviennent, parfumés d'une odeur de futailles,
Suivis de compagnons, blanchis dans les batailles,
Dont la moustache pend comme les vieux drapeaux.
Les bannières, les fleurs et les arcs triomphaux

Se dressent devant eux, solennelle magie!
Et dans l'étourdissante et lumineuse orgie
Des clairons, du soleil, des cris et du tambour,
Ils apportent la gloire au peuple ivre d'amour!

C'est ainsi qu'à travers l'Humanité frivole
Le vin roule de l'or, éblouissant Pactole;
Par le gosier de l'homme il chante ses exploits
Et règne par ses dons ainsi que les vrais rois.

Pour noyer la rancœur et bercer l'indolence
De tous ces vieux maudits qui meurent en silence,
Dieu, touché de remords, avait fait le sommeil;
L'Homme ajouta le Vin, fils sacré du Soleil!

Le Vin des Amants

Aujourd'hui l'espace est splendide!
Sans mors, sans éperons, sans brides,
Partons à cheval sur le vin
Pour un ciel féerique et divin!

You'll see a rag-picker going his staggering gait,
Stumbling and bumping into corners like a poet;
Careless of the urchin crew of spies, his subjects,
His whole heart expanding in glorious projects.

He swears solemn oaths, decrees sublime schemes,
Annihilates the wicked and uplifts their victims,
And with the sky spreading his royal canopy,
Revels in the glow of his own goodness and glory.

Such are the wretches who, harassed with cares and rage,
Ground down by drudgery and the torments of age,
Broken-backed, tottering débris of calamity,
Confused outpourings of Paris's enormity,

Are transfigured by the heavenly scent of wine-bins,
With their comrades-in-arms, seasoned veterans
Whose grey moustaches hang like worn battle-flags.
Banners, triumphal arches loaded with swags

Of flowers, are solemnly raised as though by sorcery!
And in the deafening and dazzling orgy
Of clarion-calls, sunshine, and the clamour of drums,
They bring love and splendour to people drunk on
     dreams.

Rolling its glittering river through the futile world
In a Pactolian flood, wine brims with gold;
Warming the human throat till the valiant drinker sings,
It reigns in its own right, heir to a line of kings.

To wash away bitterness or soothe the indolence
Of all the desperate, doomed to die in silence,
God, touched with remorse, gave them sleep as a boon;
Man added Wine, sacred child of the Sun!

Lovers' Wine

Today all space is full of fire.
Without bridle, bit, or spur,
Let us ride off on wine's career
In this supernatural atmosphere!

Comme deux anges que torture
Une implacable calenture,
Dans le bleu cristal du matin
Suivons le mirage lointain!

Mollement balancés sur l'aile
Du tourbillon intelligent
Dans un délire parallèle,

Ma sœur, côte à côte nageant,
Nous fuirons sans repos ni trèves
Vers le paradis de mes rêves!

Une Martyre

Dessin d'un Maître Inconnu

Au milieu des flacons, des étoffes lamées
      Et des meubles voluptueux,
Des marbres, des tableaux, des robes parfumées
      Qui traînent à plis somptueux,

Dans une chambre tiède où, comme en une serre,
      L'air est dangereux et fatal,
Où des bouquets mourants dans leurs cercueils de verre
      Exhalent leur soupir final,

Un cadavre sans tête épanche, comme un fleuve,
      Sur l'oreiller désaltéré
Un sang rouge et vivant, dont la toile s'abreuve
      Avec l'avidité d'un pré.

Semblables aux visions pâles qu'enfante l'ombre
      Et qui nous enchaînent les yeux,
La tête, avec l'amas de sa crinière sombre
      Et de ses bijoux précieux,

Sur la table de nuit, comme une renoncule,
      Repose; et, vide de pensers,
Un regard vague et blanc comme le crépuscule
      S'échappe des yeux révulsés.

Like two angels tormented still
By a thirst unquenchable,
Let us seek out that mirage far
Beyond the sky's crystalline azure.

Gently wafted along on the will
Of an intelligent, wayward cloud,
In a delirious parallel,

Sister, soaring side by side,
We will glide without rest or pause
Towards my dream of paradise.

Love's Martyr

Drawing by an Unknown Master

Amid all the scent-bottles, the gold-threaded stuffs,
    The furniture of luxury,
The marble groups, the pictures, the perfumed dresses
    Trailing their voluptuous drapery,

In a warm bedroom where, as in a hothouse
    The air holds fatality and death,
Where withering bouquets in their glass hearses
    Are exhaling their final breath,

A headless corpse, like an overflowing river,
    Sheds on the drenched pillow
A red living flood which the white linen has drained
    Like a thirsty meadow.

Pallid as the apparitions that hover in our sleep
    And rivet our shut gaze,
The head, with its mass of rich, heavy hair,
    And the jewels that kept it in place,

Is set on the bedside table, like a severed dahlia;
    And empty now of images,
A blank, vague gleam like a shaft of twilight
    Filters from the wide, revulsed eyes.

Sur le lit, le tronc nu sans scrupules étale
        Dans le plus complet abandon
La secrète splendeur et la beauté fatale
        Dont la nature lui fit don;

Un bas rosâtre, orné de coins d'or, à la jambe,
        Comme un souvenir est resté;
La jarretière, ainsi qu'un œil secret qui flambe,
        Darde un regard diamanté.

Le singulier aspect de cette solitude
        Et d'un grand portrait langoureux,
Aux yeux provocateurs comme son attitude,
        Révèle un amour ténébreux,

Une coupable joie et des fêtes étranges
        Pleines de baisers infernaux,
Dont se réjouissait l'essaim des mauvais anges
        Nageant dans les plis des rideaux;

Et cependant à voir la maigreur élégante
        De l'épaule au contour heurté,
La hanche un peu pointue et la taille fringante
        Ainsi qu'un reptile irrité,

Elle est bien jeune encor! Son âme exaspérée
        Et ses sens par l'ennui mordus
S'étaient-ils entr'ouverts à la meute altérée
        Des désirs errants et perdus?

L'homme vindicatif que tu n'as pu, vivante,
        Malgré tant d'amour, assouvir,
Combla-t-il sur ta chair inerte et complaisante
        L'immensité de son désir?

Réponds, cadavre impur! et par tes tresses roides
        Te soulevant d'un bras fiévreux,
Dis-moi, tête effrayante, a-t-il sur tes dents froides
        Collé les suprêmes adieux?

— Loin du monde railleur, loin de la foule impure,
        Loin des magistrats curieux,
Dors en paix, dors en paix, étrange créature,
        Dans ton tombeau mystérieux;

On the bed, the torso in total self-abandon,
   Naked, displays without stint
All the hidden glories, all the fatal gifts
   Which lavishing Nature lent;

A rose-pink stocking, gold-clocked, half drawn
   From the leg, hangs like a souvenir;
The garter gleaming like an interior eye
   Darts a diamond of fire.

The peculiar intensity of this solitude,
   With the languishing portrait up there,
Eyes deliberately provocative as its attitude,
   Spells out some tenebrous affair,

A criminal ecstasy, an orgy of strange lusts
   No demoniac kisses could sate,
Delighting the swarm of evil angels that watched
   Where the heavy curtains hung apart;

And yet from the elegantly slender shoulder,
   Pointed and delicately cupped,
The sharpness of the hip, the long svelte waist
   Rearing like a live snake whipped,

She is still quite young!—Did her exacerbated senses
   Her bored rage for the unknown
Expose her being to the unquenchable pack,
   The desires of the lost and forbidden?

The vengeful accomplice whom for all your love
   Your living self could never satisfy,
Did he fulfil on your inert, compliant flesh
   His desire's enormity?

Answer, wicked cadaver!—And with hair grown rigid
   As though in a feverish hand-hold,
Tell me, terrifying head, did he press a final kiss
   On your teeth when cold?

—Shut off from the grinning world and its filthy jeers,
   Safe from the inquiring magistrate,
Sleep in peace, strange apparition, in the mysterious
   Tomb where you keep your state.

Ton époux court le monde, et ta forme éternelle
      Veille près de lui quand il dort;
Autant que toi sans doute il te sera fidèle,
      Et constant jusques à la mort.

Un Voyage à Cythère

Mon cœur, comme un oiseau, voltigeait tout joyeux
Et planait librement à l'entour des cordages;
Le navire roulait sous un ciel sans nuages,
Comme un ange enivré d'un soleil radieux.

Quelle est cette île triste et noire? — C'est Cythère,
Nous dit-on, un pays fameux dans les chansons,
Eldorado banal de tous les vieux garçons.
Regardez, après tout, c'est une pauvre terre.

— Île des doux secrets et des fêtes du cœur!
De l'antique Vénus le superbe fantôme
Au-dessus de tes mers plane comme un arome,
Et charge les esprits d'amour et de langueur.

Belle île aux myrtes verts, pleine de fleurs écloses,
Vénérée à jamais par toute nation,
Où les soupirs des cœurs en adoration
Roulent comme l'encens sur un jardin de roses

Ou le roucoulement éternel d'un ramier!
— Cythère n'était plus qu'un terrain des plus maigres,
Un désert rocailleux troublé par des cris aigres.
J'entrevoyais pourtant un objet singulier!

Ce n'était pas un temple aux ombres bocagères,
Où la jeune prêtresse, amoureuse des fleurs,
Allait, le corps brulé par de secrètes chaleurs,
Entre-bâillant sa robe aux brises passagères;

Mais voilà qu'en rasant la côte d'assez près
Pour troubler les oiseaux avec nos voiles blanches,

Your man wanders the world, but your everlasting
  shape
              Will make him keep faith;
Asleep or waking, you will see that he too
              Is constant until death.

A Voyage to Cythera

My heart like a seagull elated and free
Swung strong and serene about the masts and rigging;
As though charmed along by the sun's angelic rocking
The vessel rolled and skimmed under a cloudless sky.

What is that ominous, black island? Cythera,
They said; a name famous in songs and pictures,
Banal eldorado for elderly bachelors.
Look at it, after all, it's a barren acre.

— Isle of love's secret warmth and the heart's
  indulgence!
The proud, ancient ghost of the authentic Venus
Still soars above your seas like an afflatus,
Filling the mind with thoughts of love and indolence.

Green myrtled island where every flower uncloses,
Sacred cynosure of every country and climate,
Where adoring sighs throng and sublimate
To a cloud of incense hovering over the roses,

Or the murmur of a ring-dove cooing out its heart!
— Cythera now looked the leanest of territories,
A desert of rocks troubled with angry cries.
But there was one singular object I could make out!

No, it was not a temple haunted by tree-shadows
Where some young priestess amorous of flowers
Wanders, seeking relief for her secret fevers,
Opening her robe to the warm wind as it blows;

But as we drew in near enough to the shallows
To scare away the birds with the white of our sails,

Nous vîmes que c'était un gibet à trois branches,
Du ciel se détachant en noir, comme un cyprès.

De féroces oiseaux perchés sur leur pâture
Détruisaient avec rage un pendu déjà mûr,
Chacun plantant, comme un outil, son bec impur
Dans tous les coins saignants de cette pourriture;

Les yeux étaient deux trous, et du ventre effondré
Les intestins pesants lui coulaient sur les cuisses,
Et ses bourreaux, gorgés de hideuses délices,
L'avaient à coups de bec absolument châtré.

Sous les pieds, un troupeau de jaloux quadrupèdes,
Le museau relevé, tournoyait et rôdait;
Une plus grande bête au milieu s'agitait
Comme un exécuteur entouré de ses aides.

Habitant de Cythère, enfant d'un ciel si beau,
Silencieusement tu souffrais ces insultes
En expiation de tes infâmes cultes
Et des péchés qui t'ont interdit le tombeau.

Ridicule pendu, tes douleurs sont les miennes!
Je sentis, à l'aspect de tes membres flottants,
Comme un vomissement, remonter vers mes dents
Le long fleuve de fiel des douleurs anciennes;

Devant toi, pauvre diable au souvenir si cher,
J'ai senti tous les becs et toutes les mâchoires
Des corbeaux lancinants et des panthères noires
Qui jadis aimaient tant à triturer ma chair.

— Le ciel était charmant, la mer était unie;
Pour moi tout était noir et sanglant désormais,
Hélas! et j'avais, comme en un suaire épais,
Le cœur enseveli dans cette allégorie.

Dans ton île, ô Vénus, je n'ai trouvé debout
Qu'un gibet symbolique où pendait mon image…
— Ah! Seigneur! donnez-moi la force et le courage
De contempler mon cœur et mon corps sans dégoût!

Standing against the sky, black as any cypress,
We could see the shape of a cruciform gallows.

Perched on their pasture, preying birds were busy
Demolishing with fury, each digging its foul
Beak in the hanged and rotting body like a tool
Into every bleeding nook of that atrocity;

The eyes were black holes, the disembowelled belly
Hung its heavy intestines on the stripped thighs,
And its destroyers with a hideous relish
Had in a few beakfuls castrated it completely.

At its feet, a troop of four-footed, envious
Creatures, their muzzles lifted, twisted and prowled;
A bigger beast reached and snatched above this crowd,
Like an executioner among his lesser cronies.

Cythera's denizen, child of a sky so beautiful,
In death's silence you were enduring these insults,
In expiation of your sacrilegious cults
And all the sins that have forbidden you burial.

Ludicrous hanged puppet, your woes are all mine!
I felt, when I saw your limbs dangling flaccid,
An urge to vomit rising within me, a rancid
Flow from the soured river of age-old pain.

Confronting you, poor victim of tenderest memories,
I could feel every beak and every grinding jaw
Of the jabbing ravens, the panther's black maw,
That have battened so long on my flesh's miseries.

—The sky was like a charm, the sea smooth as a table,
But for me everything swam in darkness and blood;
As though wrapped and buried in the densest shroud
My heart had sunk stricken dead by this fable.

Venus, oh Venus, in your isle I found nothing
Standing but an eloquent gallows hung with my image.
God! may I be given the force and the courage
To look into my heart and body without loathing!

Madrigal Triste

Que m'importe que tu sois sage?
Sois belle! et sois triste! Les pleurs
Ajoutent un charme au visage,
Comme le fleuve au paysage;
L'orage rajeunit les fleurs.

Je t'aime surtout quand la joie
S'enfuit de ton front terrassé;
Quand ton cœur dans l'horreur se noie;
Quand sur ton présent se déploie
Le nuage affreux du passé.

Je t'aime quand ton grand œil verse
Une eau chaude comme le sang;
Quand, malgré ma main qui te berce,
Ton angoisse trop lourde perce
Comme un râle d'agonisant.

J'aspire, volupté divine,
Hymne profond, délicieux,
Tous les sanglots de ta poitrine,
Et crois que ton cœur s'illumine
Des perles que versent tes yeux!

Je sais que ton cœur, qui regorge
De vieux amours déracinés,
Flamboie encor comme une forge,
Et que tu couves sous ta gorge
Un peu de l'orgueil des damnés;

Mais tant, ma chère, que tes rêves
N'auront pas reflété l'Enfer,
Et qu'en un cauchemar sans trèves
Songeant de poisons et de glaives,
Éprise de poudre et de fer,

N'ouvrant à chacun qu'avec crainte,
Déchiffrant le malheur partout,
Te convulsant quand l'heure tinte,
Tu n'auras pas senti l'étreinte
De l'irrésistible Dégoût.

Sad Madrigal

Why should I want you wise?
Be sad, be beautiful, tears
Can add a charm to the eyes
Like a landscape's watery ways
Or rain renewing the flowers.

Above all I love you when joy
Takes flight from your ravaged brow,
When your heart drowns in dismay,
When over the sunshine of now
The past drops a fearful shadow.

I love your great eyes when they shed
An essence warmer than blood,
When in spite of my soothing hand
Your over-charged anguish unloads
Like the groans that shake a death-bed.

Heavenly, voluptuous hymn,
Delight welling out of the depths!
Every throb of your grief-stricken breast
Shows me how your eyes shine
With pearls distilled from within.

But I know your heart is still crammed
With a holocaust of old loves.
They redden like embers calcined
In that forge of your breast where it hides
A little of the pride of the damned.

But not, my dear, till your dreams
Have held up the mirror to Hell,
And locked in a nightmare whose terms
Are endless thraldom to visions
Of knife-blade, poison or pill,

Never opening a door without fear,
Deciphering evil all round,
Shuddering at each stricken hour,
Until you have felt all the power
Of Disgust over-mastering your mind,

Tu ne pourras, esclave reine
Qui ne m'aimes qu'avec effroi,
Dans l'horreur de la nuit malsaine
Me dire, l'âme de cris pleine:
"Je suis ton égale, ô mon Roi!"

Le Jet d'Eau

Tes beaux yeux sont las, pauvre amante!
Reste longtemps sans les rouvrir,
Dans cette pose nonchalante
Où t'a surprise le Plaisir.
Dans la cour le jet d'eau qui jase
Et ne se tait ni nuit ni jour,
Entretient doucement l'extase
Où ce soir m'a plongé l'amour.

> La gerbe épanouie
> En mille fleurs
> Où Phœbé réjouie
> Met ses couleurs,
> Tombe comme une pluie
> De larges pleurs.

Ainsi ton âme qu'incendie
Le vif éclair des voluptés
S'élance, rapide et hardie,
Vers les vastes cieux enchantés.
Puis elle s'épanche mourante
En un flot de triste langueur,
Qui par une invisible pente
Descend jusqu'au fond de mon cœur.

> La gerbe épanouie
> En mille fleurs
> Où Phœbé réjouie
> Met ses couleurs,
> Tombe comme une pluie
> De larges pleurs.

You cannot, my slave and queen,
Love and fear me above everything,
Or say, from a heart filled with pain
Out of the night of suffering,
" I am your equal, oh King!"

The Fountain

Stay one moment as you are
In the tired pose where pleasure
Touched you, closing your sad gaze,
Leaving you innocent, gay and pure.
In the courtyard the bubbling fountain
Is never still by night or day;
Its murmur prolongs the ecstasy
Which you and the evening have given.

> The fountain's lifted sheaf
> > Of wavering flowers
> Where moonlight darts as if
> > To reveal its hidden colours
> Falls in a wide scarf
> > Of shining tears.

So your secret soul, summoned
By the electric touch of pleasure,
Springs, confident of its end,
To the huge sky's mysterious lure:
Then pauses, hesitates, expands
In a wide reluctant shower
Which invisibly descends
To where my heart bides for its hour.

> The fountain's lifted sheaf
> > Of wavering flowers
> Where moonlight darts as if
> > To reveal its hidden colours
> Falls in a wide scarf
> > Of shining tears.

O toi, que la nuit rend si belle,
Qu'il m'est doux, penché vers tes seins,
D'écouter la plainte éternelle
Qui sanglote dans les bassins!
Lune, eau sonore, nuit bénie,
Arbres qui frissonnez autour,
Votre pure mélancolie
Est le miroir de mon amour.

> La gerbe épanouie
>   En mille fleurs
> Où Phœbé réjouie
>   Met ses couleurs,
> Tombe comme une pluie
>   De larges pleurs.

Le Gouffre

Pascal avait son gouffre, avec lui se mouvant.
— Hélas! tout est abîme, action, désir, rêve,
Parole! et sur mon poil qui tout droit se relève
Maintes fois de la Peur je sens passer le vent.

En haut, en bas, partout, la profondeur, la grève,
Le silence, l'espace affreux et captivant...
Sur le fond de mes nuits Dieu de son doigt savant
Dessine un cauchemar multiforme et sans trêve.

J'ai peur du sommeil comme on a peur d'un grand trou,
Tout plein de vague horreur, menant on ne sait où;
Je ne vois qu'infini par toutes les fenêtres,

Et mon esprit, toujours du vertige hanté,
Jalouse du néant l'insensibilité.
— Ah! ne jamais sortir des Nombres et des Êtres!

You whom the dark brightens, my heart
Beating against your breasts, listens
To that other heart whose beat
Is heard incessantly in the fountain's.
Moon, musical water, trees
Whose shiver surrounds the dark shine
Of night opening into mysteries,
Your sad clarity mirrors mine.

> The fountain's lifted sheaf
>   Of wavering flowers
> Where moonlight darts as if
>   To reveal its hidden colours
> Falls in a wide scarf
>   Of shining tears.

The Abyss

Pascal had his abyss, gliding along with him
—But all is bottomless pit, action, dream, desire,
Words, words! I have felt the wind of fear
Many and many a time pass over my prickling skin.

Below, above, all around, the sea's depths, the shore,
Silence, and the dreadful lure of all space . . .
On my night's black canvas I can trace
God's finger painting a multitudinous nightmare.

I fear sleep, never knowing where it may lead,
A mineshaft of vague horror with no end to it.
Every window I see opens on the infinite,

And my mind, still haunted by this vertigo,
Probes and probes at the unanswering void.
—Ah, beyond Being and Number, world, where do
    we go?

Recueillement

Sois sage, ô ma Douleur, et tiens-toi plus tranquille.
Tu réclamais le Soir; il descend; le voici:
Une atmosphère obscure enveloppe la ville,
Aux uns portant la paix, aux autres le souci.

Pendant que des mortels la multitude vile,
Sous le Fouet du Plaisir, ce bourreau sans merci,
Va cueillir des remords dans la fête servile,
Ma Douleur, donne-moi la main; viens par ici,

Loin d'eux. Vois se pencher les défuntes Années
Sur les balcons du ciel, en robes surannées;
Surgir du fond des eaux le Regret souriant;

Le soleil moribond s'endormir sous une arche,
Et, comme un long linceul traînant à l'Orient,
Entends, ma chère, entends la douce Nuit qui marche.

La Lune Offensée

O Lune qu'adoraient discrètement nos pères,
Du haut des pays bleus où, radieux sérail,
Les astres vont te suivre en pimpant attirail,
Ma vieille Cynthia, lampe de nos repaires,

Vois-tu les amoureux, sur leurs grabats prospères,
De leur bouche en dormant montrer le frais émail?
Le poète buter du front sur son travail?
Ou sous les gazons secs s'accoupler les vipères?

Sous ton domino jaune, et d'un pied clandestin,
Vas-tu, comme jadis, du soir jusqu'au matin,
Baiser d'Endymion les grâces surannées?

— "Je vois ta mère, enfant de ce siècle appauvri,
Qui vers son miroir penche un lourd amas d'années,
Et plâtre artistement le sein qui t'a nourri!"

Tranquillity

Calm yourself, my Sorrow, and hold your soul in quiet.
You were longing for Evening: now it comes, here it is.
A darker air begins to curtain each city street,
Bringing peace to some, to others nothing but cares.

Whilst mortality's galley-slaves, in mindless havoc,
Under Pleasure's relentless lash go their ways
All seeking remorse in one tumultuous pack,
Give me your hand, my Sorrow, far from their cries,

Come. And see how the Years dead and gone
Lean on the sky's balcony in robes long out of fashion.
See Regret rise with a smile from the glancing

Waters, and drowsing to death under an archway,
   the Sun;
While like a whispering shroud drawn from the eastern
   horizon,
Listen, my dear, listen to the Night advancing.

The Moon Offended

Oh Moon, whom our forefathers adored with such
   discretion,
From those blue altitudes where a glittering seraglio
Of stars in stately panoply attend you as you go,
My ancient Cynthia, lamp of our meditation,

Do you see lovers disentwined after coition,
Their sleeping mouths moist with a rosy glow?
And the poet still struggling with labour-creased brow?
Or under dry grasses vipers in copulation?

In your yellow domino, gliding with even pace
From evening until dawn, do you as in ancient days
Still kiss virgin Endymion's perennial charms?

"I can see your mother, child of this wretched age,
Leaning into a mirror surveying the years of ravage
And plastering make-up on her heavy breasts and
   arms!"

Les Promesses d'un Visage

J'aime, ô pâle beauté, tes sourcils surbaissés
      D'où semblent couler des ténèbres;
Tes yeux, quoique très noirs, m'inspirent des pensers
      Qui ne sont pas du tout funèbres.

Tes yeux, qui sont d'accord avec tes noirs cheveux,
      Avec ta crinière élastique,
Tes yeux, languissament, me disent, "Si tu veux,
      Amant de la muse plastique,

Suivre l'espoir qu'en toi nous avons excité,
      Et tous les goûts que tu professes,
Tu pourras constater notre véracité
      Depuis le nombril jusqu'aux fesses;

Tu trouveras au bout de deux beaux seins bien lourds,
      Deux larges médailles de bronze,
Et sous un ventre uni, doux comme du velours,
      Bistré comme la peau d'un bonze,

Une riche toison qui, vraiment, est la sœur
      De cette énorme chevelure,
Souple et frisée, et qui t'égale en épaisseur,
      Nuit sans étoiles, nuit obscure!"

Le Monstre
ou
Le Paranymphe d'une Nymphe Macabre

I

Tu n'es certes pas, ma très-chère,
Ce que Veuillot nomme un tendron.
Le jeu, l'amour, la bonne chère
Bouillonnent en toi, vieux chaudron!
Tu n'es plus fraîche, ma très-chère.

Ma vieille infante! Et cependant
Tes caravanes insensées

92

What a Pair of Eyes Can Promise

I love, pale one, your lifted eyebrows bridging
        Twin darknesses of flowing depth.
But however deep they are, they carry me
        Another way than that of death.

Your eyes, doubly echoing your hair's darkness
        —That leaping, running mane—
Your eyes, though languidly, instruct me: "Poet
        And connoisseur of love made plain,

If you desire fulfilment of the promise
        The ecstasy that is your trade,
You can confirm the truth, from thigh to navel,
        Of all that we have said.

You will find my white breasts heavy
        With the weight of their rough bronze
          coins,
And under a soft-as-velvet, rounded belly,
        Poised between ambered loins,

A fleece, not golden, but for richness sister
        To that hair with darkness bright,
Supple and springing—and as boundless
        As a deep, starless night!"

The Paranymph

I

No, my dear, you're certainly not
What some might call a dainty dish.
You simmer like an ancient pot
With leavings of lust, and worldly relish.
Fresh and sweet you're certainly not,

My raddled old infanta! Yet
The cavortings of your crazy career

T'ont donné ce lustre abondant
Des choses qui sont très usées,
Mais qui séduisent cependant.

Je ne trouve pas monotone
La verdeur de tes quarante ans;
Je préfère tes fruits, Automne,
Aux fleurs banales du Printemps!
Non, tu n'es jamais monotone.

Ta carcasse a des agréments
Et des grâces particulières;
Je trouve d'étranges piments
Dans le creux de tes deux salières;
Ta carcasse a des agréments!

Nargue les amants ridicules
Du melon et du giraumont!
Je préfère tes clavicules
À celle du roi Salomon,
Et je plains ces gens ridicules!

Tes cheveux comme un casque bleu
Ombragent ton front de guerrière,
Qui ne pense et rougit que peu,
Et puis se sauvent par derrière
Comme les crins d'un casque bleu!

Tes yeux, qui semblent de la boue
Où scintille quelque fanal,
Ravivés au fard de ta joue,
Lancent un éclair infernal!
Tes yeux sont noirs comme la boue!

Par sa luxure et son dédain
Ta lèvre amère nous provoque;
Cette lèvre, c'est un Éden
Qui nous attire et qui nous choque,
Quelle luxure, et quel dédain!

Ta jambe musculeuse et sèche
Sait gravir au haut des volcans,
Et malgré la neige et la dèche,

Have given you the greasy sweat
Of things worn out with common wear
Which hold their tattered value yet.

The green sap of your forty years
Has a tang to wake the jaded palate.
The ripe old fruit that autumn bears
Makes all spring's virgin bloom look pallid!
—There's plenty of sap in your forty years!

Your carcase has its peculiar charms,
Little graces all its own.
Your pepper-pots give me the qualms
—But flesh is sweetest near the bone!
Yes, your carcase has its charms!

Cock a snook at the connoisseurs
Of the pumpkin and the water-melon!
I'd rather those collar-bones of yours
Than all the Songs of Solomon,
—And I'm sorry for those connoisseurs!

You wear your hair like a blue helmet,
Hanging over your blushless brow,
Swathing your empty head with its pelmet
—And then it rears a crazy prow
Like the plumes of a blue helmet!

Your eyes are black as a street puddle
Catching the glitter of a lamp.
Against the rouge on your cheekbone's middle
They shine with the threat of Hell's fire-damp,
And yet they're black as a street puddle.

The curl of your lip lures and shocks
With its lech, and its look of "You keep out!"
Like the Tree of Knowledge it provokes
The longing to know what we'd better not.
Yes, the lust in you both lures and shocks.

Your legs are sinewy enough
To scale the heights of a volcano,
And rain or snow, in cold or cough,

Danser les plus fougueux cancans.
Ta jambe est musculeuse et sèche;

Ta peau brûlante et sans douceur,
Comme celle des vieux gendarmes,
Ne connaît pas plus la sueur
Que ton œil ne connaît les larmes.
(Et pourtant, elle a sa douceur!)

II

Sotte, tu t'en vas droit au Diable!
Volontiers j'irais avec toi
Si cette vitesse effroyable
Ne me causait pas quelque émoi.
Va-t'en donc, toute seule, au Diable!

Mon rein, mon poumon, mon jarret,
Ne me laissent plus rendre hommage
À ce Seigneur comme il faudrait.
"Hélas! c'est vraiment bien dommage!"
Disent mon rein et mon jarret.

Oh, très sincèrement, je souffre
De ne pas aller aux sabbats,
Pour voir, quand il pète du soufre,
Comment tu lui baises son cas!
Oh, très sincèrement je souffre!

Je suis diablement affligé
De ne pas être ta torchère,
Et de te demander congé,
Flambeau d'enfer! Juge, ma chère,
Combien je dois être affligé,

Puisque depuis longtemps je t'aime,
Étant très logique! En effet,
Voulant du Mal chercher la crème
Et n'aimer qu'un monstre parfait,
Vraiment, oui, vieux monstre, je t'aime!

To dance a can-can as only they know
Whose legs are hard and dry enough.

Your skin is hot and quite as sweet
As that of a seasoned brigadier,
And it's as innocent of sweat
As your eyes are of a tear
—And yet, and yet I've found it sweet!

II

Deviless, you're heading for the devil!
I'd gladly keep you company,
If only the pace at which you travel
Didn't leave me somewhat dizzy.
So get on, alone, with you to the Devil!

My sciatica, asthma, rheumatism
Won't let me render as I ought
His Lordship's homage without a spasm.
"Now isn't that a shame!" cry out
My asthma and my rheumatism.

Oh you can't guess how much I suffer
To miss your sabbatical conference.
To watch you, when he lets go his sulphur
Kissing his royal circumstance!
Yes, truly and indeed I suffer!

It's damnably sad to bid farewell
To you, my dear, at such a juncture.
No more, my old flambeau of Hell,
To be your holder! Judge what torture
It is, my dear, to say farewell,

For you've been my passion many a year,
A passion sufficiently logical!
I wanted to skim the cream, my dear,
Of all that could be perfectly evil.
—My monster, I've loved you many a year.

Journaux Intimes (Extraits)

I. *Fusées*

Quand même Dieu n'existerait pas, la religion serait encore sainte et divine.

Dieu est le seul être qui, pour régner, n'ait même pas besoin d'exister.

Ce qui est créé par l'esprit est plus vivant que la matière.

L'amour, c'est le goût de la prostitution. Il n'est même pas de plaisir noble qui ne puisse être ramené à la prostitution.

Dans un spectacle, dans un bal, chacun jouit de tous. Qu'est-ce que l'art? Prostitution.

Le plaisir d'être dans les foules est une expression mystérieuse de la jouissance de la multiplication du nombre. *Tout* est nombre. Le nombre est dans *tout*. Le nombre est dans l'individu. L'ivresse est un nombre.

L'amour peut dériver d'un sentiment généreux: Le goût de la prostitution: mais il est bientôt corrompu par le goût de la propriété.

L'amour veut sortir de soi, se confondre avec sa victime, comme le vainqueur avec le vaincu, et cependant conserver des privilèges de conquérant.

Les voluptés de l'entreteneur tiennent à la fois de l'ange et du propriétaire. Charité et férocité. Elles sont même indépendantes du sexe, de la beauté, et du genre animal.

Les ténèbres vertes dans les soirs humides de la belle saison.

Profondeur immense de pensée dans les locutions vulgaires, trous creusés par des générations de fourmis.

Je crois que j'ai déjà écrit dans mes notes que l'amour ressemblait fort à une torture ou à une opération chirurgicale... Quand même les deux amants seraient très épris et très-pleins de désirs réciproques, l'un des deux sera toujours plus calme, ou moins possédé que l'autre. Celui-là ou celle-là, c'est l'opérateur ou le

From the Intimate Journals

I. Rockets

Even if God did not exist, religion would still be holy and divine.

God is the sole being who, in order to reign, doesn't even need to exist.

What the mind creates is more living than matter.

Love is the urge to prostitution. There's no pleasure, however noble, that cannot be seen to derive from prostitution.

At a theatre, a ball, each individual enjoys all.

What is art? Prostitution.

The pleasure of being in a crowd is a mysterious expression of the enjoyment of the multiplication of number. *All* is number. Number is in *all things*, and in the individual. Drunkenness is a question of number.

Love may derive from a generous feeling: the taste for prostitution; but it is soon corrupted by the sense of property.

Love seeks to emerge from itself, to mingle with its victim, like victor with vanquished, and yet to preserve the privilege of a conqueror.

A pimp's enjoyment is that of part angel, part owner. Charity and ferocity. It is even independent of sex, beauty, and animality.

The green glooms of moist evenings in fine warm weather.

Immense depth of thought in commonplace expressions: holes dug by generations of ants.

I believe I've already noted that the act of love is very like torture, or a surgical operation. Even when the two lovers are both in love and full of mutual desire, one of the two will always be more calm, or less possessed than the other. One of the two is the operator or torturer, the other is the patient or victim. Hear the sighs, suggesting a tragedy of dishonour, the groans,

bourreau; l'autre, c'est le sujet, la victime. Entendez-vous ces soupirs, préludes d'une tragédie de déshonneur, ces gémissements, ces cris, ces râles? Qui ne les a proférés, qui ne les a irrésistiblement extorqués? Et que trouvez-vous de pire dans la question appliquée par de soigneux tortionnaires? Ces yeux de somnambule révulsés, ces membres dont les muscles jaillissent et se roidissent comme sous l'action d'une pile galvanique, l'ivresse, le délire, l'opium dans leurs plus furieux résultats ne vous en donneront certes pas d'aussi affreux, d'aussi curieux exemples. Et le visage humain, qu'Ovide croyait façonné pour refléter les astres, le voilà qui ne parle plus qu'une expression de férocité folle, ou se détend dans une espèce de mort.

Épouvantable jeu, où il faut que l'un des joueurs perde le gouvernement de soi-même!

Une fois, il fut demandé devant moi, en quoi consistait le plus grand plaisir de l'amour. Quelqu'un répondit naturellement: à recevoir; et un autre: à donner. — Celui-ci dit: plaisir d'orgueil; et celui-là: volupté de l'humilité. Tous ces orduriers parlaient comme l'*Imitation de Jésus-Christ*. Enfin, il se trouva un impudent utopiste qui affirma que le plus grand plaisir de l'amour était de former des citoyens pour la patrie.

Moi, je dis: la volupté unique et suprême de l'amour gît dans la certitude de faire le *mal*.

Quand un homme se met au lit, presque tous ses amis ont un secret désir de le voir mourir; les uns, pour constater qu'il avait une santé inférieure à la leur; les autres, dans l'espoir désintéressé d'étudier une agonie.

Le dessin arabesque est le plus spiritualiste des dessins.

Ciel tragique. Épithète d'un ordre abstrait appliqué à un être matériel.

La vie n'a qu'un charme vrai: c'est le charme du *jeu*. Mais s'il nous est indifférent de gagner ou de perdre?

the moans, the agony! Who has not either made or
irresistibly extorted them? And what could be worse
among the forms of torture, scientifically applied?
Those convulsed, unconscious eyes, the limbs whose
muscles jump or stiffen as though in response to an
electric shock—Drink, delirium, opium, even in their
most chronic effects, cannot offer examples quite so
fearful or so strange. And the human face, which
Ovid said was made to reflect the stars, see how its
expression is only one of mad ferocity or of death-like
surrender.

A fearful game, in which one of the players must lose
all self-control!

I was once present at a discussion as to what was
the greatest pleasure in making love. One man naturally
said it was to receive: another, to give. This one said,
the pleasure of pride, and that one, the pleasure of
humility. All these ribalds were talking like the
Imitation of Christ.—Finally, one Utopian had the
nerve to say that the greatest pleasure in making love
was that of creating citizens for one's country.

What I say is that the supreme and singular joy of
making love resides in the certainty of doing *evil*.

When a man takes to his bed, nearly all his friends
have a secret wish to see him die: some, to prove that
his constitution was weaker than theirs; the others, in
the disinterested hope of studying a death agony.

Arabesque design is the most ideal of all.

Tragic sky. Abstract epithet applied to a material
thing.

Life has only one real charm: the charm of *gambling*.
But if we cease to care whether we win or lose?

Nations, like families, have great men only in spite of
themselves. They make every effort not to have them.
As a consequence, the great man, in order to exist, has

Les nations n'ont de grands hommes que malgré elles, — comme les familles. Elles font tous leurs efforts pour n'en pas avoir. Et ainsi, le grand homme a besoin, pour exister, de posséder une force d'attaque plus grande que la force de résistance développée par des millions d'individus.

À propos du sommeil, aventure sinistre de tous les soirs, on peut dire que les hommes s'endorment journellement avec une audace qui serait inintelligible si nous ne savions qu'elle est le résultat de l'ignorance du danger.

Beaucoup d'amis, beaucoup de gants. Ceux qui m'ont aimé étaient des gens méprisés, je dirais même méprisables, si je tenais à flatter les honnêtes gens.

Ce qui n'est pas légèrement difforme a l'air insensible; d'où il suit que l'irrégularité, c'est à dire l'inattendu, la surprise, sont une partie essentielle et caractéristique de la beauté.

J'ai trouvé la définition du Beau, de mon Beau.

C'est quelque chose d'ardent et de triste, quelque chose d'un peu vague, laissant carrière à la conjecture... Je ne prétends pas que la Joie ne puisse pas s'associer avec la Beauté, mais je dis que la Joie en est un des ornements les plus vulgaires, tandis que la Mélancolie en est pour ainsi dire l'illustre compagne, à ce point que je ne conçois guère (mon cerveau serait-il un miroir ensorcelé?) un type de Beauté où il n'y ait du Malheur. Appuyé sur ces idées, on conçoit qu'il me serait difficile de ne pas conclure que le plus parfait type de Beauté virile est *Satan*, — à la manière de Milton.

Deux qualités littéraires fondamentales: surnaturalisme et ironie.

Il y a des moments de l'existence où le temps et l'étendue sont plus profonds, et le sentiment de l'existence immensément augmenté.

L'inspiration vient toujours quand l'homme le *veut* mais elle ne s'en va pas toujours quand il le veut.

to develop a power of attack greater than the force of resistance developed by millions of ordinary individuals.

Sleep is a sinister risk that is taken every night; one might say that people regularly go to sleep with an audacity that would be incomprehensible, if we didn't know that it results merely from ignorance of danger.

Many friends, many gloves. My real friends have been people despised—I would even say despicable, if I chose to flatter right-thinking people.

What is not slightly asymmetrical, mis-shapen, seems to lack feeling:—whence it follows that irregularity, the quality of the unexpected, is an essential characteristic of beauty.

I've found a definition of my own idea of the Beautiful.

It is something at once ardent and sad, along with a certain vagueness which leaves scope for conjecture . . . I won't claim that Joy is not one aspect of Beauty, but it is one of the most ordinary, whereas Melancholy (is my mind a mirror bewitched?) I would say is its most illustrious companion; so much so that I can scarcely conceive a type of Beauty which is free from *sorrow*. On this basis, it would be hard for me not to conclude that the most perfect type of virile beauty is Satan—in Milton's presentation.

Two qualities essential to writing: supernaturalism, and irony.

There are moments of existence when time and space are more profound, and the sense of life is immensely deepened.

Inspiration always comes when a man really *wants* it to, but doesn't always go when he wants.

Of writing and language as acts of magic, evocative sorcery.

In certain—almost supernatural—states of mind, the hidden depth of life seems to be revealed entire in any

De la langue et de l'écriture prises comme opérations magiques, sorcellerie évocatoire.

Dans certains états de l'âme presque surnaturels, la profondeur de la vie se révèle tout entière dans le spectacle, si ordinaire qu'il soit, qu'on a sous les yeux. Il en devient le Symbole.

Le travail, force progressive et cumulative, portant intérêts comme le capital, dans les facultés comme dans les résultats.

Le jeu, même dirigé par la science, force intermittente, sera vaincu, si fructueux qu'il soit, par le travail, si petit qu'il soit, mais continu.

Si un poète demandait à l'état le droit d'avoir quelques bourgeois dans son écurie, on serait fort étonné, tandis que si un bourgeois demandait du poète rôti, on le trouverait tout naturel.

Quand j'aurais inspiré le dégoût et l'horreur universels, j'aurais conquis la solitude.

Dieu est un scandale, — un scandale qui rapporte.

Ne méprisez la sensibilité de personne. La sensibilité de chacun, c'est son génie.

Le goût précoce des femmes. Je confondais l'odeur de la fourrure avec l'odeur de la femme. Je me souviens... Enfin, j'aimais ma mère pour son élégance. J'étais donc un dandy précoce.

Le mélange du grotesque et du tragique est agréable à l'esprit, comme les discordances aux oreilles blasées.

Suggestion. Pourquoi les démocrates n'aiment pas les chats, il est facile de le deviner. Le chat est beau; il révèle des idées de luxe, de propreté, de volupté, etc...

Un peu de travail, répété 365 fois, donne 365 fois un peu d'argent, c'est-à-dire une somme énorme. *En même temps, la gloire est faite.*

On dit que j'ai trente ans: mais si j'ai vécu trois minutes en une... n'ai-je pas quatre-vingt-dix ans?

spectacle, however ordinary, that happens to meet one's eyes. What one then sees becomes a symbol of all life.

Work, a progressive and cumulative force, bearing interest like capital, in the faculties as much as in its results.

Gambling, an intermittent force even when scientifically directed, will yield less, however fruitful, than sustained work, however slight.

If a poet demanded from the government the right to keep a few bourgeois in his stable, people would be highly amazed, whereas if a bourgeois asked for some roasted poet, people would find this quite natural.

Once I have inspired universal horror and disgust, I shall have achieved solitude.

God is a scandal—a scandal that brings profits.

Never despise anyone's sensibility—it is his genius.

Precocious taste for women. I confused the odour of fur and of the feminine. I recall . . . I loved my mother for her elegance. So I was a precocious dandy.

The mixture of the grotesque and the tragic is agreeable to the mind, like discords to jaded ears.

Suggestion: Why democrats dislike cats: easy to guess. The cat is beautiful and suggests ideas of luxury, cleanness, and voluptuousness.

A little work, 365 times repeated, yields 365 times a little money, which means a tremendous sum. At the same time, *glory* is achieved.

Say I'm thirty years of age; but if I've lived three minutes in every one . . . doesn't that mean I am ninety?

I believe the infinite and mysterious charm found in contemplating a ship, especially a ship in motion,

Je crois que le charme infini et mystérieux qui gît dans la contemplation d'un navire, et surtout d'un navire en mouvement, tient, dans le premier cas, à la régularité et à la symétrie, qui sont un des besoins primordiaux de l'esprit humain, au même degré que la complication et l'harmonie; — et, dans le second cas, à la multiplication successive et à la génération de toutes les courbes et figures imaginaires opérées dans l'espace par les éléments réels de l'objet.

L'idée poétique, qui se dégage de cette opération du mouvement dans les lignes, est l'hypothèse d'un être vaste, immense, compliqué, mais eurhythmique, d'un animal plein de génie, souffrant et soupirant tous les soupirs et toutes les ambitions humaines.

Peuples civilisés, qui parlez toujours sottement de *Sauvages* et de *Barbares*,... Bientôt, vous ne vaudrez même plus assez pour être idolâtres.

À travers la noirceur de la nuit, il avait regardé derrière lui dans les années profondes, puis il s'était jeté dans les bras de sa coupable amie, pour y retrouver le pardon qu'il lui accordait.

— Qu'est-ce qui n'est pas un sacerdoce aujourd'hui? La jeunesse elle-même est un sacerdoce, — à ce que dit la jeunesse. Et qu'est-ce qui n'est pas prier? Chier est une prière, à ce que disent les démocrates...

Le monde va finir. La seule raison pour laquelle il pourrait durer, c'est qu'il existe. Que cette raison est faible, comparée à toutes celles qui annoncent le contraire, particulièrement à celle-ci: Qu'est-ce que le monde a désormais à faire sous le ciel? — Car, en supposant qu'il continuât à exister matériellement, serait-ce une existence digne de ce nom et du Diction-naire historique? Je ne dis pas que le monde sera réduit aux expédients et au désordre bouffon des républiques du Sud-Amérique, que peut-être même nous retour-nerons à l'état sauvage, et que nous irons, à travers les ruines herbues de notre civilisation, chercher notre pâture, un fusil à la main. Non; car ces aventures

depends first on the regularity and symmetry, which are
two of the primordial needs of the human mind, to the
same degree as complexity and harmony—and secondly,
on the successive multiplication and generation of the
figures and curves worked out in space by the different
elements of the object as it moves.

The poetic notion arising from this effect of movement
in lines is the hypothesis of some vast, immense,
complex, but eurythmic being, some creature of genius,
suffering, sighing all the sighs and all the aspirations of
humanity.

Civilized peoples, with all your stupid talk of
"savages" and "barbarians," soon you yourselves
will not be worthy enough to be idolaters.

Through the blackness of the night he had looked
behind him into the depth of the years, then threw
himself into the arms of his guilty love, to find there
the forgiveness he granted her.

What is not a priesthood nowadays? Youth itself is
a priesthood—or so youth says. And what is not a
prayer? To excrete is to pray—or so say the democrats.

The world is going to end. The only reason why it
goes on is because it exists. What a feeble reason,
compared with all those that point the opposite way,
above all this one: from now on, what, under Heaven,
does this world have to do?—For even suppose it
continues materially to exist, would it be an existence
worthy of the name and of the historical dictionary?
I don't say the world will be reduced to the makeshifts
and grotesque disorders of the South American
republics—or even that we might go back to the
savage state, hunting through the grassy ruins of our
civilization for our food, gun in hand. No: for such a
fate would imply a certain remaining vital energy, an
echo of the earliest times. Fresh example, fresh victims
of inexorable moral laws, we will die of what we
thought to live by. Technology will have americanized

supposeraient encore une certaine énergie vitale, écho
des premiers âges. Nouvel exemple et nouvelles victimes
des inexorables lois morales, nous périrons par où nous
avons cru vivre. La mécanique nous aura tellement
américanisés, le progrès aura si bien atrophié en nous
toute la partie spirituelle, que rien, parmi les rêveries
sanguinaires, sacrilèges ou anti-naturelles des utopistes,
ne pourra être comparé à ses résultats positifs. Je
demande à tout homme qui pense de me montrer ce
qui subsiste de la vie. De la religion, je crois inutile d'en
parler et d'en chercher les restes, puisque se donner la
peine de nier Dieu est le seul scandale, en pareilles
matières... Mais le temps viendra où l'humanité,
comme un ogre vengeur, arrachera leur dernier
morceau à ceux qui croient avoir hérité légitimement
des révolutions...

L'imagination humaine peut concevoir, sans trop de
peine, des républiques ou autres États communautaires,
dignes de quelque gloire, s'ils sont dirigés par des
hommes sacrés, par de certains aristocrates. Mais ce
n'est pas particulièrement par des institutions politiques
que se manifestera la ruine universelle, ou le progrès
universel; car peu m'importe le nom. Ce sera par
l'avilissement des cœurs. Ai-je besoin de dire que le peu
qui restera de politique se débattra péniblement dans
les étreintes de l'animalité générale, et que les gouver-
nants seront forcés, pour se maintenir et pour créer un
fantôme d'ordre, de recourir à des moyens qui feraient
frissonner notre humanité actuelle, pourtant si endurcie?
— Alors, le fils fuira la famille, non pas à dix-huit ans,
mais à douze, émancipé par sa précocité gloutonne: il
la fuira, non pas pour chercher des aventures héroïques,
non pas pour délivrer une beauté prisonnière dans une
tour, non pas pour immortaliser un galetas par de sublimes pensées, mais pour fonder un commerce, pour
s'enrichir, et pour faire concurrence à son infâme
papa.... Alors, ce qui ressemblera à la vertu, que dis-je,
tout ce qui ne sera pas l'ardeur vers Plutus sera réputé
un immense ridicule. Ton épouse, ô Bourgeois, ta

us, progress will have atrophied all the spiritual elements in us, to such a degree that the results will exceed all the bloody, sacrilegious, or anti-natural dreams of the Utopists. I ask any thinking man to show me what now subsists of real life. As for religion, I think it's useless to talk or to search for its remnants, since taking the trouble to deny God is now the only scandal in such matters . . . The time will come when humanity, like an avenging ogre, will snatch the last morsel from those who feel they are the legitimate heirs of revolutions . . .

The human mind can conceive without too much difficulty republics or other communal states, worthy of some respect, if ruled by certain dedicated men, genuine aristocrats. But universal ruin, or universal progress— I don't care which you call it—will manifest itself not so much in political institutions, as in the debasement of the human heart. Need I say that what is left of political systems will struggle feebly in the clutches of universal animality, and that governments, in order to hold on to their power, will be forced to resort to means that would make our humanity today, hardened as it is, shudder with horror? Then the son will run away from his family not at eighteen, but at twelve years of age, emancipated by his gluttonous precocity; he will run away, not in search of heroic adventures, not to deliver some captive maiden from a prison tower, nor to immortalize some garret with the sublimity of his thought, but in order to found his own business, get rich, and set up in competition with his infamous papa. Then, anything resembling virtue, anything at all indeed which is not a rage for money, will be deemed contemptible, ridiculous. Your spouse, your chaste better half, oh Bourgeois, she who provides the legitimate poetry of your life, will introduce an irreproachable infamy into her legality, become the loving and vigilant guardian of your strong-boxes, and be none other than the perfect ideal of the kept woman. Your daughter, prematurely nubile, will dream in her cradle of selling

chaste moitié, dont la légitimité fait pour toi la poésie, introduisant désormais dans la légalité une infamie irréprochable, gardienne vigilante et amoureuse de ton coffre-fort, ne sera plus que l'idéal parfait de la femme entretenue. Ta fille, avec une nubilité enfantine, rêvera, dans son berceau, qu'elle se vend un million. Et toi-même, ô Bourgeois, — moins poète encore que tu n'es aujourdhui — tu n'y trouveras rien à redire, tu ne regretteras rien. Car il y a des choses, dans l'homme, qui se fortifient et prospèrent à mesure que d'autres se délicatisent et s'amoindrissent; et, grace au progrès de ces temps, il ne restera de tes entrailles que des viscères! — Ces temps sont peut-être bien proches; qui sait même s'ils ne sont pas venus, et si l'épaississement de notre nature n'est pas le seul obstacle qui nous empêche d'apprécier le milieu dans lequel nous respirons?

Quant à moi, qui sens quelquefois en moi le ridicule d'un prophète, je sais que je n'y trouverai jamais la charité d'un médecin. Perdu dans ce vilain monde, coudoyé par les foules, je suis comme un homme lassé dont l'œil ne voit en arrière, dans les années profondes, que désabusement et amertume, et, devant lui, qu'un orage où rien de neuf n'est contenu, ni enseignement ni douleur. Le soir où cet homme a volé à la destinée quelques heures de plaisir, bercé dans sa digestion, oublieux, autant que possible, du passé, content du présent et résigné à l'avenir, enivré de son sang-froid et de son dandysme, fier de n'être pas aussi bas que ceux qui passent, il se dit, en contemplant la fumée de son cigare: "Que m'importe où vont ces consciences?"

Je crois que j'ai dérivé dans ce que les gens du métier appellent un hors-d'œuvre. Cependant, je laisserai ces pages, — parce que je veux dater ma colère.

Extraits de *MON CŒUR MIS À NU*

De la vaporisation et de la centralisation du *Moi*. Tout est là.

(Je pense commencer *Mon Cœur Mis à Nu* n'importe où, n'importe comment, et le continuer au jour le jour,

herself for a million. And you yourself, Bourgeois—even less of a poet than you are today—you will find no cause for reproach in that. For there are things in man which prosper and strengthen in proportion as other qualities shrink and grow enfeebled; and thanks to the progress of these times, there will be nothing left of your compassion but your bowels! These times are perhaps quite near; who knows if they are not already come, and the coarsening of our natures is the only obstacle that prevents us from truly appreciating the atmosphere we are now breathing!

For my part, though I feel a ridiculous touch of the prophet in me sometimes, I know I will never have the charity of a physician. Astray in this foul world, shoved by the crowd, I feel like one prematurely worn out, who sees, in the depths of time behind him only bitterness and disappointment, ahead only a tumult with nothing new in it, whether of enlightenment or suffering. In the evening, when such a man has snatched from fate a few pleasant hours, and lulled by the digestive process, forgetting the past—as far as he can—content with the moment and resigned to the future, exhilarated by his own nonchalance and dandyism, proud to be not quite as base as those who pass by, he can say, as he gazes at the smoke of his cigar: How should I care what becomes of these conscious entities?

I believe I've strayed into what the profession calls a *hors d'œuvre*. But I will let these pages stand—as I want to leave a record of my anger.

From MY HEART LAID BARE

How to vaporize and centralize the Ego. That's the whole secret.

(My plan is to begin *My Heart Laid Bare* at no matter what point, and go on from there from day to day,

suivant l'inspiration du jour et de la circonstance, pourvu que l'inspiration soit vive.)

Le premier venu, pourvu qu'il sache amuser, a le droit de parler de lui-même.

Je comprends qu'on déserte une cause pour savoir ce qu'on éprouvera à en servir une autre.

La femme est le contraire du Dandy. Donc elle doit faire horreur. La femme a faim, et elle veut manger; soif, et elle veut boire. Elle est en rut, et elle veut être foutue.

Le beau mérite!

Aussi est-elle toujours vulgaire, c'est-à-dire le contraire du Dandy.

Relativement à la Légion d'Honneur. — Celui qui demande la croix a l'air de dire: Si l'on ne me décore pas pour avoir fait mon devoir, je ne recommencerai plus. Si un homme a du mérite, à quoi bon le décorer? S'il n'en a pas, on peut le décorer, parce que cela lui donnera un lustre.

Le Dandy doit aspirer à être sublime sans interruption. Il doit vivre et dormir devant un miroir.

Le paganisme et le christianisme se prouvent réciproquement. La Révolution et le culte de la Raison prouvent l'idée du sacrifice. La superstition est le reservoir de toutes les vérités.

Il y a dans tout changement quelque chose d'infâme et d'agréable à la fois, quelque chose qui tient de l'infidélité et du déménagement. Cela suffit à expliquer la Révolution française.

Être un homme utile m'a paru toujours quelque chose de bien hideux.

Sentiment de *solitude*, dès mon enfance. Malgré la famille, et au milieu des camarades, surtout, — sentiment de destinée éternellement solitaire.

Cependant, goût très-vif de la vie et du plaisir.

according to the inspiration of the moment, so long as
the inspiration is vital.)

Anyone has the right to talk about himself, if he
amuses.

I think I know how a man can abandon one cause
simply for the sensation of what it is like to serve
another.

Woman is the opposite of the Dandy. Consequently
she ought to inspire horror. Hungry, she wants to eat;
thirsty, she wants to drink. In rut, she wants to be
fucked.

How very deserving!

The vulgarity of being natural is what makes her the
opposite of a Dandy.

The Legion of Honour. A man who solicits the Cross
of this order seems to imply: If I'm not decorated for
doing my duty, I'll give up doing it. What is the good
of decorating a man of merit? If he has none, let him
be decorated, it will always give him a shine.

The Dandy ought to aim at being continuously
sublime. He should live and sleep in front of a mirror.

Paganism and Christianity confirm each other.
Revolution, and the worship of Reason, confirm the
idea of sacrifice. Superstition is the well of all truths.

In all great changes there is an element both sordid
and pleasant—a flavour of infidelity, and of house-
moving. This is sufficient to explain the French
Revolution.

To be a useful person has always struck me as par-
ticularly revolting.

The sense of solitude since I was a child. Even with
my family, above all when surrounded by my comrades
—the sense of an eternally solitary fate.

Yet an intense taste for life and pleasure.

Dans *Les Oreilles du Comte de Chesterfield*, Voltaire plaisante sur cette âme immortelle qui a résidé, pendant neuf mois, entre des excréments et des urines. Voltaire, comme tous les paresseux, haïssait le mystère. Au moins aurait-il pu deviner dans cette localisation une malice ou une satire de la Providence contre l'amour et, dans le mode de la génération, un signe du péché originel. De fait, nous ne pouvons faire l'amour qu'avec des organes excrémentiels.

De la prédilection des Français pour les métaphores militaires. Toute métaphore ici porte des moustaches. Rester sur la brèche. Porter haut le drapeau. La presse militante. Les poètes de combat. Les littérateurs d'avant-garde.

Ces habitudes de métaphores militaires dénotent des esprits non pas militants, mais faits pour la discipline, c'est-à-dire pour la conformité, des esprits nés domestiques, qui ne peuvent penser qu'en société.

Défions-nous du peuple, du bon sens, du cœur, de l'inspiration, et de l'évidence.

Presque toute notre vie est employée à des curiosités niaises. En revanche, il y a des choses qui devraient exciter la curiosité des hommes au plus haut degré, et qui, à en juger par leur train de vie ordinaire, ne leur en inspirent aucune.

Où sont nos amis morts?
Pourquoi sommes-nous ici?
Venons-nous de quelque part?
Qu'est-ce que la liberté?
Peut-elle s'accorder avec la loi providentielle?
Le nombre des âmes est-il fini ou infini?

La croyance au progrès est une doctrine de paresseux, une doctrine de Belges. C'est l'individu qui compte sur ses voisins pour faire sa besogne.

Il ne peut y avoir de progrès (vrai, c'est-à-dire moral) que dans l'individu et par l'individu lui-même.

Mais le monde est fait de gens qui ne peuvent penser qu'en commun, en bandes.

In *The Ears of Lord Chesterfield*, Voltaire makes fun
of the immortal soul residing, for nine months, among
excrement and urine. Like all lazy minds, Voltaire hated
mystery. At least he might have seen a hint of satire or
malice on the part of Providence in thus situating love,
and a sign of original sin in the method of generation.
The fact being that we can only make love with the
excremental organs.

The French passion for military metaphors. All our
metaphors wear moustaches. To hold the breach. Carry
high the flag. The militant press. Poets of combat.
Literary men of the avant-garde . . .
This habit of the military metaphor denotes, not
militant minds, but minds made for discipline, confor-
mity, minds born domesticated, that can only think in
concert.

Never rely on the people, common sense, the heart,
inspiration, or the evidence.

Nearly all our life is consumed in idle, silly curiosity.
At the other extreme there are questions which ought to
excite men's curiosity to the highest degree, and seem
to inspire none whatever in the ordinary course of their
doings.
Where are our dead friends?
Why are we here?
Do we come from somewhere?
What is freedom?
Can it be reconciled with some providential law?
Is the number of souls finite or infinite?

Belief in progress is a doctrine for the lazy, a doctrine
for Belgians. It's a case of the individual counting on
his neighbours to do his task.
There cannot be any real (that is, moral) progress,
except in and by the individual himself.
But the world is made up of people who cannot
think except in common, in gangs . . .

Mes opinions sur le théâtre. Ce que j'ai toujours trouvé de plus beau dans un théâtre, dans mon enfance, et encore maintenant, c'est le *lustre*, — un bel objet lumineux, cristallin, compliqué, circulaire et symétrique. Cependant je ne nie pas absolument la valeur de la littérature dramatique. Seulement, je voudrais que les comédiens fussent montés sur des patins très-hauts, portassent des masques plus expressifs que le visage humain, et parlassent à travers des porte-voix; enfin que les rôles de femmes fussent joués par des hommes.

Il faut travailler, sinon par goût, au moins par désespoir, puisque, tout bien vérifié, travailler est moins ennuyeux que s'amuser.

Il n'existe que trois êtres respectables: le prêtre, le guerrier, le poète. Savoir, tuer, et créer. Les autres hommes sont taillables et corvéables, faits pour l'écurie, c'est-à-dire pour exercer ce qu'on appelle les *professions*…

Sur George Sand. — La femme Sand est le Prud-homme de l'immoralité.

Elle a toujours été moraliste.

Seulement elle faisait autrefois de la contre-morale.

Aussi elle n'a jamais été artiste. Elle a le fameux *style coulant*, cher aux bourgeois.

Elle est bête, elle est lourde, elle est bavarde. Elle a, dans les idées morales, la même profondeur de jugement et la même délicatesse de sentiment que les concierges et les filles entretenues.

Ce qu'elle dit de sa mère.

Ce qu'elle dit de la poésie.

Son amour pour les ouvriers.

Que quelques hommes aient pu s'amouracher de cette latrine, c'est bien la preuve de l'abaissement des hommes de ce siècle.

Voir la préface de *Mademoiselle La Quintinie*, où elle prétend que les vrais chrétiens ne croient pas à l'Enfer. Elle a de bonnes raisons pour vouloir supprimer l'Enfer.

My views on the theatre. What I've always thought the finest thing in the theatre, ever since childhood and even now, is the *chandelier*—a beautiful, luminous object, complicated, spherical and symmetrical . . . But I don't deny all value to dramatic writing: only I would like the actors to be mounted on stilts, wearing masks more expressive than the human face, and talking through megaphones: and finally that women's roles should be taken by actors.

One must work, if not from inclination, then from despair, since, all things carefully considered, work is less boring than amusement.

There are only three beings worthy of respect: the priest, the soldier, and the poet. To know, to kill, to create. The others are all potential beasts of burden, made for the stables, that is, for exercising what are called the *professions* . . .

Sur George Sand. — That woman, George Sand, is the lowest common denominator of immorality.

She's always been a moralist.

Only she used to preach counter-morals.

Consequently, she never has been an artist. She has that famous flowing style, dear to the Bourgeois.

She is a stupid, ponderous babbler. She has the same depth of judgement in moral matters, and the same delicacy of feeling as doorkeepers or kept women.

What she said about her mother.

What she said about poetry.

Her love for the workers . . .

It's proof of how far this century has sunk, that a number of men have been capable of having affairs with this latrine.

In one of her latest books she claims, in the preface, that true Christians don't believe in hell. She has very good reasons for wanting to suppress it.

Le Diable et George Sand. Il ne faut pas croire que le diable ne tente que les hommes de génie. Il méprise sans doute les imbéciles, mais il ne dédaigne pas leur concours. Bien au contraire, il fonde ses grands espoirs sur ceux-là.

Voyez George Sand. Elle est surtout, et plus que toute autre chose, une *grosse bête*; mais elle est possédée. C'est le diable qui lui a persuadé de se fier à son *bon cœur* et à son *bon sens*, afin qu'elle persuadât à toutes les autres grosses bêtes de se fier à leur bon cœur et à leur bon sens…. George Sand est une de ces vieilles ingénues qui ne veulent jamais quitter les planches.

Je m'ennuie en France, surtout parce que tout le monde y ressemble à Voltaire. — Emerson a oublié Voltaire dans ses *Représentants de l'Humanité*. Il aurait pu faire un joli chapitre intitulé: *Voltaire, ou l'anti-poète*, le roi des badauds, le prince des superficiels, l'anti-artiste, le prédicateur des concierges,… des rédacteurs du *Siècle*.

La Théologie. Qu'est-ce que la chute? Si c'est l'unité devenue dualité, c'est Dieu qui a chuté. En d'autres termes, la création ne serait-elle pas la chute de Dieu?

Pourquoi l'homme d'esprit aime les filles plus que les femmes du monde, malgré qu'elles soient également bêtes? — À trouver.

Il y a de certaines femmes qui ressemblent au ruban de la Légion d'Honneur. On n'en veut plus parce que elles se sont salies à de certains hommes.

Ce qu'il y a d'ennuyeux dans l'amour, c'est que c'est un crime où l'on ne peut pas se passer d'un complice.

Avant tout, être un *grand homme* et un *saint* pour soi-même.

Politique. En somme, devant l'histoire et devant le peuple français, la grande gloire de Napoléon III aura été de prouver que le premier venu peut, en s'emparant du télégraphe et de l'Imprimerie nationale, gouverner une grande nation.

The Devil and George Sand.—No reason to suppose that the Devil tempts only men of genius. No doubt he despises imbeciles, but he doesn't underestimate their cooperation. On the contrary he founds his greatest hopes on them.

Look at George Sand, for instance. She is above all, and beyond all, a *big booby*; but she is *possessed*. It's the Devil who persuaded her to trust in her own *good heart*, and her own *good sense*, so that she can persuade all the other boobies to follow her example. She is one of those aged ingénues who can never leave the boards . . .

I'm bored in France, above all because everyone here resembles Voltaire.—Emerson forgot about Voltaire in his *Representative Men*. He could have made up a nice chapter entitled: *Voltaire or the Anti-Poet*,—king of ninnies, prince of the Superficial, anti-artist, a preacher for portresses, and the editors of daily papers.

Theology. What is the fall? If it is a case of unity becoming duality, then God has fallen. In other words, doesn't creation signify the fall of God?

Why a man of wit prefers the company of prostitutes to that of women of the world, even if they are just as stupid?—Find out.

There are some women who resemble the ribbon of the Legion of Honour. One wants nothing more to do with them, because they've sullied themselves with certain men.

The annoying thing about love: it's a crime in which one can't dispense with an accomplice.

Above and before all things, to be a *great man*, and a *saint* for oneself.

Politics: In the eyes of history and the French people, the great distinction of Napoleon III will have been to prove that anyone you please can, by seizing the national press and the telegraph system, become the ruler of a great people.

Imbéciles sont ceux qui croient que de pareilles choses peuvent s'accomplir sans la permission du peuple — et ceux qui croient que la gloire ne peut être appuyée que sur la vertu.

Les dictateurs sont les domestiques du peuple, — rien de plus, un foutu rôle d'ailleurs, et la gloire est le résultat de l'adaptation d'un esprit avec la sottise nationale.

Qu'est-ce que l'amour? Le besoin de sortir de soi. L'homme est un animal adorateur. Adorer, c'est se sacrifier et se prostituer.

Aussi tout amour est-il prostitution.

L'être le plus prostitué, c'est l'être par excellence, c'est Dieu, puisqu'il est l'ami suprême pour chaque individu, puisqu'il est le réservoir commun, inépuisable de l'amour.

Prière

Ne me châtiez pas dans ma mère, et ne châtiez pas ma mère à cause de moi. — Je vous recommande les âmes de mon père et de Mariette. — Donnez-moi la force de faire immédiatement mon devoir tous les jours et de devenir ainsi un héros et un Saint.

Pourquoi le spectacle de la mer est-il infiniment et éternellement agréable? Parce que la mer offre à la fois l'idée de l'immensité et du mouvement. Six ou sept lieues représentent pour l'homme le rayon de l'infini.... Douze ou quatorze lieues de liquide en mouvement suffisent pour donner la plus haute idée de beauté qui soit offerte à l'homme sur son habitacle transitoire.

Théorie de la vraie civilisation. Elle n'est pas dans le gaz, ni dans la vapeur, ni dans les tables tournantes. Elle est dans la diminution des traces du péché originel. — Peuples nomades, pasteurs, chasseurs, agricoles et même anthropophages, tous peuvent être supérieurs par l'énergie, par la dignité personelle, à nos races d'Occident. Celles-ci peut-être seront détruites.

They're imbeciles who believe that such things can come about without the consent of the people; like those who believe that fame can only depend on virtue.

Dictators are the people's domestics—nothing more— a lousy role anyway—and fame and glory are the result of a mind adapting itself to the national stupidity.

What is love? The need to emerge from oneself. Man is an animal that worships. To worship is to sacrifice and prostitute oneself.

Consequently all love is prostitution.

The most prostituted being is the being par excellence, God, since God is the supreme friend of each individual, the common, inexhaustible reservoir of love.

Prayer

Do not punish me through my mother, nor my mother because of me.—I pray to you for the souls of my father and Mariette.—Give me the strength immediately to carry out my duty every day, and thus to become a hero and a Saint.

Why is the sight of the sea so infinitely and eternally agreeable? Because it offers at once the idea of immensity and movement. Six or seven leagues represent for man the radius of infinity. A diameter of twelve or fourteen leagues suffices to give the highest idea of beauty offered to man on his transitory perching place.

A theory of true civilization: it is not signified by gas, steam, or table-rapping: but by the progressive diminution of the traces of original sin. Primitive man— nomadic, hunting, pastoral—even cannibal—may be superior in respect of energy, personal dignity, to our Western races. Perhaps the latter will be destroyed.

C'est par le loisir que j'ai, en partie, grandi.

À mon grand détriment; car le loisir, sans fortune, augmente les dettes, les avanies résultant des dettes.

Mais à mon grand profit, relativement à la sensibilité, à la méditation et à la faculté du dandysme et du dilettantisme.

Les autres hommes de lettres sont, pour la plupart, de vils piocheurs très-ignorants.

Il y a une égale injustice à attribuer aux princes régnants les mérites et les vices du peuple actuel qu'ils gouvernent. Ces mérites et ces vices sont presque toujours, comme la statistique et la logique le pourraient démontrer, attribuables à l'atmosphère du gouvernement précédent.

Louis XIV hérite des hommes de Louis XIII: gloire. Napoléon I hérite des hommes de la République: gloire. Napoléon III hérite des hommes de Louis-Philippe: déshonneur.

Les coupures brusques que les circonstances font dans les règnes ne permettent pas que cette loi soit absolument exacte, relativement au temps. On ne peut pas marquer exactement où finit une influence, mais cette influence subsistera dans toute la génération qui l'a subie dans sa jeunesse.

La musique donne l'idée de l'espace. Tous les arts, plus ou moins; puisqu'ils sont *nombre* et que le nombre est une traduction de l'espace.

Tout enfant, j'ai senti dans mon cœur deux sentiments contradictoires: l'horreur de la vie et l'extase de la vie. C'est bien le fait d'un paresseux nerveux.

Vouloir tous les jours être le plus grand des hommes!

De la vraie grandeur des parias.

Le commerce est, par son essence, *satanique*. Le commerce, c'est le prêté-rendu… avec le sous-entendu: *Rends-moi plus que je ne te donne*.

L'esprit de tout commerçant est complètement vicié.

Le moins infâme de tous les commerçants, c'est celui

It is partly through leisure that I have developed.

To my great disadvantage; since leisure without money increases debts, and all the wear-and-tear that results from them.

But to my great profit, with regard to sensitivity, meditation, the faculty of dandy and dilettante.

The majority of writers are now as ignorant as diggers.

There's an equal injustice in attributing the merits or the vices of an age to its actual ruler. As statistics and logic might show, these merits and vices are nearly always attributable to the state of things under a previous government.

Louis XIV inherited from the men of Louis XIII: Glory. Napoleon I inherited from the men of the Republic: Glory . . . Napoleon III inherited from the men of Louis-Philippe: Disgrace.

Sudden interruptions in régimes prevent this law from being exactly applicable, in a time sense . . . We cannot say where an influence ends; but it will subsist throughout a generation which has felt it in youth.

Music creates notions of space. So do all the arts, more or less: since they are based on *number*, and number is a translation of space.

When quite small, I would experience two quite contradictory feelings; the horror of life and the ecstasy of life. Just right for a lazy hypochondriac.

To will to be the greatest of men every day!

Of the true greatness of Pariahs.

Trade, by its very nature, is *satanic*. It is give-and-take, with the proviso: *take more than you give*.

Every tradesman's mind is completely vitiated.

The least infamous is the one who says: Let us be

qui dit: "Soyons vertueux pour gagner beaucoup plus d'argent que les sots qui sont vicieux."

Pour le commerçant, l'honnêteté elle-même est une spéculation de lucre.

Le commerce est satanique, parce qu'il est une des formes de l'égoïsme, et la plus basse, et la plus vile.

Le monde ne marche que par le malentendu.

C'est par le malentendu universel que tout le monde s'accorde. Car si, par malheur, on se comprenait, on ne pourrait jamais s'accorder.

L'homme d'esprit, celui qui ne s'accordera jamais avec personne, doit s'appliquer à aimer la conversation des imbéciles et la lecture des mauvais livres. Il en tirera des jouissances amères qui compenseront largement sa fatigue.

Toute idée est, par elle-même, douée d'une vie immortelle, comme une personne.

Toute forme créée, même par l'homme, est immortelle. Car la forme est indépendante de la matière, et ce ne sont pas les molécules qui constituent la forme.

Il est impossible de parcourir une gazette quelconque, de n'importe quel jour, ou quel mois, ou quelle année, sans y trouver à chaque ligne les signes de la perversité humaine la plus épouvantable, en même temps que les vanteries les plus surprenantes de probité, de bonté, de charité, et les affirmations les plus effrontées, relatives au progrès de la civilisation.

Tout journal, de la première ligne à la dernière, n'est qu'un tissu d'horreurs. Guerres, crimes, vols, impudicités, tortures, crimes des princes, crimes des nations, crimes des particuliers, une ivresse d'atrocité universelle.

Et c'est de ce dégoûtant apéritif que l'homme civilisé accompagne son repas de chaque matin. Tout, en ce monde, sue le crime: le journal, les murailles et le visage de l'homme.

Dès mon enfance, tendance à la mysticité. Mes conversations avec Dieu.

honest so as to gain much more than the fool who cheats.

For the tradesman, honesty itself is a financial speculation.

Trade is satanic because it is one of the forms of egoism, the lowest and the vilest.

The world only keeps going thanks to misunderstanding.

It is only by way of general misunderstanding that the world reaches agreement. For if, by some misfortune, there were real understanding, there would never be any agreement.

The man of mind, who will never agree with anyone, must get used to enjoying the conversation of imbeciles, and to reading bad books. From this he will draw a bitter pleasure that will largely compensate his fatigue.

Every idea in itself is endowed with immortal life, like an individual.

Every form created, even by man, is immortal. For form is independent of matter, and is not created by molecules.

It is impossible to glance through any paper, no matter what the day, the month, the year, without finding in every line symptoms of the most appalling human perversity, along with the most astounding assertions of probity, goodness, charity as well as the most brazen assumptions regarding progress and civilization.

A newspaper is nothing, from first to last, but a tissue of horrors. Wars, crimes, robberies, shamelessness, torture, crimes of leaders, nations, individuals, an orgy of universal atrocity.

And this is the disgusting aperitif which civilized man takes with his breakfast. Everything in the world oozes crime: newspapers, walls, and the face of man.

My mystical urges, even in childhood. My conversations with God.

Tous les imbéciles de la Bourgeoisie qui prononcent sans cesse les mots: immoral, immoralité, moralité, et autres bêtises à propos de l'art me font penser à Louise Villedieu, putain à cinq francs, qui, m'accompagnant une fois au Louvre, où elle n'était jamais allée, se mit à rougir, à se couvrir le visage, et, me tirant à chaque instant par la manche, me demandait devant les statues et les tableaux immortels comment on pouvait étaler publiquement de pareilles indécences.

Pour que la loi du progrès existât, il faudrait que chacun voulût la créer; c'est-à-dire que, quand tous les individus s'appliqueront à progresser, alors, l'humanité sera en progrès.

Cette hypothèse peut servir à expliquer l'identité des deux idées contradictoires, liberté et fatalité. — Non seulement il y aura, dans le cas de progrès, identité entre la liberté et la fatalité, mais cette identité a toujours existé. Cette identité c'est l'histoire, l'histoire des nations et des individus.

Hygiène. Projets. — Plus on veut, mieux on veut.

Plus on travaille, mieux on travaille et plus on veut travailler.

Plus on produit, plus on devient fécond.

Après une débauche, on se sent toujours plus seul, plus abandonné.

Au moral comme au physique, j'ai toujours eu la sensation du gouffre, non seulement du gouffre du sommeil, mais du gouffre de l'action, du rêve, du souvenir, du désir, du regret, du remords, du beau, du nombre, etc.

J'ai cultivé mon hystérie avec jouissance et terreur. Maintenant j'ai toujours le vertige, et aujourd'hui, 23 janvier 1862, j'ai subi un singulier avertissement, j'ai senti passer sur moi le vent de l'aile de l'imbécillité.

Que de pressentiments et de signes envoyés déjà par Dieu, qu'il est *grandement temps* d'agir, de considérer la minute présente comme la plus importante des

All the bourgeois idiots who keep mouthing the words: "Immoral, immorality, morality in art" and so forth make me think of Louise Villedieu, a five-franc whore who once, coming with me to the Louvre which she had never entered in her life, started to blush, cover her face and, pulling at my sleeve all the time, in front of the immortal paintings and statues, kept asking me how such shocking things could be shown in public.

For the law of progress to exist, everyone would have to wish to create it: that is, when every individual applies his mind to making progress, then humanity will progress.

This hypothesis might help to explain the identity of the two contradictory notions: free will and predestination.—Not only will there be identity between the two, in the case of progress, but that identity has always obtained. That identity is history—the history of nations and of individuals.

Discipline. Plans. The more one wills, the better one wills.

The more one works, the better one works and the more one wants to work.

The more one produces, the more fertile one becomes.

After a debauch, one feels the more alone, the more deserted.

Morally and physically, I have always had a sense of the abyss, not only the abyss of sleep, but the abyss of action, dream, memory, desires, regret, remorse, the abyss of the beautiful, of number, and so on . . .

I have nurtured my hysteria with joy and terror. Now I have a continual vertigo: and today, 23 January 1862, I received a singular warning; I felt passing over me a wind from the wing of imbecility.

How many signs and warnings from God already, that it is *more* than time to act, to consider the present minute as the most important of minutes, and to make

minutes, et de faire ma *perpétuelle volupté* de mon tourment ordinaire, c'est-à-dire du Travail!

Tout ne se fait que peu à peu... Il n'y a de long ouvrage que celui qu'on n'ose pas commencer. Il devient cauchemar.

Si tu travaillais tous les jours, la vie te serait plus supportable. Travaille six jours sans relâche.
Sois toujours poète, même en prose.
Commence d'abord, et puis sers-toi de la logique et de l'analyse. N'importe quelle hypothèse veut sa conclusion. Trouver la frénésie journalière.

La seule manière de gagner de l'argent est de travailler d'une manière désintéressée.

Jeanne 300, ma mère 200, moi 300–800 francs par mois. Travailler de six heures du matin, à jeun, à midi. Travailler en aveugle, sans but, comme un fou. Nous verrons le résultat.
Tout est réparable. Il est encore temps. Qui sait même si des plaisirs nouveaux...?
Gloire, payement de mes dettes. — Richesse de Jeanne, et de ma mère.
Je n'ai pas encore connu le plaisir d'un plan réalisé.
Il faut vouloir rêver et savoir rêver. Évocation de l'inspiration. Art magique. Se mettre tout de suite à écrire. Je raisonne trop.

Travail immédiat, même mauvais, vaut mieux que la rêverie.

Rêves sur la mort et avertissements.

Hygiène. Conduite. Méthode. Je me jure à moi-même de prendre désormais les règles suivantes pour règles éternelles de ma vie:
Faire tous les matins ma prière à Dieu, *réservoir de toute force et de toute justice, à mon père, à Mariette, et à Poe*, comme intercesseurs; les prier de me communiquer *la force nécessaire* pour accomplir tous mes devoirs,

my perpetual joy out of my habitual torment, which is to say, Work!

Nothing is created except little by little. The only long work is the one you dare not begin. It becomes a nightmare.

If you worked every day, your life would be more supportable. Work *six* days without a break.
Always be a poet, even in prose.
Begin first, and then use logic and analysis. Any hypothesis requires its conclusion. Acquire a daily frenzy.

Disinterested work is the only way of making money.

Jeanne 300, my mother 200, myself 300–800 francs per month. Work from six till noon fasting. Work blind, without a goal, like a madman. We'll see . . .

All is redeemable yet, there's still time. Who knows even, there may still be new pleasures . . . ?
Fame, my debts paid up.—*Wealth* for Jeanne and my mother.
I haven't yet known the pleasure of a plan carried out.
One must will to dream, and know how to. Evoking inspiration. Magic art. Start writing at once. I argue and consider too much.
Immediate work, even bad, is better than dreaming.

Dreams of death and warnings.

Discipline. Conduct. Method. I swear to myself to make the following rules from now on the constant rules of my life.
Every morning to say my prayer to *God, reservoir of all power and justice, to my father, to Mariette and to Poe,* as intercessors: that I be given the *necessary force* to carry out all my tasks, and to grant my mother *a long*

et d'octroyer à ma mère *une vie assez longue* pour jouir de ma transformation; travailler toute la journée, ou du moins *tant que mes forces me le permettront*; me fier à Dieu, c'est-à-dire à la Justice même, pour la réussite de mes projets; faire, tous les soirs, une nouvelle prière, pour demander à Dieu la vie et la force pour ma mère et pour moi; faire, de tout ce que je gagnerai, quatre parts, — une pour la vie courante, une pour mes créanciers, une pour mes amis, et une pour ma mère; — obéir aux principes de la plus stricte sobriété, dont le premier est la suppression de tous les excitants, quels qu'ils soient.

Le Spleen de Paris

Le Confiteor *de l'Artiste*

Que les fins de journées d'automne sont pénétrantes! Ah, pénétrantes jusqu'à la douleur! car il est de certaines sensations délicieuses dont le vague n'exclut pas l'intensité; et il n'est pas de pointe plus acérée que celle de l'Infini.

Grand délice que celui de noyer son regard dans l'immensité du ciel et de la mer! Solitude, silence, incomparable chasteté de l'azur! une petite voile frissonnante à l'horizon, et qui par sa petitesse et son isolement imite mon irrémédiable existence, mélodie monotone de la houle. Toutes ces choses pensent par moi, ou je pense par elles (car dans la grandeur de la rêverie le *moi* se perd vite!); elles pensent, dis-je, mais musicalement et pittoresquement, sans arguties, sans syllogismes, sans déductions.

Toutefois, ces pensées, qu'elles sortent de moi ou s'élancent des choses, deviennent bientôt trop intenses. L'énergie dans la volupté crée un malaise et une souffrance positive. Mes nerfs trop tendus ne donnent plus que des vibrations criardes et douloureuses.

Et maintenant la profondeur du ciel me consterne; sa limpidité m'exaspère. L'insensibilité de la mer, l'immuabilité du spectacle me révoltent... Ah, faut-il

enough life to take pleasure in my transformation: to work all day or at least *as long as my strength will allow*: trust in God, that is to Justice itself, for the success of my plans: every evening, another prayer to ask God for life and strength for my mother and me: to divide all the money I make into four parts—one for daily expenses, one for my creditors, one for my friends, and one for my mother:—to observe the strictest principles of sobriety, beginning with the suppression of all excitants, whatever their nature.

Paris Spleen

The Artist's Confiteor

Ends of autumn days, how penetrating they are—painfully so! for there are certain delectable sensations whose vagueness in no way mitigates their intensity: and there is no keener point than that of the Infinite.

The delight of plunging one's gaze in the immensity of sky and sea! Solitude, silence, and a blue incomparably chaste! A tiny sail shivering on the horizon, whose smallness and isolation mimics my ineluctable existence, the moan of the monotonous surf, all these things think through me, or I think through them (for the *Self* is soon lost in the vastness of reverie!): they think, yes, but musically, visually, without quibbling, without syllogism or deduction.

But these thoughts, whether they rise in me or spring from things, presently grow too intense. The sheer energy of voluptuous feeling gives rise to an unease, a positive sense of suffering. My nerves overstretched can only quiver with pain and complaint.

And now the depth of the sky dismays, its clarity exasperates me. The insensible sea, the whole immutable scene revolts me. Nature, pitiless sorceress, forever

éternellement souffrir, ou fuir éternellement le beau? Nature, enchanteresse sans pitié, rivale toujours victorieuse, laisse-moi! Cesse de tenter mes désirs et mon orgueil. L'étude du beau est un duel où l'artiste crie de frayeur avant d'être vaincu.

La Chambre Double

Une chambre qui ressemble à une rêverie, une chambre véritablement *spirituelle*, où l'atmosphère stagnante est légèrement teintée de rose et de bleu.

L'âme y prend un bain de paresse, aromatisé par le regret et le désir. — C'est quelque chose de crépusculaire, de bleuâtre et de rosâtre; un rêve de volupté pendant une éclipse.

Les meubles ont des formes allongées, prostrées, alanguies. Les meubles ont l'air de rêver; on les dirait doués d'une vie somnambulique, comme le végétal et le minéral. Les étoffes parlent une langue muette, comme les fleurs, comme les ciels, comme les soleils couchants.

Sur les murs nulle abomination artistique. Relativement au rêve pur, à l'impression non analysée, l'art défini, l'art positif est un blasphème. Ici tout a la suffisante clarté et la délicieuse obscurité de l'harmonie.

Une senteur infinitésimale du choix le plus exquis, à laquelle se mêle une très-légère humidité, nage dans cette atmosphère où l'esprit sommeillant est bercé par des sensations de serre chaude.

La mousseline pleut abondamment devant les fenêtres et devant le lit; elle s'épanche en cascades neigeuses. Sur ce lit est couchée l'Idole, la souveraine des rêves. Mais comment est-elle ici? Qui l'a amenée? quel pouvoir magique l'a installée sur ce trône de rêverie et de volupté? Qu'importe, la voilà! je la reconnais.

Voilà bien ces yeux dont la flamme traverse le crépuscule; ces subtiles et terribles *mirettes* que je reconnais à leur effrayante malice. Elles attirent, elles subjuguent, elles dévorent le regard de l'imprudent qui les contemple. Je les ai souvent etudiées, ces étoiles noires qui commandent la curiosité et l'admiration.

À quel démon bienveillant dois-je d'être ainsi

victorious opponent, leave me alone. Give up tempting
my desires and my pride! The study of beauty is a duel
in which the artist cries out in terror before he is
defeated.

A Room and Its Double

A room like a reverie, a truly *spiritual* room, where the
still air is faintly tinted blue and rose.

Here the mind can take a bath of idleness, aroma-
tized with regret and longing.—There is something
crepuscular, bluish and rosy about it: a voluptuous
dream in an eclipse.

The furniture's shapes languish in prostrate length.
Each thing seems to dream: as though endowed with
a sleeping life, vegetable or mineral. The hangings and
draperies breathe a mute language, like flowers, skies,
setting suns.

On the walls no artistic horrors: in relation to pure
dream, unanalyzed impressions, the positive definition
of art is blasphemy. Here, all is a harmony of just-
sufficient light and delicious obscurity.

A scent infinitely slight and subtle mingled with a
faintest humidity, hovers in the atmosphere, where the
slumbrous mood is lulled by hot-house sensations.

Muslin falls in abundant folds from the windows and
before the bed: it spreads in snowy cascades. On the
bed reposes the Idol, the queen of dreams. But how is
she here? Who brought her? What magic power has
set her on the throne of voluptuousness and dream?
No matter. Here she is, and I recognize her.

I know those eyes whose flame traverses the dusk:
subtle and terrible *piercers*. I recognize their fearful
malice! They attract, dominate and devour the gaze
rash enough to rest on them. I have often studied those
black stars that insist on curious and admiring looks.

What good-natured demon am I to thank for being

entouré de mystère, de silence, de paix et de parfum?
O béatitude! ce que nous nommons généralement la vie,
même dans son expansion la plus heureuse, n'a rien de
commun avec cette vie suprême dont j'ai maintenant
connaissance et que je savoure minute par minute,
seconde par seconde!

Non, il n'est plus de minutes, il n'est plus de
secondes! Le temps a disparu; c'est l'Éternité qui
règne, une éternité de délices!

Mais un coup terrible, lourd, a retenti à la porte, et,
comme dans les rêves infernaux, il m'a semblé que je
recevais un coup de pioche dans l'estomac.

Et puis un Spectre est entré. C'est un huissier qui
vient me torturer au nom de la loi; une infâme concubine qui vient crier misère et ajouter les trivialités de
sa vie aux douleurs de la mienne; ou bien le saute-
ruisseau d'un directeur de journal qui réclame la suite
du manuscrit.

La chambre paradisiaque, l'idole, la souveraine des
rêves, la *Sylphide*, comme disait le grand René, toute
cette magie a disparu au coup brutal frappé par le
Spectre.

Horreur! je me souviens, je me souviens! Oui, ce
taudis, ce séjour de l'éternel ennui, est bien le mien.
Voici les meubles sots, poudreux, écornés; la cheminée
sans flamme et sans braise, souillée de crachats; les
tristes fenêtres où la pluie a tracé des sillons dans la
poussière; les manuscrits, raturés ou incomplets;
l'almanach où le crayon a marqué les dates sinistres...

Et ce parfum d'un autre monde, dont je m'enivrais
avec une sensibilité perfectionnée, hélas! il est remplacé
par une fétide odeur de tabac mêlée à je ne sais quelle
nauséabonde moisissure. On respire ici maintenant
le ranci de la désolation.

Dans ce monde étroit, mais si plein de dégoût, un
seul objet connu me sourit: la fiole de laudanum; une
vieille et terrible amie; comme toutes les amies, hélas!
féconde en caresses et en traîtrises.

Oh, oui! le Temps a reparu; le Temps règne en
souverain maintenant, et avec le hideux vieillard est

thus surrounded with mystery, silence, peace and perfume. Beatitude! What we generally call life, even in its happiest expansion, has nothing in common with the supreme life which I am now conscious of, as I savour it minute by minute, second by second.

No, there are no more minutes or seconds: Time has vanished: Eternity is what now reigns, an eternity of delight.

But a ponderous, terrible blow resounds against the door, and just as in dreams of hell, I feel what seems like the blow of a pickaxe in my stomach.

And then in comes a Spectre: a bailiff, sent to torture me in the name of the law; an infamous concubine come to cry poverty and pile the vulgar miseries of her life on the wretchedness of mine; or an editor's errand-boy to clamour for the next instalment of a manuscript.

The paradisal room, the idol, the queen of dreams, the *Sylphide*, as the great René called her, the whole magic has gone at the brutal knock given by the Spectre.

Horror! Yes, I recognize this den, this abode of endless boredom, as certainly being mine. The same stupid, dusty, dog-eared furnishings: the fireplace empty of flame or ember, soiled with spittle; the gloomy windows where the rain has traced furrows in the soot; the scripts cancelled or unfinished; the calendar where the days of reckoning are marked in pencil!

And that other-world perfume that so intoxicated my perfected sense, alas, is usurped by a fetid reek of tobacco mixed with an indefinably nauseous smell of mould. Rancid desolation is the smell now to be breathed.

In this cramped world, full though it is with objects of disgust, one thing alone seems to smile at me: the vial of laudanum: an old and terrifying mistress: like all of them, alas, prodigal of caresses and betrayals.

Oh yes, Time has come back: Time reigns supreme now: and the hideous old dotard has brought back with him his whole demoniac retinue of Memories,

revenu tout son démoniaque cortège de Souvenirs, de
Regrets, de Spasmes, de Peurs, d'Angoisses, de
Cauchemars, de Colères et de Névroses.

Je vous assure que les secondes maintenant sont
fortement et solennellement accentuées, et chacune, en
jaillissant de la pendule, dit: "Je suis la Vie, l'insupportable, l'implacable Vie!"

Il n'y a qu'une Seconde dans la vie humaine qui ait
mission d'annoncer une bonne nouvelle, la *bonne
nouvelle* qui cause à chacun une inexplicable peur.

Oui, le Temps règne: il a repris sa brutale dictature.
Et il me pousse comme si j'étais un bœuf, avec son
double aiguillon. — "Et hue donc, bourrique! Sue
donc, esclave! Vis donc, damné!"

La Belle Dorothée

Le soleil accable la ville de sa lumière droite et terrible;
le sable est éblouissant et la mer miroite. Le monde
stupéfié s'affaisse lâchement et fait la sieste, une sieste
qui est une espèce de mort savoureuse où le dormeur, à
demi éveillé, goûte les voluptés de son anéantissement.

Cependant, Dorothée, forte et fière comme le soleil,
s'avance dans la rue déserte, seule vivante à cette heure
sous l'immense azur, et faisant sur la lumière une tache
éclatante et noire.

Elle s'avance, balançant mollement son torse si mince
sur ses hanches si larges. Sa robe de soie collante, d'un
ton clair et rose, tranche vivement sur les ténèbres de sa
peau et moule exactement sa taille longue, son dos
creux et sa gorge pointue.

Son ombrelle rouge, tamisant la lumière, projette sur
son visage sombre le fard sanglant de ses reflets.

Le poids de son énorme chevelure presque bleue tire
en arrière sa tête délicate et lui donne l'air triomphant
et paresseux. De lourdes pendeloques gazouillent
secrètement à ses mignonnes oreilles.

De temps en temps la brise de mer soulève par le
coin sa jupe flottante et montre sa jambe luisante et
superbe; et son pied, pareil aux pieds des déesses de
marbre que l'Europe enferme dans ses musées, imprime

Regrets, Spasms, Fears, Anxieties, Nightmares, Angers and Neuroses.

I can assure you that every second now is heavily and solemnly accentuated, and each, as it leaps from the clock, says: "I am Life, intolerable and implacable Life."

There's only one Second in human life whose mission is to bring good news, the *good news* that inspires everyone with an inexplicable fear.

Yes! Time reigns; it has resumed its brutal dictatorship. And it drives me, as though I were an ox, with its double goad. "Gee up, donkey! Sweat, you slave! Live, and be damned!"

Lovely Dorothea

The town lies stunned beneath the vertical and ruthless sun: the sand dazzles and the sea glitters. The world has collapsed, stupefied, and sunk into a siesta: a sort of death, but full of savour to the half-conscious sleeper who enjoys a voluptuous sense of annihilation.

Nevertheless, Dorothea, strong and erect as the sun, walks down the empty street, alone alive at this hour under the immense blue sky, a dark and vivid stain against the light.

She moves with a soft swaying of her very slender torso on her very wide hips. Her dress of clinging silk, bright rose, vividly clashes with her dark skin, and moulds her long, slender waist, her hollow spine, and her pointed breasts.

Her red parasol, filtering the sun, casts a sanguine glow on her shadowy features.

The weight of her voluminous, almost blue, hair draws back the delicate head, giving her an air of indolent pride. Heavy pendants tinkle secretively at her delicate ears.

Now and then a sea-breeze lifts a corner of her dress revealing a splendid, gleaming leg, and her foot, like the marble feet of goddesses whom we in Europe lock away in museums, faithfully prints its shape in the sand. For

fidèlement sa forme sur le sable fin. Car Dorothée est si prodigieusement coquette que le plaisir d'être admirée l'emporte chez elle sur l'orgueil de l'affranchie, et, bien qu'elle soit libre, elle marche sans souliers.

Elle s'avance ainsi, harmonieusement, heureuse de vivre et souriant d'un blanc sourire, comme si elle apercevait au loin dans l'espace un miroir reflétant sa démarche et sa beauté.

À l'heure où les chiens eux-mêmes gémissent de douleur sous le soleil qui les mord, quel puissant motif fait donc aller ainsi la paresseuse Dorothée, belle et froide comme le bronze?

Pourquoi a-t-elle quitté sa petite case si coquettement arrangée, dont les fleurs et les nattes font à si peu de frais un parfait boudoir; où elle prend tant de plaisir à se peigner, à fumer, à se faire éventer ou à se regarder dans le miroir de ses grands éventails de plumes, pendant que la mer, qui bat la plage à cent pas de là, fait à ses rêveries indécises un puissant et monotone accompagnement, et que la marmite de fer, où cuit un ragoût de crabes au riz et au safran, lui envoie du fond de la cour ses parfums excitants?

Peut-être a-t-elle un rendez-vous avec quelque jeune officier qui, sur des plages lointaines, a entendu parler par ses camarades de la célèbre Dorothée. Infailliblement elle le priera, la simple créature, de lui décrire le bal de l'Opéra, et lui demander si on peut y aller pieds nus, comme aux danses du dimanche, où les vieilles cafrines elles-mêmes deviennent ivres et furieuses de joie; et puis encore si les belles dames de Paris sont toutes plus belles qu'elle.

Dorothée est admirée et choyée de tous, et elle serait parfaitement heureuse si elle n'était obligée d'entasser piastre sur piastre pour racheter sa petite sœur qui a bien onze ans, et qui est déjà mûre, et si belle! Elle réussira sans doute, la bonne Dorothée; le maître de l'enfant est si avare, trop avare pour comprendre une autre beauté que celle des écus!

Dorothea is such a prodigious coquette that the pleasure of being admired overcomes her pride in being free, and though no slave, she walks barefoot.

She walks, a thing of harmony, rejoicing in life, her teeth gleaming white in a smile, as though she saw far off in space a mirror reflecting her mien, and her beauty.

At an hour when the very dogs whine their complaint at the sun's penetrating heat, what urgent purpose can thus drive lazy Dorothea to be out walking, lovely and cool as bronze?

Why has she left her little hut, so coquettishly arranged with flowers and mats that cost so little and make it a perfect boudoir, where she revels in combing her hair, smoking, fanning herself or gazing at her image in the glass of her great feather fans, whilst the sea a hundred yards off beating on the beach, makes a strong and monotonous accompaniment to her vague dreams, and the iron pot holding a stew of crabs with rice and saffron, sends from the back of the yard an appetising smell?

Perhaps she has a rendez-vous with some young officer who, on faraway shores, heard his comrades talking of Dorothea. Inevitably, simple soul, she will ask him to describe the Opera, and enquire if you can go to it barefoot, as you do to the Sunday dances, where even the old Kaffir women get drunk and go wild with exaltations; then again she'll ask if Paris beauties are all more beautiful than she.

Dorothea is admired and petted by all, and she would be perfectly happy if only she didn't have to save the piastres to buy out her little sister, who is eleven, and already ripe, and so lovely! No doubt good Dorothea will succeed in her aim. The girl's owner is such a miser, too much so to value any beauty but that of gold coins!

Enivrez-vous

Il faut être toujours ivre. Tout est là: c'est l'unique question. Pour ne pas sentir l'horrible fardeau du Temps qui brise vos épaules et vous penche vers la terre, il faut vous enivrer sans trêve.

Mais de quoi? De vin, de poésie, de vertu, à votre guise. Mais enivrez-vous.

Et si quelquefois sur les marches d'un palais, sur l'herbe verte d'un fossé, dans la solitude morne de votre chambre, vous vous éveillez, l'ivresse déjà diminué ou disparue, demandez au vent, à la vague, à l'étoile, à l'oiseau, à l'horloge, à tout ce qui fuit, à tout ce qui gémit, à tout ce qui roule, à tout ce qui chante, à tout ce qui parle, demandez quelle heure il est; et le vent, la vague, l'étoile, l'oiseau, l'horloge, vous répondront: "Il est l'heure de s'enivrer! Pour n'être pas les esclaves martyrisés du Temps, enivrez-vous sans cesse! De vin, de poésie ou de vertu, à votre guise."

Laquelle est la Vraie?

J'ai connu une certaine Bénédicta, qui remplissait l'atmosphère d'idéal, et dont les yeux répandaient le désir de la grandeur, de la beauté, de la gloire et de tout ce qui fait croire à l'immortalité.

Mais cette fille miraculeuse était trop belle pour vivre longtemps; aussi est-elle morte quelques jours après que j'eus fait sa connaissance et c'est moi-même qui l'ai enterrée, un jour que le printemps agitait son encensoir jusque dans les cimetières. C'est moi qui l'ai enterrée, bien close dans une bière d'un bois parfumé et incorruptible comme les coffres de l'Inde.

Et comme mes yeux restaient fichés sur le lieu ou était enfoui mon trésor, je vis subitement une petite personne qui ressemblait singulièrement à la défunte, et qui, piétinant sur la terre fraîche avec une violence hystérique et bizarre, disait en éclatant de rire: "C'est moi la vraie Bénédicta! C'est moi, une fameuse canaille! Et pour la punition de ta folie et de ton aveuglement, tu m'aimeras telle que je suis!"

Get Drunk

Always be drunk: That is the whole question. In order
not to feel the horrible burden of Time breaking your
shoulders and stooping you earthwards, you must be
intoxicated without cease.

But what on? Wine, poetry, virtue, as you please.
But be drunk.

And if sometimes, on the steps of a palace, on the
green sward by a moat, in the dreary solitude of your
room, you wake up, your intoxication already dimin-
ished or vanished, ask the wind, the wave, the star, the
bird, the clock, ask anything that flies, anything that
moans, that rolls, sings, or talks, ask what is the time:
and wind, wave, bird, clock, all will reply: "It is time
to get drunk! So as not to be the martyred slaves of
Time, be drunk without ceasing." On wine, poetry, or
virtue, as you please.

Which Is the Real One?

I knew a certain Benedicta, who radiated an atmosphere
of the ideal, whose eyes brimmed with the longing for
greatness, glory, and everything that makes us believe
in immortality.

But the miraculous girl was too lovely to live long;
and so she died some days after I made her acquaint-
ance, and it was I myself who buried her, one day
when spring had begun to swing its censer, even in
churchyards. It was I myself who buried her, locked
up in a coffin of perfumed wood as incorruptible as
the caskets of India.

And while my eyes remained fixed on the place
where my treasure lay buried, I saw suddenly a small
personage, with a peculiar resemblance to the deceased,
and who, trampling the fresh clay with weird and
hysterical vehemence, kept saying with howls of laughter:
"*I* am the real Benedicta. Yes, appalling guttersnipe
though I be! And to punish your folly and blindness,
you will love me as I am!"

Mais moi, furieux, j'ai répondu: "Non, non, non!"
Et pour mieux accentuer mon refus, j'ai frappé si
violemment la terre du pied que ma jambe s'est
enfoncée jusqu'au genou dans la sépulture récente, et
que, comme un loup pris au piège, je reste attaché,
pour toujours peut-être, à la fosse de l'idéal.

Le Miroir

Un homme épouvantable entre et se regarde dans la
glace.

"— Pourquoi vous regardez-vous au miroir, puisque
vous ne pouvez vous y voir qu'avec déplaisir?"

L'homme épouvantable me répond: "— Monsieur,
d'après les immortels principes de '89, tous les hommes
sont égaux en droits; donc je possède le droit de me
mirer; avec plaisir ou déplaisir, cela ne regarde que ma
conscience."

Au nom du bon sens, j'avais sans doute raison; mais,
au point de vue de la loi, il n'avait pas tort.

Le Galant Tireur

Comme la voiture traversait le bois, il la fit arrêter
dans le voisinage d'un tir, disant qu'il lui serait agréable
de tirer quelques balles pour *tuer* le temps. Tuer ce
monstre-la, n'est-ce pas l'occupation la plus ordinaire
et la plus légitime de chacun? — Et il offrit galamment
la main à sa chère, délicieuse et exécrable femme, à
cette mystérieuse femme à laquelle il doit tant de
plaisirs, tant de douleurs, et peut-être aussi une grande
partie de son génie.

Plusieurs balles frappèrent loin du but proposé; l'une
d'elles s'enfonça même dans le plafond; et comme la
charmante créature riait follement, se moquant de la
maladresse de son époux, celui-ci se tourna brusquement
vers elle, et lui dit: "Observez cette poupée, là-bas, à
droite, qui porte le nez en l'air et qui a la mine si
hautaine. Eh bien! cher ange, *je me figure que c'est
vous.*" Et il ferma les yeux et il lâcha la détente. La
poupée fut nettement décapitée.

Alors s'inclinant vers sa chère, sa délicieuse, son

"No, no, no!" I retorted with rage. And to emphasise my denial, I stamped so violently that my leg sank into the recent grave up to the knee: and that is why, like a wolf in a trap, I remain fixed, perhaps forever, in the graveyard of the ideal.

The Mirror

A frightful-looking man comes in and considers himself in the looking-glass.

"Why do you look at yourself in the mirror, since it cannot possibly be of any pleasure to you?"

The frightful-looking man retorts: "Sir, according to the immortal principles of 1789, all men have equal rights: so I have the right to look at myself: whether I enjoy it or not is a matter for my own conscience."

In the name of common sense, I was no doubt right: but from the point of view of the law, he was not in the wrong.

The Gallant Marksman

As the carriage was traversing the wood, he ordered it to stop close by a shooting-gallery, remarking that he'd like to fire a few shots, just to *kill* the Time. Isn't killing that monster the most habitual and the most justifiable of all occupations?—And gallantly he offered his hand to his dear, delightful and damnable wife, that mysterious wife to whom he owes so many pleasures, so many sorrows, and perhaps too a large part of his genius.

Several bullets went very wide of the chosen mark: one even buried itself in the ceiling: and seeing that the charming creature laughed wildly at her spouse's lack of address, he turned on her abruptly and said: "D'you see that doll down there, on the right, with her nose in the air and her hoity-toity expression? Well, my angel, I am *going to imagine she is you.*" And he shut his eyes and released the trigger. The doll was instantly beheaded.

Then bowing to his dear, delicious, and damnable

exécrable femme, son inévitable et impitoyable Muse, et lui baisant respectueusement la main, il ajouta: "Ah, mon cher ange, combien je vous remercie de mon adresse!"

Assommons les Pauvres!

Pendant quinze jours je m'étais confiné dans ma chambre, et je m'étais entouré des livres à la mode dans ce temps-là (il y a seize ou dix-sept ans); je veux parler des livres où il est traité de l'art de rendre les peuples heureux, sages et riches, en vingt-quatre heures. J'avais donc digéré — avalé, veux-je dire — toutes les élucubrations de tous ces entrepreneurs de bonheur public, — de ceux qui conseillent à tous les pauvres de se rendre esclaves, et de ceux qui leur persuadent qu'ils sont tous des rois détrônés. — On ne trouvera pas surprenant que je fusse alors dans un état d'esprit avoisinant le vertige ou la stupidité.

Il m'avait semblé seulement que je sentais, confiné au fond de mon intellect, le germe obscur d'une idée supérieure à toutes les formules de bonne femme dont j'avais récemment parcouru le dictionnaire. Mais ce n'était que l'idée d'une idée, quelque chose d'infiniment vague.

Et je sortis avec une grande soif. Car le goût passioné des mauvaises lectures engendre un besoin proportionnel du grand air et des rafraîchissements.

Comme j'allais entrer dans un cabaret, un mendiant me tendit son chapeau, avec un de ces regards inoubliables qui culbuteraient les trônes, si l'esprit remuait la matière, et si l'œil d'un magnétiseur faisait mûrir les raisins.

En même temps, j'entendis une voix qui me chuchotait à l'oreille, une voix que je reconnus bien; c'était celle d'un bon Ange, ou d'un bon Démon, qui m'accompagne partout. Puisque Socrate avait son bon Démon pourquoi n'aurais-je pas mon bon Ange, pourquoi n'aurais-je pas l'honneur, comme Socrate, d'obtenir mon brevet de folie, signé du subtil Lélut et du bien-avisé Baillarger?

wife, his inescapable and pitiless Muse, and respectfully kissing her hand, he added: "Ah, my angel, how grateful I am to you for my marksmanship!"

Let's Slaughter the Poor!

For a fortnight I had kept to my room, having surrounded myself with the fashionable books of that time (this was sixteen or seventeen years ago): I mean the books that explain how to make the peoples of the world happy, wise and rich in twenty-four hours. So, I had digested—or swallowed down, shall I say?—all the elucubrations of all the undertakers of public happiness —those who advise the poor to become willing slaves, and those who prove to them that they are all dethroned monarchs.—It is hardly surprising if I had by then reached a state of mind bordering on distraction or stupor.

But still it seemed as though I felt, locked in the depths of my intellect, the obscure germ of some idea far superior to all the housewife's recipes whose whole repertoire I had just been running through. But it was extremely vague, a mere notion of a notion.

And I went out, very thirsty—since a passion for reading bad books generates an equal need for the open air and refreshing drinks.

And I was just about to enter a bar when a beggar held out his cap to me, with one of those unforgettable looks that might overturn thrones, if mind moved matter, or if a hypnotist's eye could ripen grapes.

At the same moment I heard a voice I knew well whispering at my ear: it was the voice of a good Angel, or Demon, who goes with me everywhere. If Socrates had his good Demon, why shouldn't I have my good Angel, why shouldn't I, like Socrates, be honoured with a certificate of madness—signed by the subtle Lélut or the enlightened Baillarger?

There is this difference between the Demon of Socrates and mine: his would only manifest itself for the purpose of forbidding, warning, preventing, whereas

Il existe cette différence entre le Démon de Socrate et le mien, que celui de Socrate ne se manifestait à lui que pour défendre, avertir, empêcher, et que le mien daigne conseiller, suggérer, persuader. Ce pauvre Socrate n'avait qu'un Démon prohibiteur; le mien est un grand affirmateur, le mien est un Démon d'action, ou Démon de combat.

Or, sa voix me chuchotait ceci: "Celui-là seul est l'égal d'un autre, qui le prouve, et celui-là seul est digne de la liberté, qui sait la conquérir."

Immédiatement je sautai sur mon mendiant. D'un seul coup de poing, je lui bouchai un œil, qui devint, en une seconde, gros comme une balle. Je cassai un de mes ongles à lui briser deux dents, et comme je ne me sentais pas assez fort, étant né délicat et m'étant peu exercé à la boxe, pour assommer rapidement ce vieillard, je le saisis d'une main par le collet de son habit, de l'autre je l'empoignai à la gorge, et je me mis à lui secouer vigoureusement la tête contre un mur. Je dois avouer que j'avais préalablement inspecté les environs d'un coup d'œil, et que j'avais vérifié que, dans cette banlieue déserte, je me trouvais, pour un assez long temps, hors de la portée de tout agent de police.

Ayant ensuite, par un coup de pied lancé dans le dos, assez énergique pour briser les omoplates, terrassé ce sexagénaire affaibli, je me saisis d'une grosse branche d'arbre qui traînait à terre, et je le battis avec l'énergie obstinée des cuisiniers qui veulent attendrir un beefsteak.

Tout à coup, — O miracle, O jouissance du philosophe qui vérifie l'excellence de sa théorie! — je vis cette antique carcasse se retourner, se redresser avec une énergie que je n'aurais jamais soupçonnée dans une machine si singulièrement détraquée et, avec un regard de haine qui me parut de *bon augure*, le malandrin décrépit se jeta sur moi, me pocha les deux yeux, me cassa quatre dents, et, avec la même branche d'arbre, me battit dru comme plâtre. — Par mon énergique médication je lui avais donc rendu l'orgueil et la vie.

Alors je lui fis force signes pour lui faire comprendre que je considérais la discussion comme finie, et me

mine is prepared to advise, suggest, and persuade. Poor Socrates only had a Demon of prohibition: mine is a great one for affirmation, a Demon for action, combat.

What his voice now whispered was this: "He alone is the equal of another who can prove it, and he alone is worthy of liberty who knows how to use it."

At once I leapt at my beggar. With one punch I blocked up an eye which swelled in a second like a balloon. In smashing two of his teeth I managed to break one of my nails, and,—not feeling strong enough, being of delicate constitution and with little practice at boxing, to knock the old man out with despatch—I grabbed the collar of his coat with one hand, took him by the throat with the other, and began to beat his head vigorously against a wall. I should mention that I had first given a careful glance around to make sure that, in this deserted quarter, I would be outside the range of the police for a reasonable length of time.

Then, thanks to a kick in the back vigorous enough to break his shoulder-blades, having got the enfeebled sixty-year-old on the ground, I seized hold of a tree-branch that happened to be lying there, and I belaboured him with all the obstinate energy of a cook seeking to tenderize a steak.

All at once—oh miracle, oh joy of the philosopher who feels the excellence of his hypothesis verified!—I saw this ancient carcase turn on me, get up with an energy I should never have expected from so very rickety a machine, and with a look of hatred that seemed to me of *good augury*, the decrepit old vagabond flung himself at me, blacked both my eyes, broke four of my teeth, and with that very same branch, beat me until I was stiff as plaster.—Thanks to my vigorous prescription, I had given him back his pride and vitality.

So I showed him by many signs that I now considered the discussion was closed, and getting up with all the

relevant avec la satisfaction d'un sophiste du Portique,
je lui dis: "Monsieur, *vous êtes mon égal!* veuillez me
faire l'honneur de partager avec moi ma bourse; et
souvenez-vous, si vous êtes réellement philanthrope,
qu'il faut appliquer à tous vos confrères, quand ils
vous demanderont de l'aumône, la théorie que j'ai eu
la *douleur* d'essayer sur votre dos."

Il m'a bien juré qu'il avait compris ma théorie, et
qu'il obéirait à mes conseils.

L'Étranger

Qui aimes-tu le mieux, homme énigmatique, dis? ton
père, ta mère, ta sœur ou ton frère?

— Je n'ai ni père, ni mère, ni sœur, ni frère.

— Tes amis?

— Vous vous servez là d'une parole dont le sens
m'est resté jusqu'à ce jour inconnu.

— Ta patrie?

— J'ignore sous quelle latitude elle est située.

— La beauté?

— Je l'aimerais volontiers, déesse et immortelle.

— L'or?

— Je le hais comme vous haïssez Dieu.

— Eh! qu'aimes-tu donc, extraordinaire étranger?

— J'aime les nuages... les nuages qui passent...
là-bas... là-bas... les merveilleux nuages!

self-satisfaction of a sophist of the Porch, I said:
"Sir, *you are now my equal!* will you please pay me the
honour of sharing my purse with me: and always
remember, if you are a true philanthropist, that you
must apply to all your fellows, whenever they beg you
for alms, the theory which I took the *pains* to test out
on your back."

He assured me that he thoroughly understood my
theory, and that he would follow my advice.

The Man from Nowhere

"Man of enigmas, tell me, whom do you love most?
Your father, your mother, your brother or sister?

—I have neither father, mother, sister, nor brother.

—Your friends?

—That is a word whose meaning has always escaped
me to this day.

—Your country?

—I don't know in what latitude it lies.

—Beauty?

—I would love her willingly, as goddess and immortal.

—Gold?

—I hate it as you do God.

—Well then, what do you love, you extraordinary
unknown?

—I love the clouds—the clouds as they pass . . . over
there . . . see? . . . the marvellous clouds!"

MALLARMÉ

Salut

Rien, cette écume, vierge vers
À ne désigner que la coupe;
Telle loin se noie une troupe
De sirènes mainte à l'envers.

Nous naviguons, ô mes divers
Amis, moi déjà sur la poupe
Vous l'avant fastueux qui coupe
Le flot de foudres et d'hivers;

Une ivresse belle m'engage
Sans même craindre son tangage
De porter debout ce salut

Solitude, récif, étoile
À n'importe ce qui valut
Le blanc souci de notre toile.

Le Pitre Châtié

1864

Pour ses yeux, — pour nager dans ces lacs, dont les
    quais
Sont plantés de beaux cils qu'un matin bleu pénètre,
J'ai, Muse — moi, ton pitre — enjambé la fenêtre
Et fui notre baraque où fument tes quinquets.

Et d'herbes enivré, j'ai plongé comme un traître
Dans ces lacs défendus et, quand tu m'appelais,
Baigné mes membres nus dans l'onde aux blancs galets,
Oubliant mon habit de pitre au tronc d'un hêtre.

Le soleil du matin séchait mon corps nouveau
Et je sentais fraîchir loin de la tyrannie
La neige des glaciers dans ma chair assainie,

Ne sachant pas, hélas! quand s'en allait sur l'eau
La suif de mes cheveux et le fard de ma peau,
Muse, que cette crasse était tout mon génie!

Hail

A nothing, this froth, a virgin verse
Seen inverted, a siren troop
Plunging far off in the seascape,
Incised in the goblet's glass;

We are voyaging, oh my diverse
Dear friends, I now on the poop,
You in the stately prow whose shape
Pierces the sea's thunderous winters;

A tipsy glory gives me leave,
No matter though the vessel may heave,
To raise on high my glass and hail

The reef, the star, or solitude,
Whatever it was our white sail
Drove us on to feel we valued.

The Player Punished

(First version, March, 1864, Tournon)

For her eyes' sake—to swim in those lakes whose banks
Are planted with fine lashes where a blue dawn gleams,
I—your puppet, oh Muse—have slipped through the
   window
And fled from your booth and its smoky oil lamps.

And drunk with the grasses, I've plunged like a truant,
In those forbidden lakes, not heeding your call,
Bathing my naked limbs in the pebble-clear pool,
My clown's habit abandoned on the branch of a beech.

The morning sunshine dried my body renewed,
And escaped from your tyranny I could feel
My being cooled, cleansed by the snow of glaciers,

Not guessing, alas, as the water carried away
My skin's grease-paint and the stain from my hair,
That all that dross, Muse, was in fact my genius!

Le Pitre Châtié

1886

Yeux, lacs avec ma simple ivresse de renaître
Autre que l'histrion qui du geste évoquais
Comme plume la suie ignoble des quinquets,
J'ai troué dans le mur de toile une fenêtre.

De ma jambe et des bras limpide nageur traître,
À bonds multipliés, reniant le mauvais
Hamlet! c'est comme si dans l'onde j'innovais
Mille sépulcres pour y vierge disparaître.

Hilare or de cymbale à des poings irrité,
Tout à coup le soleil frappe la nudité
Qui pure s'exhala de ma fraîcheur de nacre,

Rance nuit de la peau quand sur moi vous passiez,
Ne sachant pas, ingrat! que c'était tout mon sacre,
Ce fard noyé dans l'eau perfide des glaciers.

Tristesse d'Été

Le soleil, sur le sable, ô lutteuse endormie,
En l'or de tes cheveux chauffe un bain langoureux
Et, consumant l'encens sur ta joue ennemie,
Il mêle avec les pleurs un breuvage amoureux.

De ce blanc Flamboiement l'immuable accalmie
T'a fait dire, attristée, ô mes baisers peureux,
"Nous ne serons jamais une seule momie
Sous l'antique désert et les palmiers heureux!"

Mais ta chevelure est une rivière tiède
Où noyer sans frissons l'âme qui nous obsède
Et trouver ce Néant que tu ne connais pas.

Je goûterai le fard pleuré par tes paupières,
Pour voir s'il sait donner au cœur que tu frappas
L'insensibilité de l'azur et des pierres.

The Player Punished

(*Final version, 1886*)

Eyes, lakes of my sheer longing to be reborn
Other than the poor puppet whose gestures evoke
A plume from the sooty flare of the oil-lamp's smoke,
I've made a window of escape in the canvas torn.

With limpid arms and legs in continual motion
A fickle swimmer, I abjure that second-rate
Hamlet! and seem as though I innovate
An endless watery tomb in which to vanish virgin.

Jubilant gold of a cymbal under fists quivering,
The sun strikes suddenly upon the naked thing
Exhaled pure and cool from my nacreous shell,

Rancid night of the skin while you passed over me
Ungrateful, unaware that all my sacred skill
Was that paint washed off by the cold lake's treachery.

Sorrow in Summer

The sunlight on the sand, oh you who struggle with
    sleep,
Warms a languorous bath in the gold of your hair,
And burning up the scent of your enemy cheek
Blends a love potion from your drying tear.

This dazzling white Blaze, unchangingly calm,
Oh my timorous kisses, saddened, made you speak,
"It cannot be, no one mummy will ever assume
Us two, in the desert's ancient palmy magic."

Yet your hair itself is a river of warmth
To drown without a qualm the soul haunting us both,
And attain that Oblivion you cannot know!

Let me taste the liquor wept from your eyelid
And see if it can give a heart stricken by you
The indifference of stones and the sky's void.

Brise Marine

La chair est triste, hélas! et j'ai lu toùs les livres.
Fuir! là-bas fuir! Je sens que des oiseaux sont ivres
D'être parmi l'écume inconnue et les cieux!
Rien, ni les vieux jardins reflétés par les yeux
Ne retiendra ce cœur qui dans la mer se trempe
O nuits! ni la clarté déserte de ma lampe
Sur le vide papier que la blancheur défend
Et ni la jeune femme allaitant son enfant.
Je partirai! Steamer balançant ta mâture,
Lève l'ancre pour une exotique nature!
Un Ennui, désolé par les cruels espoirs,
Croit encore à l'adieu suprême des mouchoirs!
Et peut-être les mâts, invitant les orages
Sont-ils de ceux qu'un vent penche sur les naufrages
Perdus, sans mâts, sans mâts, ni fertiles îlots...
Mais, ô mon cœur, entends le chant des matelots!

Sonnet

(*Pour votre chère morte, son ami*)
2 Novembre 1877

— "Sur les bois oubliés quand passe l'hiver sombre
Tu te plains, ô captif solitaire du seuil,
Que ce sépulcre à deux qui fera notre orgueil
Hélas! du manque seul des lourds bouquets s'encombre.

Sans écouter Minuit qui jeta son vain nombre,
Une veille t'exalte à ne pas fermer l'œil
Avant que dans les bras de l'ancien fauteuil
Le suprême tison n'ait éclairé mon Ombre.

Qui veut souvent avoir la Visite ne doit
Par trop de fleurs charger la pierre que mon doigt
Soulève avec l'ennui d'une force défunte.

Âme au si clair foyer tremblante de m'asseoir,
Pour revivre il suffit qu'à tes lèvres j'emprunte
Le souffle de mon nom murmuré tout un soir."

Sea Breeze

The flesh is weary, alas, and I've read everything.
Away! Let me escape to where birds on the wing
Are crazed with joy of release to strange foams and
   skies.
Not even the gleam of old gardens on the eyes
Can hold back a heart that leaps at the sea's surge,
Not even night's solitude on the lamplit edge
Of the sheet whose whiteness still holds emptiness fast,
Not even the young wife with baby at the breast.
Go I must! Rocked under your rigging, steamboat,
Weigh your anchor for some nature unknown, remote,
A sickness cruelly stripped by hopes come to grief
Still believes in the flutter of a farewell handkerchief.
And it may even be that the masts, luring storms,
Are such as the gale will bend over drowning dreams
Of the lost, mastless, boatless, far from fertile shores.
—But listen, heart, listen to the chanting of the sailors.

Sonnet

(*For your beloved dead, from her friend*)
2 November 1877

"When winter breathes darkness on the forgotten wood,
You fret, solitary captive at the fireside,
Because this grave for two, which will be our pride,
Feels only the absence of the wreaths' heavy load.

Midnight chimed its empty stroke, you never heard
In your exalted vigil, waiting open-eyed
Until in the ancient armchair's conscious void
The fire's final embers might reveal my Shade.

Who longs to be visited at times must never
Lay too many flowers on the stone my finger
Lifts with all the weariness of a force extinct.

Soul trembling to sit by so bright a fire,
All I need to live again is to hear my name linked
To your breathing lips, murmured hour after hour."

157

Cantique de Saint Jean

Le soleil que sa halte
Surnaturelle exalte
Aussitôt redescend
    Incandescent

Je sens comme aux vertèbres
S'éployer des ténèbres
Toutes dans un frisson
    À l'unisson

Et ma tête surgie
Solitaire vigie
Dans les vols triomphaux
    De cette faux

Comme rupture franche
Plutôt refoule ou tranche
Les anciens désaccords
    Avec le corps

Qu'elle de jeûnes ivre
S'opiniâtre à suivre
En quelque bond hagard
    Son pur regard

Là-haut où la froidure
Éternelle n'endure
Que vous le surpassiez
    Tous ô glaciers

Mais selon un baptême
Illuminé au même
Principe qui m'élut
    Penche un salut.

Hymn of Saint John

The sun whose tropic halt
Midsummer fires exalt,
His burning bourn extends
    And sheer descends.

I feel within me grown
Mysterious unison
Of thronged vertebral shadows
    Uplift a rose.

My head swimming in brightness,
A solitary witness
Of the sun's triumphal, steep
    And scything sweep,

Effects a clean divorce
With the body's troubled course,
Solving the carnal hindrance
    With severance;

And, dizzy with fasting, rears
Through space's empty years,
In unimpeded flight
    Towards the height

Where the eternal cold
Slides through the sun's hold,
Transcending regions icier
    Than glacier,

But receives, by the same right
As mine, baptismal light,
And bends me a blue, remote,
    Dazzling salute.

L'Après-Midi d'un Faune

Églogue

Le Faune

Ces nymphes, je les veux perpétuer.
$$\text{Si clair}$$
Leur incarnat léger, qu'il voltige dans l'air
Assoupi de sommeils touffus.
$$\text{Aimai-je un rêve?}$$
Mon doute, amas de nuit ancienne, s'achève
En maint rameau subtil, qui, demeuré les vrais
Bois mêmes, prouve, hélas! que bien seul je m'offrais
Pour triomphe la faute idéale de roses.

Réfléchissons...
$$\text{ou si les femmes dont tu gloses}$$
Figurent un souhait de tes sens fabuleux!
Faune, l'illusion s'échappe des yeux bleus
Et froids, comme une source en pleurs, de la plus chaste:
Mais, l'autre tout soupirs, dis-tu qu'elle contraste
Comme brise du jour chaude dans ta toison!
Que non! par l'immobile et lasse pâmoison
Suffoquant de chaleurs le matin frais s'il lutte,
Ne murmure point d'eau que ne verse ma flûte
Au bosquet arrosé d'accords; et le seul vent
Hors des deux tuyaux prompt à s'exhaler avant
Qu'il disperse le son dans une pluie aride,
C'est, à l'horizon pas remué d'une ride,
Le visible et serein souffle artificiel
De l'inspiration, qui regagne le ciel.

O bords Siciliens d'un calme marécage
Qu'à l'envi des soleils ma vanité saccage,
Tacite sous les fleurs d'étincelles, CONTEZ
"Que je coupais ici les creux roseaux domptés
Par le talent; quand, sur l'or glauque de lointaines
Verdures dédiant leur vigne à des fontaines,
Ondoie une blancheur animale au repos:
Et qu'au prélude lent où naissent les pipeaux
Ce vol de cygnes, non! de naïades se sauve
Ou plonge..."

160

Afternoon of a Faun

Eclogue

The Faun

I want these nymphs to be perpetual.

                                  So clear
Their subtle flesh tones, they hover in the air
Charged with bosky slumber.

                            Did I make love to a dream?
My doubt, shadowing ancient darkness, stems
Into many a slender branch, and these being real
And living trees prove, alas, my triumphal
Orgy was the ideal absence of roses in my mind.

Pause, consider . . .

                         Suppose the shapes you scanned
Were simply the urge of your own fabulous senses,
Faun . . . the illusion sheds from the cold blue eyes
Like a welling spring, of the chaster of the two:
But the other all amorous sighs, did she not blow
Like the sunny wind of day in your fleecy mane?
No! . . . In this languorous, motionless swoon
Stifling the struggling cool dawn with its heat,
No drop of water murmurs but what my flute
Sprinkles in music over the thicket; and the only wind
Beyond the twin pipes ready to exhale in sound
Before dispersing it in a brittle rain
Is, on the horizon which no wrinkling line
Disturbs, the breath visibly artful and serene
Of inspiration, rising to heaven again.

Oh Sicilian banks of a calm marshy pool
Pillaged by my vanity outdoing the sun at will,
Mute under your blossoming sparkles: TELL HOW
It was here I cut the tamed reeds, made hollow
By my skill: when on the golden, remote yet glaucous
Leafage consecrated in the water's glass,
There undulates a drowsy animal whiteness:
And at the slow prelude awakening the birds' pipes
A flight of swans—no, of naiads—escapes
Or dives under . . .

Inerte, tout brûle dans l'heure fauve
Sans marquer par quel art ensemble détala
Trop d'hymen souhaité de qui cherche le *la*:
Alors m'éveillerai-je à la ferveur première,
Droit et seul, sous un flot antique de lumière,
Lys! et l'un de vous tous pour l'ingénuité.

Autre que ce doux rien par leurs lèvres ébruité,
Le baiser, qui tout bas des perfides assure,
Mon sein, vierge de preuve, atteste une morsure
Mystérieuse, due à quelque auguste dent;
Mais, bast! arcane tel élut pour confident
Le jonc vaste et jumeau dont sous l'azur on joue:
Qui, détournant à soi le trouble de la joue
Rêve, dans un solo long, que nous amusions
La beauté d'alentour par des confusions
Fausses entre elle-même et notre chant crédule;
Et de faire aussi haut que l'amour se module
Évanouir du songe ordinaire de dos
Ou de flanc pur suivis avec mes regards clos,
Une sonore, vaine et monotone ligne.

Tâche donc, instrument des fuites, ô maligne
Syrinx, de refleurir aux lacs où tu m'attends!
Moi, de ma rumeur fier, je vais parler longtemps
Des déesses, et par d'idolâtres peintures,
À leur ombre enlever encore des ceintures:
Ainsi, quand des raisins j'ai sucé la clarté,
Pour bannir un regret par ma feinte écarté,
Rieur, j'élève au ciel d'été la grappe vide
Et, soufflant dans ses peaux lumineuses, avide
D'ivresse, jusqu'au soir je regarde au travers.

O nymphes, regonflons des SOUVENIRS divers.
"Mon œil, trouant les joncs, dardait chaque encolure
Immortelle, qui noie en l'onde sa brûlure
Avec un cri de rage au ciel de la forêt;
Et le splendide bain de cheveux disparaît
Dans les clartés et les frissons, ô pierreries!
J'accours; quand, à mes pieds, s'entrejoignent (meurtries
De la langueur goûtée à ce mal d'être deux)

        At this fierce hour all burns inert,
Without revealing by what ruse they took flight,
That nubile riches dreamed by the studious player
Pitching his A: now I'll wake to that sensual fire,
Erect, alone, under a flood of primal radiance,
Lilies! One of you all in naked incandescence.

Beyond the gentle nothing their lips murmured
In a caress that leaves their perfidy assured,
My breast, bare of proof, still attests a mysterious
Bite left by the noble print of a sacred kiss.
But hush! So deep a secret could only choose
The great twin-pipe which, in the blue, one plays:
Transforming to its will a distracting cheek's rose
It dreams in a long solo of how, for diversion
Of the beauty all round, it devised a confusion
Between their living selves and our credulous song,
And rises as high as the voice of love can ring,
Transfiguring the mundane dream of a shoulder
Or pure thigh luring the half-shut gaze to wander
To a sounding, vain, and never-ending line.

Try then, singer of flights and pursuits, malign
Syrinx, to re-blossom on lakes where you await me:
I, in the pride of my sound, oh goddesses, let me
Talk of you: and picturing them on the idolatrous eye,
Let me ungirdle those shadows as they glide by:
For when from a grape-cluster I've sucked all the sun
(In order to banish a newly shrugged-off chagrin),
Laughing I lift their void to the shining blue
And eager for ecstasy, sit and gaze through
Their luminous skins until daylight dies.

Oh nymphs, let us re-swell various MEMORIES:
"My eye piercing the reeds scanned each immortal
Neck drowning the burn of a kiss in the pool,
With a shriek of anger rising to the forest's ceiling;
And the glorious bath of hair vanishes in a ring
Of brilliant ripples and shivers, its jewelry!
I run: —when interlaced at my feet I see
A sleeping pair, lonely in their chance embrace

Des dormeuses parmi leurs seuls bras hasardeux;
Je les ravis, sans les désenlacer, et vole
À ce massif, haï par l'ombrage frivole,
De roses tarissant tout parfum au soleil,
Où notre ébat au jour consumé soit pareil.''

Je t'adore, courroux des vierges, ô délice
Farouche du sacré fardeau nu qui se glisse
Pour fuir ma lèvre en feu buvant, comme un éclair
Tressaille! la frayeur secrète de la chair:
Des pieds de l'inhumaine au cœur de la timide
Que délaisse à la fois une innocence, humide
De larmes folles ou de moins tristes vapeurs.
"Mon crime, c'est d'avoir, gai de vaincre ces peurs
Traîtresses, divisé la touffe échevelée
De baisers que les dieux gardaient si bien mêlée;
Car, à peine j'allais cacher un rire ardent
Sous les replis heureux d'une seule (gardant
Par un doigt simple, afin que sa candeur de plume
Se teignît à l'émoi de sa sœur qui s'allume,
La petite, naïve, et ne rougissant pas:)
Que de mes bras, défaits par de vagues trépas,
Cette proie, à jamais ingrate se délivre
Sans pitié du sanglot dont j'étais encore ivre.''

Tant pis! vers le bonheur d'autres m'entraîneront
Par leur tresse nouée aux cornes de mon front:
Tu sais, ma passion, que, pourpre et déjà mûre,
Chaque grenade éclate et d'abeilles murmure;
Et notre sang, épris de qui le va saisir,
Coule pour tout l'essaim éternel du désir.
À l'heure où ce bois d'or et de cendres se teinte
Une fête s'exalte en la feuillée éteinte:
Etna! c'est parmi toi visité de Vénus
Sur ta lave posant ses talons ingénus,
Quand tonne un somme triste où s'épuise la flamme.
Je tiens la reine!

> O sûr chatiment...

> > Non, mais l'âme
De paroles vacante et ce corps alourdi

(Aching with the sense of languor at being two)
I carry off both, still entwined, and fly
To this thicket of roses burning their perfume dry
(Hated by the fickle shadows) an offering to the sun;
Here our sport can burn with the day until done."

I adore, tormented, wrathful virgins, the wild
Joy of the precious naked burden that slides
To escape my mouth on fire drinking in a kiss
Like lightning the secret terror of the flesh:
From timorous feet to still unyielding heart
Abandoned in a trice by innocence, and wet
With useless tears—or a moisture less sad.
"My crime, gay with conquest over these timid
Deceivers is with a few kisses to have separated
The hair of the two which the gods had not parted.
For as soon as I stopped to hide the heat of my laugh
In the happy nooks of one of them (my fingers grasped
Still on the other, so that her swan-like candour
Might be fired by the passion of her sister
—That blushless, innocent-eyed younger one)
When my forever ungrateful prey slipped down
From my arms, loosened by a vague sense of death,
Unheeding the sob of joy I was still drunk with.

Ah, but others will lead me off to happiness,
Each horn of my brow wound with a pulling tress.
My passion, you sense how, ripe with excess of rose
Each pomegranate bursts open and hums with bees,
And all our blood, enamoured of its imminent fire
Swarms with the continual current of desire.
At the hour when trees are embers touched with gold,
A festival flares through the fading leafage—Behold
Etna! You where Aphrodite once appeared
Where, on your lava, her candid feet trod,
While thunder threatened within, flame-consumed.
I've snatched love's queen!

Sacrilege . . .

But my mind
Speechless now, and my body growing heavy

Tard succombent au fier silence de midi:
Sans plus il faut dormir en l'oubli du blasphême,
Sur le sable altéré gisant et comme j'aime
Ouvrir ma bouche à l'astre efficace des vins!

Couple, adieu; je vais voir l'ombre que tu devins.

Sainte

À la fenêtre recélant
Le santal vieux qui se dédore
De sa viole étincelant
Jadis avec flûte ou mandore,

Est la Sainte pâle, étalant
Le livre vieux qui se déplie
Du Magnificat ruisselant
Jadis selon vêpre et complie:

À ce vitrage d'ostensoir
Que frôle une harpe par l'Ange
Formée avec son vol du soir
Pour la délicate phalange

Du doigt que, sans le vieux santal
Ni le vieux livre, elle balance
Sur le plumage instrumental,
Musicienne du silence.

Toast Funèbre

O de notre bonheur, toi, le fatal emblème!

Salut de la démence et libation blême,
Ne crois pas qu'au magique espoir du corridor
J'offre ma coupe vide où souffre un monstre d'or!
Ton apparition ne va pas me suffire:
Car je t'ai mis, moi-même, en un lieu de porphyre.
Le rite est pour les mains d'éteindre le flambeau
Contre le fer épais des portes du tombeau:

Surrender to the slow pride of mid-day.
Enough, let me sleep now, hubris forgot,
On the thirsty sand, and how I love to let
My mouth feel the starry wine's efficient flame.

Farewell, both: now I'll see the dreams you became.

Saint

In the window half-revealing
The old sandalwood's gilt now worn
Away from her viol once glittering
Bright as the flute or mandolin,

Appears the pale Saint displaying
The ancient missal laid open
Where the Magnificat's notes are flowing
Along the words of vespers or compline:

Gleaming with a monstrance light
The window shows a feathery harp
Of a wing unfurled for evening flight
Offered to the delicate tip

Of her finger ignoring the viol
And the ancient text askance,
But playing on the feathers of the angel,
Musician of perfect silence.

Funereal Toast

Ah, of our happiness here you fatal paradigm!

Pallid libation poured out by madness's whim,
Do not imagine I offer, in the magic hope
Of seeing your apparition, this empty, gilded cup
Where a dragon suffers. No ghost could satisfy,
For I have seen you locked away in porphyry.
The ritual is to extinguish the torch's flame
Against the impenetrable iron of the tomb.

Et l'on ignore mal, élu pour notre fête
Très-simple de chanter l'absence du poète,
Que ce beau monument l'enferme tout entier:
Si ce n'est que la gloire ardente du métier,
Jusqu'à l'heure commune et vile de la cendre,
Par le carreau qu'allume un soir fier d'y descendre,
Retourne vers les feux du pur soleil mortel!

Magnifique, total et solitaire, tel
Tremble de s'exhaler le faux orgueil des hommes.
Cette foule hagarde! elle annonce: Nous sommes
La triste opacité de nos spectres futurs.
Mais le blason des deuils épars sur de vains murs
J'ai méprisé l'horreur lucide d'une larme,
Quand, sourd même à mon vers sacré qui ne l'alarme
Quelqu'un de ces passants, fier, aveugle et muet,
Hôte de son linceul vague, se transmuait
En le vierge héros de l'attente posthume.
Vaste gouffre apporté dans l'amas de la brume
Par l'irascible vent des mots qu'il n'a pas dits,
Le néant à cet Homme aboli de jadis:
"Souvenirs d'horizons, qu'est-ce, ô toi, que la Terre?"
Hurle ce songe; et, voix dont la clarté s'altère,
L'espace a pour jouet le cri: "Je ne sais pas!"

Le Maître, par un œil profond, a, sur ses pas,
Apaisé de l'éden l'inquiète merveille
Dont le frisson final, dans sa voix seule, éveille
Pour la Rose et le Lys le mystère d'un nom.
Est-il de ce destin rien qui demeure, non?
O vous tous, oubliez une croyance sombre.
Le splendide génie éternel n'a pas d'ombre.
Moi, de votre désir soucieux, je veux voir,
À qui s'évanouit hier, dans le devoir
Idéal que nous font les jardins de cet astre,
Survivre pour l'honneur du tranquille désastre
Une agitation solennelle par l'air
De paroles, pourpre ivre et grand calice clair,
Que, pluie et diamant, le regard diaphane
Resté là sur ces fleurs dont nulle ne se fane,
Isole parmi l'heure et le rayon du jour!

And how can we ignore, assembled to celebrate
Quite simply the singing absence of the poet,
That this fine monument encloses him entire?
Unless it be that the glory of our craft of fire
Enduring until the poor cinders' common end
Returns, like a blazing evening proud to descend
In the window's eye, to salute our mortal sun!

Magnificent, total, and solitary, none
Of mankind's false pride could dare to die this way.
Poor, frantic throng!—it murmurs, What thing are we?
Only the dreary density of our ghosts-to-be.
But amid the vain walls hung with black blazonry,
I refused the lucid horror of a tear
When, deaf even to my offered verse, devoid of fear,
One of these passers-by, proud, blind and dumb,
Guest of his own anonymous shroud, slowly became
The virgin hero of death's afterlife.
Gulf of the vast flung up by the foggy strife,
The irritable wind of words he never uttered,
The void addresses this Man whom time has interred:
"Memories of skies, you there, tell, what is the Earth?"
The nightmare howls, and in a voice dimmed by death,
Space toys with the answering cry: "I do not know!"

The Master, with his deep eye and even flow
Of pace, has quieted Eden's restless magic
So that its final quiver, in his sole voice, may wake
The Lily and Rose to the mystery of a name.
Then how, of such a destiny, can nothing remain?
Ah, forget your sombre credence here below.
Genius shines forever without a shadow.
And in response to your longing, let me reveal
Him, who vanished just now from the Ideal
Task imposed on us by our earthly gardens here,
Still surviving to honour our quiet, fallen sphere,
In a solemn troubling of the attentive air
With speech: wild dazzling crimson, chalice of clear
Light which, rain and diamond, the lucent gaze
Ever resting on those flowers where none fades
Transfixes within the hour and light of day!

C'est de nos vrais bosquets déjà tout le séjour,
Où le poète pur a pour geste humble et large
De l'interdire au rêve, ennemi de sa charge:
Afin que le matin de son repos altier,
Quand la mort ancienne est comme pour Gautier
De n'ouvrir pas les yeux sacrés et de se taire,
Surgisse, de l'allée ornement tributaire,
Le sépulcre solide où gît tout ce qui nuit,
Et l'avare silence et la massive nuit.

Prose

pour des Esseintes

Hyperbole! de ma mémoire
Triomphalement ne sais-tu
Te lever, aujourd'hui grimoire
Dans un livre de fer vêtu:

Car j'installe, par la science,
L'hymne des cœurs spirituels
En l'œuvre de ma patience,
Atlas, herbiers et rituels.

Nous promenions notre visage
(Nous fûmes deux, je le maintiens)
Sur maints charmes de paysage,
O sœur, y comparant les tiens.

L'ère d'autorité se trouble
Lorsque, sans nul motif, on dit
De ce midi que notre double
Inconscience approfondit

Que, sol des cent iris, son site,
Ils savent s'il a bien été,
Ne porte pas de nom que cite
L'or de la trompette d'Été.

Oui, dans une île que l'air charge
De vue et non de visions

Of our real groves this is yet the entire stay,
Whereby the pure poet's gesture, humble and large,
Shuts out vague unvoiced dreams, foe to his charge:
So that, on the morrow of his exalted peace
When death, as now for Gautier, is an old release
For the sacred eyes closed, and the lips sealed,
There, in some graveyard walk, may rise revealed
The solid sepulchre holding all that can blight
In its devouring silence and its massive night.

Prose

for Des Esseintes

Hyperbole! from my memory
Have you at last triumphantly learned
To rise, a book of gramarie
Dressed in a volume iron-bound:

For by my science I instal
The hymn of spiritual hearts
In the labour of my patient will,
Atlas, herbal, or book of hours.

We were promenading our gaze
(For I maintain that we were two)
Over many a landscape's beauties,
Sister, comparing them to you.

The era of authority
Grows troubled if without a cause
We dare to say of this noonday
Our twin unconsciousness discerned

Knowing well that it did exist,
Though that flowery territory
Bears no name to be found in the lists
Of the herald trumpeting summer's glory.

Yes, in an isle the air loads
With real seeing and not visions

Toute fleur s'étalait plus large
Sans que nous en devisions

Telles, immenses, que chacune
Ordinairement se para
D'un lucide contour, lacune
Qui des jardins la sépara.

Gloire du long désir, Idées
Tout en moi s'exaltait de voir
La famille des iridées
Surgir à ce nouveau devoir

Mais cette sœur sensée et tendre
Ne porta son regard plus loin
Que sourire et, comme à l'entendre
J'occupe mon antique soin.

Oh! sache l'Esprit de litige,
A cette heure où nous nous taisons,
Que de lis multiples la tige
Grandissait trop pour nos raisons

Et non comme pleure la rive,
Quand son jeu monotone ment
À vouloir que l'ampleur arrive
Parmi mon jeune étonnement

D'ouïr tout le ciel et la carte
Sans fin attestés sur mes pas,
Par le flot même qui s'écarte,
Que ce pays n'exista pas.

L'enfant abdique son extase
Et docte déjà par chemins
Elle dit le mot: Anastase!
Né pour d'éternels parchemins,

Avant qu'un sépulcre ne rie
Sous aucun climat, son aïeul,
De porter ce nom: Pulchérie!
Caché par le trop grand glaïeul.

Every flower enlarged its blossom
Beyond all self-conflicting versions

So immense that each in turn
As if through some routine was dressed
In a lacuna, a halo of sun
Singling it out from all the rest.

Glory of the endless longing, Ideas,
My whole being exulted to see
That iridaceous family all
Surging in strength to their new duty,

But tender and wise, that sister of mine
Stretched her gaze no further than
A smile, and understandingly
I cultivate my old concern.

Oh, let the litigious spirit know
At this, now our silent season,
The stem of those multiple lilies grew
Gigantic beyond all our reason,

And not as the striving shore weeps
When its tedious lie fails, though meant
To lure the full tide to sweep
Into my young astonishment

At hearing the whole sky and the map,
By the flood itself as it withdraws,
Attested at my every step,
That this territory never was.

The child renouncing her ecstasy
Grown learned in life's wayward gifts,
Murmurs the word: Anastasie!
Born for eternal manuscripts,

So that no tomb might ever laugh
In any world ancestral to this
To bear the name Beauty, cenotaph
Half-hid by the over-weening iris.

Autre Éventail

de Mademoiselle Mallarmé

O rêveuse, pour que je plonge
Au pur délice sans chemin,
Sache, par un subtil mensonge,
Garder mon aile dans ta main.

Une fraîcheur de crépuscule
Te vient à chaque battement
Dont le coup prisonnier recule
L'horizon délicatement.

Vertige! voici que frissonne
L'espace comme un grand baiser
Qui, fou de naître pour personne
Ne peut jaillir ni s'apaiser.

Sens-tu le paradis farouche
Ainsi qu'un rire enseveli
Se couler du coin de ta bouche
Au fond de l'unanime pli!

Le sceptre des rivages roses
Stagnants sur les soirs d'or, ce l'est,
Ce blanc vol fermé que tu poses
Contre le feu d'un bracelet.

Remémoration d'Amis Belges

À des heures et sans que tel souffle l'émeuve
Toute la vétusté presque couleur d'encens
Comme furtive d'elle et visible je sens
Que se dévêt pli selon pli la pierre veuve

Flotte ou semble par soi n'apporter une preuve
Sinon d'épandre pour baume antique le temps
Nous immémoriaux quelques-uns si contents
Sur la soudaineté de notre amitié neuve

A Fan for His Daughter

Child, dreamer, that I may wind
A wayless path of pure delight,
Learn by the most delicate sleight
To keep my wing-tip in your hand.

A coolness, a breath of dusk
Comes to you with every beat
Whose imprisoned fluttering makes
The sky's distance palpitate.

See how dizzily space can swoon
Shivering like a giant kiss
That, wild at being born for no-one,
May neither close nor be at peace.

Feel the wild paradise retreat
Within the secret smile that escapes
Leapt from the parting of your lips
Into the fan's unanimous pleat!

This sceptre of the shores of rose,
Stilled above the golds of sunset,
Is the white, folded flight you poise
Against the fires of your bracelet.

A Remembrance of Friends in Belgium

At certain hours and with never a breath to trouble
All that ancientry pale as incense in tone
(I feel as though fold echoing fold the widowed stone
Revealed itself all-secretive yet sensible)

Floats or seems of itself to bring no token
Except to diffuse time like a reverend sheen
(We all unmindful some of us so serene)
Upon the friendship we felt suddenly quicken

O très chers rencontrés en le jamais banal
Bruges multipliant l'aube au défunt canal
Avec la promenade éparse de maint cygne

Quand solennellement cette cité m'apprit
Lesquels entre ses fils un autre vol désigne
À prompte irradier ainsi qu'aile l'esprit.

Quand l'ombre menaça . . .

Quand l'ombre menaça de la fatale loi
Tel vieux Rêve, désir et mal de mes vertèbres,
Affligé de périr sous les plafonds funèbres
Il a ployé son aile indubitable en moi.

Luxe, ô salle d'ébène où, pour séduire un roi
Se tordent dans leur mort des guirlandes célèbres,
Vous n'êtes qu'un orgueil menti par les ténèbres
Aux yeux du solitaire ébloui de sa foi.

Oui, je sais qu'au lointain de cette nuit, la Terre
Jette d'un grand éclat l'insolite mystère
Sous les siècles hideux qui l'obscurcissent moins.

L'espace à soi pareil qu'il s'accroisse ou se nie
Roule dans cet ennui des feux vils pour témoins
Que s'est d'un astre en fête allumé le génie.

Le Vierge, le Vivace et le Bel Aujourd'hui

Le vierge, le vivace et le bel aujourd'hui
Va-t-il nous déchirer avec un coup d'aile ivre
Ce lac dur oublié que hante sous le givre
Le transparent glacier des vols qui n'ont pas fui!

Un cygne d'autrefois se souvient que c'est lui
Magnifique mais qui sans espoir se délivre
Pour n'avoir pas chanté la région où vivre
Quand du stérile hiver a resplendi l'ennui.

Oh dear ones whom I met in Bruges the never banal
Multiplying its dawn in the dead-still canal
With the diverging lines of many a voyaging swan

When that city revealed to me with solemn greetings
Those among her sons whom other flights may design
To irradiate and startle thought as though with wings.

When darkness menaced . . .

When darkness menaced with its daily finality
Some old Dream, ache of my bones, desire that grows
A stubborn wing, stricken by the funereal windows,
Resigned to hope, it folded itself to sleep in me.

Luxury, ebony room where, fit to soothe majesty,
Wreaths of fame writhe in stilling death-throes,
Yours is a glory only denied by these shadows
To lonely eyes dazzled by what they cannot see.

Yes, I know how, remote from this night, the Earth
Flings a mysterious radiance, startling as a birth,
To where the squalid centuries obscure it less.

Space—being only space, let it contract or stretch—
Has filled its dull void with vassal flames to witness
How the mind caught fire from a star's beyond reach.

Today . . .

This hard lake forgot, haunted beneath its frost
—Will today in its beauty, vigour, virginity
With one wild wing-beat break the ice, set free
The translucent glacier of flights never released!

A swan of another era recalls how it is he
Who must resign himself, magnificent yet captive,
For never having sung that region where to live
When sterile winter dazzles with its inanity.

Tout son col secouera cette blanche agonie
Par l'espace infligé à l'oiseau qui le nie,
Mais non l'horreur du sol où le plumage est pris.

Fantôme qu'à ce lieu son pur éclat assigne,
Il s'immobilise au songe froid de mépris
Que vêt parmi l'exil inutile le Cygne.

Victorieusement fui le suicide . . .

Victorieusement fui le suicide beau
Tison de gloire, sang par écume, or, tempête!
O rire si là-bas une pourpre s'apprête
À ne tendre royal que mon absent tombeau.

Quoi! de tout cet éclat pas même le lambeau
S'attarde, il est minuit, à l'ombre qui nous fête
Excepté qu'un trésor présomptueux de tête
Verse son caressé nonchaloir sans flambeau,

La tienne si toujours le délice! la tienne
Oui seule qui du ciel évanoui retienne
Un peu de puéril triomphe en t'en coiffant

Avec clarté quand sur les coussins tu la poses
Comme un casque guerrier d'impératrice enfant
Dont pour te figurer il tomberait des roses.

Ses purs ongles très haut . . .

Ses purs ongles très haut dédiant leur onyx,
L'Angoisse, ce minuit, soutient, lampadophore,
Maint rêve vespéral brûlé par le Phénix
Que ne recueille pas de cinéraire amphore

Sur les crédences, au salon vide: nul ptyx,
Aboli bibelot d'inanité sonore
(Car le Maître est allé puiser des pleurs au Styx
Avec ce seul objet dont le Néant s'honore).

His whole neck's length will shudder under that snowy
Torture space inflicts on the bird who would deny
But cannot break the site that grips his feathers fast.

Assigned to this place by his white sheen, a ghost
Grows motionless in the icy dream of disdain
Worn in this useless exile by the swan.

Triumphally dispersed . . .

Triumphally dispersed that suicide radiant
Firebrand of glory, foaming blood, gold, storms!
Oh laugh to think that over there a purple forms
A royal pall for my tomb though non-existent.

What, out of all that blaze not even a remnant
Lingers, at midnight now, in our festal glooms,
Except that a daring treasure of a head presumes
To trail its caressed abandon, resplendent,

Yours it is, delight perpetual, yes, yours
Alone that may still hold from the vanished sky
That hint of childlike triumph your head wears

In its gold sheen when cushioned you let it lie,
The warrior helmet of your imperial childish poses
Whence to prefigure you tumbles a heap of roses.

Her pure nails high aloft . . .

Her pure nails high aloft dedicating their onyx,
Anguish, this midnight, sustains, lamp-bearer,
Many a vesperal dream consumed by the Phoenix
Laid to rest in no cinerary amphora

On the side-boards of the empty drawing room: no ptyx,
Abolished vase sounding inanity's rondure
(For the Master has gone to draw tears from Styx
With that sole object which the Void deigns to honour).

Mais proche la croisée au nord vacante, un or
Agonise selon peut-être le décor
Des licornes ruant du feu contre une nixe,

Elle, défunte nue en le miroir, encor
Que, dans l'oubli fermé par le cadre, se fixe
De scintillations sitôt le septuor.

Le Tombeau d'Edgar Poe

Tel qu'en Lui-même enfin l'éternité le change,
Le Poète suscite avec un glaive nu
Son siècle épouvanté de n'avoir pas connu
Que la mort triomphait dans cette voix étrange!

Eux, comme un vil sursaut d'hydre oyant jadis l'ange
Donner un sens plus pur aux mots de la tribu
Proclamèrent très haut le sortilège bu
Dans le flot sans honneur de quelque noir mélange.

Du sol et de la nue hostiles, ô grief!
Si notre idée avec ne sculpte un bas-relief
Dont la tombe de Poe éblouissante s'orne

Calme bloc ici-bas chu d'un désastre obscur
Que ce granit du moins montre à jamais sa borne
Aux noirs vols du Blasphème épars dans le futur.

Le Tombeau de Charles Baudelaire

Le temple enseveli divulgue par la bouche
Sépulcrale d'égout bavant boue et rubis
Abominablement quelque idole Anubis
Tout le museau flambé comme un aboi farouche

Ou que le gaz récent torde la mèche louche
Essuyeuse on le sait des opprobres subis
Il allume hagard un immortel pubis
Dont le vol selon le réverbère découche

But on the northwards-vacant casement, an or
Agonises heraldic perhaps to some decor
Of Unicorns rearing from the fire at a Nix's

Dead, naked form floating within the mirror,
While, in the window's framed oblivion, fixes
And still quivers the scintillating septuor.

The Tomb of Poe

To what he was in Himself eternity transforms
The Poet at last who with a naked blade aroused
The age, confounded now not to have recognized
How death in his strange voice sang its triumphal
    hymns.

They, like the stricken hydra hearing in former times
The angel purifying the tribal speech defiled,
Protested clamorously some trickery distilled
From the common black brew of drink's sordid streams.

Oh lightning enmity of earth and sky's grief,
If with the sense of that we carve no bas-relief
With which to inscribe its flash upon the tomb of Poe,

Calm block flung from heaven by a dark meteorite,
Let at least this granite be the ultimate limit to
All random future swoops of Calumny's black flight.

The Tomb of Charles Baudelaire

The subterranean temple divulges through a sepulchral
Mouth like a gutter oozing mud and rubies
An abominable idol some Anubis
All its muzzle inflamed baying infernal

Or if today's gaslight twists its sullen mantle
Sufferer all too plainly of enduring disgrace
Its haggard glare lights an immortal pubis
Doomed within that halo to flutter shelterless still

Quel feuillage séché dans les cités sans soir
Votif pourra bénir comme elle se rasseoir
Contre le marbre vainement de Baudelaire

Au voile qui la ceint absente avec frissons
Celle son Ombre même un poison tutélaire
Toujours à respirer si nous en périssons.

Toute l'Âme Résumée

Toute l'âme résumée
Quand lente nous l'expirons
Dans plusieurs ronds de fumée
Abolis en autres ronds

Atteste quelque cigare
Brûlant savamment pour peu
Que la cendre se sépare
De son clair baiser de feu

Ainsi le chœur des romances
À la lèvre vole-t-il
Exclus-en si tu commences
Le réel parce que vil

Le sens trop précis rature
Ta vague littérature

Triptyque

I

Tout Orgueil fume-t-il du soir,
Torche dans un branle étouffée
Sans que l'immortelle bouffée
Ne puisse à l'abandon surseoir!

La chambre ancienne de l'hoir
De maint riche mais chu trophée
Ne serait pas même chauffée
S'il survenait par le couloir.

What dried wreath in cities devoid of twilight
Could serve as votive offering worthier to lean
Against the marble vainly hiding Baudelaire

Than this absent form girt in a shivering veil
His very Shade a tutelary poison there
Always to be breathed in, even if we die of it.

The Whole Being Summed Up

The whole being summed up
When we slowly breathe it out
In a smoke-ring from the lip
Annulled by rings that follow it

Is evidence of some cigar
Sagely self-consuming pyre
As its ash falls clear
From a brightened kiss of fire

Just so a song's refrain
Floats effortless off the tongue
Banish from it if you begin
The common real that does it wrong

Too precise a sense will erase
The force of what your writing says

Triptych

I

All glory has a sunset flare,
A torch brandished and put out,
The immortal impulse never yet
Able that vanishing to defer.

The old room of the former heir,
Richly trophied but decrepit,
Could draw no warmth from that dim light
Should he appear through the corridor.

Affres du passé nécessaires
Agrippant comme avec des serres
Le sépulcre de désaveu,

Sous un marbre lourd qu'elle isole
Ne s'allume pas d'autre feu
Que la fulgurante console.

II

Surgi de la croupe et du bond
D'une verrerie éphémère
Sans fleurir la veillée amère
Le col ignoré s'interrompt.

Je crois bien que deux bouches n'ont
Bu, ni son amant ni ma mère,
Jamais à la même chimère,
Moi, sylphe de ce froid plafond.

Le pur vase d'aucun breuvage
Que l'inexhaustible veuvage
Agonise mais ne consent,

Naïf baiser des plus funèbres!
À rien expirer annonçant
Une rose dans les ténèbres.

III

Une dentelle s'abolit
Dans le doute du Jeu suprême
À n'entr'ouvrir comme un blasphème
Qu'absence éternelle de lit.

Cet unanime blanc conflit
D'une guirlande avec la même,
Enfui contre la vitre blême,
Flotte plus qu'il n'ensevelit.

Mais chez qui du rêve se dore
Tristement dort une mandore
Au creux néant musicien

Telle que vers quelque fenêtre
Selon nul ventre que le sien,
Filial on aurait pu naître.

The past's ineluctable despairs
Clinging as though with claws
To the sepulchre of disavowal,

Under the marble slab it frames
Now there are no other flames
Than the dull gleam of the console-table.

II

Risen from the curvet and the leap
Of an ephemeral thing of glass,
No flower for the bitter gaze to release,
The stem ignored comes to a stop.

I well believe no second lip
Has drunk, from mother or lover's face,
Ever at the same fount of caprice,
I, cold sylph of this ceiling's top.

The pure vessel of no drink known,
Devoid, inexhaustibly alone,
Agonizes and yet can not

(Naïve and most funereal kiss)
But with its nothingness breathe out
A rose gleaming in the darkness.

III

A lace curtain draws aside
Upon the lapse of the final guess
To reveal as though a blasphemous
Eternal absence of all bed.

This white conflict unified
Of garland with its like in lace
Drifting against the pallid glass
Is more afloat than deeply buried.

But he whose dreaming depths are pure
Dreams a sad suspended guitar
Sounding in hollow oblivion

And filial to no other womb
Towards some window may be born
Musically out of vacuum.

Quelle soie aux baumes de temps ...

Quelle soie aux baumes de temps
Où la Chimère s'exténue
Vaut la torse et native nue
Que, hors de ton miroir, tu tends!

Les trous de drapeaux méditants
S'exaltent dans notre avenue:
Moi, j'ai ta chevelure nue
Pour enfouir mes yeux contents.

Non! La bouche ne sera sûre
De rien goûter à sa morsure,
S'il ne fait, ton princier amant,

Dans la considérable touffe
Expirer, comme un diamant,
Le cri des Gloires qu'il étouffe.

M'introduire dans ton histoire ...

M'introduire dans ton histoire
C'est en héros effarouché
S'il a du talon nu touché
Quelque gazon de territoire

À des glaciers attentatoire
Je ne sais le naïf péché
Que tu n'auras pas empêché
De rire très haut sa victoire

Dis si je ne suis pas joyeux
Tonnerre et rubis aux moyeux
De voir en l'air que ce feu troue

Avec des royaumes épars
Comme mourir pourpre la roue
Du seul vespéral de mes chars

What ancient silk ...

What ancient silk embalmed in time
Where phantom chimeras fade
Can equal the braided, native cloud
You lean out of your mirror's rim?

The holes of lifted banners dream
Exalted in our avenue:
To my happy eyes your hair is due
Reward where I may bury them.

No! the mouth will never be sure
Of any savour in what it tastes
Unless your princely lover makes

Within your formidable tresses
Die like a diamond the cry
Of Glories he extinguishes.

Suppose I step ...

Suppose I step into your story
It's as a nervous hero amazed
At having with naked heel grazed
Some green turf of territory

Encroaching on a glacier's glory
I cannot tell what daring sin
Of mine even you cannot restrain
From laughing aloud in its victory

So have I not a right to my joys
With thundering axles flashing rubies
At seeing in the air this fire drills

Along with scattered phantom realms
Dying away in purple the wheels
Of my one chariot of evening dreams

Mes bouquins refermés ...

Mes bouquins refermés sur le nom de Paphos,
Il m'amuse d'élire avec le seul génie
Une ruine, par mille écumes bénie
Sous l'hyacinthe, au loin, de ses jours triomphaux.

Coure le vent avec ses silences de faulx,
Je n'y hululerai pas de vide nénie
Si ce très blanc ébat au ras du sol dénie
À tout site l'honneur du paysage faux.

Ma faim qui d'aucuns fruits ici ne se régale
Trouve en leur docte manque une saveur égale :
Qu'un éclate de chair humain et parfumant !

Le pied sur quelque guivre où notre amour tisonne,
Je pense plus longtemps peut-être éperdûment
À l'autre, au sein brûlé d'une antique amazone.

Igitur, ou la Folie d'Elbehnon (Extraits)

> Ce Conte s'adresse à l'Intelligence du lecteur qui met les choses en scène, elle-même.
>
> S.M.

(*Introduction*)

Quand les souffles de ses ancêtres veulent souffler la bougie, (grâce à laquelle peut-être subsistent les caractères du grimoire) — il dit, "Pas encore!"

Lui-même à la fin, quand les bruits auront disparu, tirera une preuve de quelque chose de grand (pas d'astres? le hasard annulé?) de ce simple fait qu'il peut causer l'ombre en soufflant sur la lumière. Puis — comme il aura parlé selon l'absolu, qui nie l'immor-

My volumes closed ...

My volumes closed once more upon the name of
   Paphos,
Let me beguile my mind's eye with genius alone
To evoke, blessed by myriad foams, some ruin
Under a far hyacinth sky's apotheosis.

Let the long wind sweep through scything silences,
I will not answer its howl with any empty keen,
Though flurries of dazzling white deny to any known
Site the glory of that landscape's genesis.

My thirst that has no fruits to feast its craving here
Finds in their learned lack a savour to compare:
Let but one of them burst its fragrant human flesh!

By love's fire, my foot pressed to its guardian dragon,
I muse for long and long, with an ever wilder wish,
On that other, burnt breast of an antique amazon.

Selections from
Igitur, or Elbehnon's Folly

*(Draft of an unfinished work
written 1867–70, and first
published posthumously in 1925.)*

> This Tale is addressed to the reader's
> Intelligence, which re-enacts and
> stages things of its own accord. S.M.

(Introduction)

When the breaths of his ancestors seek to blow out the
candle (thanks to which perhaps the characters of the
magic book subsist) he says, "Not yet!"

    In the end he himself, when all sounds have vanished,
will draw a proof of something great (what, no stars?
chance annulled?) from the simple fact that he can
cause darkness by blowing out the candle. Then—as he
will have spoken in terms of the absolute, which denies

talité — l'absolu existera en dehors — lune, au-dessus
du temps: et il soulèvera les rideaux, en face.

À peu près ce qui suit:

Minuit sonne — le Minuit où doivent être jetés les
dés. Igitur descend les escaliers, de l'esprit humain, va au
fond des choses: en "absolu" qu'il est. Tombeaux —
cendres (pas sentiment, ni esprit) neutralité. Il récite la
prédiction et fait le geste... moi projeté absolu. Devais
finir en Infini. Simplement parole et geste. Quant à ce
que je vous dis; pour expliquer ma vie: rien ne restera
de vous. — L'Infini échappe à la famille, qui en a
souffert. Elle a eu raison de le nier, — sa vie — pour
qu'il ait été l'absolu. Ceci devait avoir lieu dans les
combinaisons de l'Infini vis-à-vis de l'Absolu. Folie
utile. Un des actes de l'univers vient d'être commis là.
Plus rien; restait le souffle, fin de parole et geste unis
— souffle la bougie de l'être, par quoi tout a été.

Minuit

Certainement subsiste une présence de Minuit. L'heure
n'a pas disparu par un miroir, ne s'est pas enfouie en
tentures, évoquant un ameublement par sa vacante
sonorité. Je me rappelle que son or allait feindre en
l'absence un joyau nul de rêverie, riche et inutile survivance, sinon que sur la complexité marine et stellaire
d'une orfèvrerie se lisait le hasard infini des conjonc-
tions.

Révélateur du Minuit, il n'a jamais alors indiqué
pareille conjoncture, car voici l'unique heure qu'il ait
créée; et que de l'Infini se séparent et les constellations
et la mer, demeurées, en l'extériorité, de réciproques
néants, pour en laisser l'essence, à l'heure unie, faire le
présent absolu des choses.

Et du Minuit demeure la présence en la vision d'une
chambre du temps où le mystérieux ameublement arrête
un vague frémissement de pensée, lumineuse brisure du
retour de ses ondes et de leur élargissement premier,
cependant que s'immobilise (dans une mouvante limite)

immortality—the absolute will exist outside—a moon above time—and he will raise the curtains facing him.

Rough outline of what follows:

Midnight strikes—that Midnight when the die must be cast. Igitur descends the stairs of the human mind, down to the depths of things: as the "absolute" which he is. Tombs . . . neutral ashes (no feeling, no mind). He recites the prediction and performs the act . . . I am projected, absolute. I had to end in the infinite. Simply a word and an act. As to what I am telling you, to explain my life, nothing of you will remain. The infinite finally escapes from the family, which has suffered from it. The family had good reason to deny it—his life—so that he might be absolute. This had to happen, among the combinations of Infinity in relation to the Absolute. Useful folly. One of the acts of the universe has thus been committed. Nothing more . . . there remained the breath, end of word and gesture in one—he blows out the candle of being, whereby all things have existed.

Midnight

Certainly a presence of Midnight subsists. The hour has not yet disappeared through a mirror, has not buried itself in hangings, evoking a furnished interior by its vacant sonority. I recall that its gold was about to simulate in absence a null jewel of reverie, rich and useless survival, had it not been that upon the marine and stellar complexity of goldsmith's workmanship, the infinite hazard of conjunctures could clearly be seen.

Revealer of Midnight, it has never then indicated an identical conjuncture, for this is the unique time which it has created; and, from the Infinite, the waters and the constellations separate, and remain external, reciprocal voids, in order to allow their essence, at the unified hour, to create the absolute present of things.

And of Midnight there remains the presence, in the vision of a room in time, where the mysterious furniture arrests a vague tremor of thought, luminous collision of its returning waves and their first release, whilst (within a moving limit) the earlier place of the fall of the hour

la place antérieure de la chute de l'heure en un calme narcotique de *moi* pur longtemps rêvé ; mais dont le temps est résolu en des tentures sur lesquelles s'est arrêté, les complétant de sa splendeur, le frémissement amorti, dans de l'oubli, comme une chevelure languissante, autour du visage éclairé de mystère, aux yeux nuls pareils au miroir, de l'hôte, dénué de toute signification que de présence.

C'est le rêve pur d'un Minuit, en soi disparu, et dont la Clarté reconnue, qui seule demeure au sein de son accomplissement plongé dans l'ombre, résume sa stérilité sur la pâleur d'un livre ouvert que présente la table ; page et décor ordinaires de la Nuit, sinon que subsiste encore le silence d'une antique parole proférée par lui, en lequel, revenu, ce Minuit évoque son ombre finie et nulle par ces mots : J'étais l'heure qui doit me rendre pur.

Depuis longtemps morte, une antique idée se mire telle à la clarté de la chimère en laquelle a agonisé son rêve, et se reconnaît à l'immémorial geste vacant avec lequel elle s'invite, pour terminer l'antagonisme de ce songe polaire, à se rendre, avec et la clarté chimérique et le texte refermé, au Chaos de l'ombre avorté et de la parole qui absolut Minuit.

Inutile, de l'ameublement accompli qui se tassera en ténèbres comme les tentures, déjà alourdies en une forme permanente de toujours, tandis que, lueur virtuelle, produite par sa propre apparition en le miroitement de l'obscurité, scintille le feu pur du diamant de l'horloge, seule survivance et joyau de la Nuit éternelle, l'heure se formule en cet écho, au seuil de panneaux ouverts par son acte de la Nuit : "Adieu, nuit, que je fus, ton propre sépulcre, mais qui, l'ombre survivante, se métamorphosera en Éternité."

Vie d'Igitur

Écoutez, ma race, avant de souffler ma bougie — le compte que j'ai à vous rendre de ma vie — Ici : névrose, ennui (ou l'Absolu !)

grows immobile in a narcotic calm of the pure self, or
me, long dreamed of; but whose time is resolved in
hangings against which is arrested, completing their
splendour, the deadened tremor, in forgetfulness, like a
languishing head of hair around the face illumined by
mystery, with eyes null as mirrors, of the denizen,
stripped of all meaning except his presence.

This is the pure dream of a Midnight, vanished into
itself, and whose recognized Clarity, which alone remains in the heart of its fulfilment plunged in darkness,
sums up its sterility upon the pallor of an opened book
upon the table; usual page and setting of Night, except
that there still subsists the silence of a past word, prof-
fered by him, and in which, returned, this Midnight
evokes its finished and empty Shade by these words: I
was the hour that is due to make me pure.

Long since dead, an old idea mirrors what it was in
the light of a Chimera in which its dream has died the
death, and knows itself by the immemorial empty
gesture whereby it invites itself, so as to terminate the
antagonism of this polar dream, to yield, along with
both the Chimerical gleam and the closed book, to the
Chaos of darkness aborted and of the word that absolved Midnight.

Uselessly, from the finished furniture which will be
amassed in darkness like the hangings, already weighted
into a permanent form of forever, whilst, virtual gleam
produced by its own apparition in the glimmering of
the obscurity, there scintillates the pure fire of the
diamond of the clock, sole surviving evidence and jewel
of the eternal Night, the hour formulates itself in this
echo, on the threshold of panels laid open by its act of
Night: "Farewell, night that I was, your own sepulchre,
but which, the shade surviving, will be transformed itself
into Eternity."

Life of Igitur

"Listen, oh my race, before I blow out the candle, to
the account I must render to you of my life, here:
Neurosis, tedium (or the Absolute!)

J'ai toujours vécu mon âme fixée sur l'horloge. Certes, j'ai tout fait pour que le temps qu'elle sonna *restât* présent dans la chambre, et devînt pour moi la pâture et la vie — j'ai épaissi les rideaux, et comme j'étais obligé pour ne pas douter de moi de m'asseoir en face de cette glace, j'ai recueilli précieusement les moindres atomes du temps dans des étoffes sans cesse épaissies. — L'horloge me fait souvent grand bien.

(Cela avant que son Idée n'ait été complétée? *En effet, Igitur a été projeté hors du temps par sa race.*)

Voici en somme Igitur, depuis que son Idée a été complétée: — Le passé compris de sa race qui pèse sur lui en la sensation de fini, l'heure de la pendule précipitant cet ennui en temps lourd, étouffant, et son attente de l'accomplissement futur, forment du temps pur, ou de l'ennui, rendu instable par la maladie d'idéalité: cet ennui, ne pouvant être, redevient ses éléments, tantôt, tous les meubles fermés, et pleins de leur secret; et Igitur comme menacé par le supplice d'être éternel qu'il pressent vaguement, se cherchant dans la glace devenue ennui et se voyant vague et près de disparaître comme s'il allait s'évanouir en le temps, puis s'évoquant; puis lorsque de tout cet ennui, temps, il s'est refait, voyant la glace horriblement nulle, s'y voyant entouré d'une raréfaction, absence d'atmosphère, et les meubles tordre leurs chimères dans le vide, et les rideaux frissonner invisiblement, inquiets; alors, il ouvre les meubles pour qu'ils versent leur mystère, l'inconnu, leur mémoire, leur silence, facultés et impressions humaines, — et quand il croit être redevenu lui, il fixe de son âme l'horloge, dont l'heure disparaît par la glace, ou va s'enfouir dans les rideaux, en trop-plein, ne le laissant même pas à l'ennui qu'il implore et rêve. Impuissant de l'ennui.

Il se sépare du temps indéfini et il est! Et ce temps ne va pas comme jadis s'arrêter en un frémissement gris sur les ébènes massifs dont les chimères fermaient les lèvres avec une accablante sensation de fini, et, ne

"I have always lived with my soul fixed on the clock. Certainly I have done everything to make the moment of its striking *stay*, present in the room, and become my life and its nourishment.—I have doubled the curtains, and as I was forced to sit in front of this mirror so as not to doubt my existence, I have jealously conserved the least atoms of time within continually thicker hangings.—Often the clock seems a great boon to me."

(Does this come before his Idea has been fulfilled? *Igitur, in fact, has been projected beyond time by his ancestry*).

Here then is Igitur, once his idea has been achieved. The sense of his ancestry's past which weighs upon him with the force of the finite, the clock's hour precipitating that ennui in a stifling weight of time, and his longing for the future to be accomplished, these together form pure time, or tedium, rendered unstable by the ache of the ideal: this ennui, unable to exist by itself, is resolved back into its elements of now, all the furniture closed upon itself and full of its secrecy; and Igitur, as though menaced with the torture of being eternal which he vaguely senses, seeking himself in the glass which has become tedium—ennui—and seeing himself vague as though about to disappear, then evoking himself; then, when out of all that weariness of time he has re-made himself, seeing how the glass looks horribly null, himself in it surrounded by a rarefaction, a void of atmosphere; and all the pieces of furniture twisting their chimeras in the void, and the curtains imperceptibly shuddering, uneasy; then he opens up the chests and cupboards so that they may shed their mystery, the unknown, their memory, their silence, human faculties and impressions; —and when he feels he has become himself again, he fixes his soul upon the clock, whose time vanishes through the mirror, or buries itself in the curtains, like an overflow, not even leaving him to the lassitude he implores and dreams of . . . An impotent of ennui.

He separates from time indefinite, and he *is!* And this time will not like the other arrest itself in a grey

trouvant plus à se mêler aux tentures saturées et alourdies, remplir une glace d'ennui où, suffoquant et étouffé,
je suppliais de rester une vague figure qui disparaissait
complètement dans la glace confondue; jusqu'à ce
qu'enfin, mes mains ôtées un moment de mes yeux où
je les avais mises pour ne pas la voir disparaître, dans
une épouvantable sensation d'éternité, en laquelle
semblait expirer la chambre, elle m'apparût comme
l'horreur de cette éternité. Et quand je rouvrais les yeux
au fond du miroir, je voyais le personnage d'horreur, le
fantôme de l'horreur absorber peu à peu ce qui restait
de sentiment et de douleur dans la glace, nourrir son
horreur des suprêmes frissons des chimères et de l'insta-
bilité des tentures, et se former en raréfiant la glace
jusqu'à une pureté inouïe, — jusqu'à ce qu'il se détachât,
permanent, de la glace absolument pure, comme pris
dans son froid, — jusqu'à ce qu'enfin les meubles, leurs
monstres ayant succombé avec leurs anneaux convulsifs,
fussent morts dans une attitude isolée et sévère, projetant leurs lignes dures dans l'absence d'atmosphère, les
monstres figés dans leur effort dernier, et que les rideaux
cessant d'être inquiets tombassent, avec une attitude
qu'ils devaient conserver à jamais.

Le Coup de Dés (*Schème*)

Bref, dans un acte où le hasard est en jeu, c'est toujours
le hasard qui accomplit sa propre Idée en s'affirmant ou
se niant. Devant son existence la négation et l'affirmation viennent échouer. Il contient l'Absurde —
l'implique, mais à l'état latent, et l'empêche d'exister:
ce qui permet à l'infini d'être.

Le Cornet est la Corne de licorne — d'unicorne.

Mais l'Acte s'accomplit.

Alors son moi se manifeste par ceci qu'il reprend la
Folie: admet l'acte, et, volontairement, reprend l'Idée,
en tant qu'Idée: et l'acte (quelle que soit la puissance
qui l'ait guidé) ayant nié le hasard, il en conclut que
l'Idée a été nécessaire.

shiver on the massive ebony surfaces whose chimeras shut their lips with an annihilating sensation of the finite, and, no longer finding itself mingle with the charged and loaded curtains, will fill a mirror with ennui where, stifling and suffocating, I implored that I might remain a vague face which was disappearing altogether in the confused glass: until finally, taking my hands from my eyes, which I had covered so as not to see the image disappear in a terrifying sensation of eternity, in which the room seemed to expire, it appeared to me as the horror of that eternity. And when I re-opened my eyes in the depth of the mirror, I could see the personage of horror, the phantom of it, gradually absorb whatever remained of feeling or pain, nourishing its horror on the final shudders of the chimeras, and the instability of the curtains, and take form while rarefying the mirror to a degree of purity unparalleled—until it could detach itself, a permanent thing, from the absolute purity of the glass, as though transfixed by its cold— until finally the furnishings, their monsters having succumbed with their convulsive coils, were dead, with an air of isolation and austerity, projecting their hard lines into the absence of atmosphere, the monsters transfixed in their final struggle, and the curtains, no longer restless, fell in an attitude they must maintain forever.

The Throw of the Dice (Outline)

Briefly, in an act where chance is in question, it is always chance which achieves its own idea by affirming or denying itself. In the face of its existence, negation and affirmation are powerless. It contains—implies—the Absurd, but in a latent state, preventing it from existing: which allows the Infinite to be.

The dice-box is a horn—a unicorn's horn.

So the Act is carried out.

Then his Ego manifests itself by resuming its Madness: admitting the act and, by an effort of will, resuming the Idea as an Idea: and the Act (whatever the force which directed it) having denied chance, he concludes from this that the Idea was necessary.

— Alors il conçoit qu'il y a, certes, folie à l'admettre absolument : mais en même temps il peut dire que, par le fait de cette folie, le hasard étant nié, cette folie était nécessaire. A quoi? (Nul ne le sait; il est désolé de l'humanité)...

Igitur secoue simplement les dés — mouvement, avant d'aller rejoindre les cendres, atomes de ses ancêtres : le mouvement qui est en lui est absous. On comprend ce que signifie son ambiguïté.

Il ferme le livre — souffle la bougie, de son souffle qui contenait le hasard : et, croisant les bras, se couche sur les cendres de ses ancêtres.

Croisant les bras — l'Absolu a disparu, en pureté de sa race (car il le faut bien, puisque le bruit cesse).

Race immémoriale, dont le temps qui pesait est tombé, excessif, dans le passé, et qui pleine de hasard n'a vécu, alors, que de son futur. — Ce hasard nié à l'aide d'un anachronisme, un personnage, suprême incarnation de sa race, — qui sent en lui, grace à l'absurde, l'existence de l'Absolu, a, solitaire, oublié la parole humaine en le grimoire, et la pensée en un luminaire, l'un annonçant cette négation du hasard, l'autre éclairant le rêve où il en est. Le personnage qui, croyant à l'existence du seul Absolu, s'imagine être partout dans un rêve (il agit au point de vue Absolu) trouve l'acte inutile, car il y a et n'y a pas hasard — il réduit le hasard à l'Infini — qui, dit-il, doit exister quelque part.

Il Se Couche au Tombeau

Sur les cendres des astres, celles indivises de la famille, était le pauvre personnage, couché, après avoir bu la goutte de néant qui manque à la mer. (La fiole vide, folie, tout ce qui reste du château?) Le Néant parti, reste le château de la pureté.

—Then he can see that there certainly is madness in admitting this absolutely: but at the same time he can say that, by the very fact of this madness, chance being denied, the madness was necessary. Necessary for what? (No-one knows; he despairs of humanity) . . .

Igitur simply shakes the dice—a movement, before going back to the dust, atoms of his ancestors: the impulse within him is absolved. Its ambiguity can be understood.

He closes the book—blows out the candle, with his breath which contained chance: and folding his arms, he lies down on the dust of his ancestors.

Folding his arms—the Absolute has vanished into the purity of his race (this must be so, since sound ceases).

Immemorial race, whose load of time has fallen, with its excess, into the past, and which, being full of chance, has consequently only lived for its future.
—This chance denied thanks to an anachronism, a personage, supreme incarnation of his race—who, thanks to the absurd, feels within himself the existence of the Absolute: solitary, he has resolved speech into the magic book of signs, and thought into a light, the one denoting the negation of chance, the other lighting the dream in which he is. The personage who, believing in the existence of the Absolute alone, imagines he is everywhere in a dream (from the point of view of the Absolute) finds the act is useless, for chance is and is not—he reduces chance to the *Infinite*, which he feels must exist somewhere.

He Lies Down in the Tomb

Upon the ashes of the stars, undivided from those of his family, the poor personage lay down, after drinking that drop of void which is missing from the ocean. (The empty phial, madness, all that remains of the castle?) Once Nothingness has gone, there remains the castle of purity.

Ébauches

L'heure a sonné — certainement prédite par le livre —
où la vision importune du personnage qui nuisait à la
pureté de la glace chimérique dans laquelle je m'ap-
paraissais, à la faveur de la lumière, va disparaître, ce
flambeau emporté par moi: disparaître comme tous les
autres personnages partis en temps des tapisseries, qui
n'étaient conservées que parce que le hasard etait nié
par le grimoire, avec lequel je vais également partir. O
sort, la pureté ne peut s'établir — voici que l'obscurité
la remplacera — et que les lourds rideaux tombant en
temps, en feront les ténèbres. — Cependant, les meubles
garderont leur vacance et agonie de rêve chimérique et
pur, une fiole contient la substance du Néant.

Et maintenant il n'y a plus qu'ombre et silence.

Que le personnage qui a nui à cette pureté prenne
cette fiole qui le prédisait, et se l'amalgame, plus tard:
mais qu'il la mette simplement dans son sein, en allant
se faire absoudre du mouvement.

Il Quitte sa Chambre

Les panneaux de la nuit ébénéenne ne se refermèrent
pas encore sur l'ombre qui ne perçut plus rien que
l'oscillation hésitante et prête à s'arrêter d'un balancier
caché qui commence à avoir la perception de lui-même.
Mais elle s'aperçut bientôt que c'était en elle, en qui la
lueur de sa perception s'enfonçait comme étouffée, —
et elle rentrait en elle-même. Le bruit, bientôt, se scanda
d'une façon définitive. Mais, à mesure qu'il devenait
plus certain d'un côté, et plus pressé, son hésitation
augmentait d'une sorte de frôlement, qui remplaçait
l'intervalle disparu; et, prise de doute, l'ombre se sentait
opprimée par une netteté fuyante, comme par la con-
tinuation de l'idée apparue des panneaux qui bien que
fermés, ouverts encore cependant, auraient, pour arriver
à cela, dans une vertigineuse immobilité tourné longuement sur eux-mêmes. Enfin un bruit qui semblait
l'échappement de la condensation absurde des précédents
s'exhala, mais doué d'une certaine animation reconnue,

Drafts and Episodes

The hour has struck—the hour certainly predicted by
the book—when the intrusive appearance of the personage that injured the purity of the chimerical mirror in
which I saw myself, thanks to the light, is about to disappear with this torch which I carry away—disappear
like all the other personages in time from the tapestries
that had only been preserved because chance had been
denied by the magic book, with which I too will go. Oh
fate! Purity cannot come into being—for now obscurity
will take its place—and the heavy curtains falling in
time will create the darkness of its gloom. Meanwhile,
the furniture will hold on to its emptiness and its agony
of a dream chimerical and pure: a phial holds the
essence of Nothingness.

And now there is nothing but shadow and silence.

Let him who marred this purity take the phial that
foretold him, and assimilate it, presently; but meanwhile let him put it in his breast, as he goes to absolve
himself from all movement.

He Leaves His Room

The panels of ebony-black night had not yet closed on
the shade that now perceived nothing but the hesitant
and never quite ceasing oscillation of a hidden pendu-
lum which begins to acquire consciousness of itself.
But the shade perceived that it was in itself that the
light of its perception plunged as though stifled—and
so withdrew into itself. Presently the sound asserted
its rhythm more definitely. But in proportion as it grew
more precise in one sense, and more urgent, its hesita-
tion was augmented by a sort of rustling which filled the
vanished interval; and seized with doubt, the shade felt
oppressed by an evasive distinctness, as though by the
perpetuation of the sudden notion of the panels which,
although closed, and nevertheless open, in order to
arrive at this state must have been whirling upon themselves in a prolonged and dizzying immobility. Finally
a sound that seemed to express absurdly the condensation of the previous sounds exhaled itself, but endued

et l'ombre n'entendit plus rien qu'un régulier battement
qui semblait fuir à jamais comme le volètement prolongé de quelqu'hôte de la nuit réveillé de son lourd
sommeil: mais ce n'était pas cela, il n'y avait sur les
parois luisantes aucune trame, à laquelle pussent s'atta-
cher même les pattes arachnéennes du *soupçon*: tout
était luisant et propre; et si quelque plumage avait
jamais frotté ces parois, ce ne pouvait être que les
plumes de génies d'une espèce intermédiaire soucieuse
de réunir toute poussière dans un lieu spécial, afin que
ces ombres, des deux côtés multipliés à l'infini apparus-
sent comme de pures ombres portant chacune le volume
de leurs destinées, et la pure clarté de leur conscience.
Ce qu'il y avait de clair c'est que ce séjour concordait
parfaitement avec lui-même: des deux côtés les myriades
d'ombres pareilles, et de leurs deux côtés, dans les
parois opposées, qui se réfléchissaient, deux trouées
d'ombre massive qui devait être nécessairement l'inverse de ces ombres, non leur apparition, mais leur
disparition, ombre négative d'eux-mêmes: c'était le lieu
de la certitude parfaite.

L'ombre n'entendit dans ce lieu d'autre bruit qu'un
battement régulier qu'elle reconnut être celui de son
propre cœur: elle le reconnut, et, gênée de la certitude
parfaite de soi, elle tenta d'y échapper, et de rentrer
en elle, en son opacité: mais par laquelle des deux
trouées passer? dans les deux s'enfonçaient des divisions
correspondantes à l'infini des apparitions, bien que
différentes: elle jeta encore une fois les yeux sur la salle
qui, elle, lui paraissait identique à soi, sauf que de la
clarté la lueur se mirait dans la surface polie inférieure,
dépourvue de poussière, tandis que dans l'autre apparue
plus vaguement il y avait une évasion de lumière.
L'ombre se décida pour celle-là et fut satisfaite. Car le
bruit qu'elle entendait était de nouveau distinct et le
même exactement que précédemment, indiquant la
même progression.

Toutes les choses étaient rentrées dans leur ordre
premier; il n'y avait plus de doute à avoir: cette halte
n'avait-elle pas été l'intervalle disparu et remplacé par

with a certain familiar animation, and the shade could hear nothing more than a regular beat which seemed to be continually escaping, like the prolonged fluttering of some denizen of night wakened from its heavy slumber: but it was not that; on the gleaming surfaces there was no trace to which even the spidery feelers of *suspicion* might attach; all was swept and gleaming; and if any feathers had even rubbed these surfaces, it could only be the plumes of some intermediary species of genie, anxious to collect every atom of dust into a particular place, so that these two shades multiplied on each side to infinity, might appear in utter purity, each carrying the volume of their destinies, and the pure clarity of their consciousness. Certainly it was clear that this habitation was perfectly self-consistent: to both sides the myriads of identical shades, and to their two sides, in the opposing walls that reflected each other, two tremendous depths of shadow which must necessarily be the reverse of those shades, not their appearing, but their disappearing negatives of themselves: it was the abode of perfect certainty.

The shade could hear no other sound in this place than a regular beating, which it recognised to be that of its own heart: recognising it and troubled by this perfect certainty of itself, it tried to escape it and return into its own opacity; but through which of the two depths of void should it pass? In both there extended to infinity corresponding divisions of the apparition, though different in one from the other; the shade glanced once more at the room which seemed identical with itself, except that the light mirrored its gleam in the polished lower surface, dustless, whereas in the other it appeared more vaguely, and there was an escape of light. The shade chose the latter way and was satisfied. For the noise it had been hearing was once again distinct and exactly the same as before, indicating the same progression.

All things had gone back into their first order: there was no more doubting: had not this pause been the interval that had vanished and been replaced by the

le froissement: elle y avait entendu le bruit de son
propre cœur, explication du bruit devenu distinct;
c'était elle-même qui scandait sa mesure, et qui s'était
apparue en ombres innombrables des nuits passées et
des nuits futures, devenues pareilles et extérieures,
evoquées pour montrer qu'elles étaient également
finies: cela avec une forme qui était le strict résumé
d'elles: et ce froissement quel était-il? non celui de
quelqu'oiseau échappé sous le ventre velu duquel avait
donné lumière, mais le buste d'un génie supérieur,
vêtu de velours, et dont l'unique frisson était le travail
arachnéen d'une dentelle qui retombait sur le velours:
le personnage parfait de la nuit telle qu'elle s'était
apparue. En effet, maintenant qu'il avait la notion de
lui-même, le bruit de mesure cessa, et redevint ce qu'il
était, chancelant, la nuit divisée de ses ombres accom-
plies, la lueur qui s'était apparue dans son mirage dénué
de cendres était la pure lumière et elle allait cette fois
disparaître en le sein de l'ombre qui, accomplie, revenue
du corridor du temps, était enfin parfaite et éternelle,
— elle-même, devenue son propre sépulcre, dont les
panneaux se retrouvaient ouverts sans bruit.

Malgré la Défense de sa Mère Allant Jouer dans les Tombeaux

Il peut avancer, parce qu'il va dans le mystère. (Ne
descend-il pas à cheval sur la rampe toute l'obscurité,
— tout ce qu'il ignore des siens, corridors oubliés depuis
l'enfance). Telle est la marche inverse de la *notion* dont
il n'a pas connu l'ascension, étant, adolescent, arrivé à
l'Absolu: spirale, au haut de laquelle il demeurait en
Absolu, incapable de bouger — on éclaire et l'on plonge
dans la nuit à mesure. Il croit traverser les destins de
cette nuit fameuse: enfin il arrive où il doit arriver, et
voit l'acte qui le sépare de la mort.

Autre gaminerie:

Il dit: je ne peux faire ceci sérieusement: mais le mal
que je souffre est affreux, de vivre: au fond de cette
confusion perverse et inconsciente des choses qui isole

rustling: it had heard in that the sound of its own heart, which explained why the sound had become distinct: it was the shade itself, measuring its own heartbeat, and appearing to itself in shades of innumerable nights, between the shades of nights past and nights to come, all made exterior and identical, summoned in order to show that they were equally finite: this in a form that was a strict résumé of them: and the rustling, what was it?—not that of some escaped bird under whose downy belly the light had shown, but the head and shoulders of a superior genius, dressed in velvet, and whose one shivering movement was of the spider-web lace collar that fell back against the velvet: the perfect imperson-ation of the night as it appeared to itself. In fact, now that it had a notion of itself, the measured sound ceased, and once more became what it had been, unsteady; the night now divided from its finished shades, the light which had appeared to itself in its mirage devoid of dust was light unalloyed, and this time it was going to disappear in the bosom of darkness which, fulfilled, returned from the corridors of time, was finally perfect and eternal—its own self, become its own tomb, whose panels now stood soundlessly open.

Going to Play in the Tombs, Although His Mother Told Him Not to

He can proceed onwards because he proceeds into mystery. (Does he not ride down the ramp of the stair-case through all the darknesses, all that he does not know of his family, the corridors forgotten since child-hood?) Such is the reverse process of the *notion* whose ascent he has never known because, as an adolescent, he had arrived at the Absolute: spiral stair, at whose top he remained as Absolute, incapable of moving—one lights up the night as one plunges into it. He believes he is traversing the destinies of that famous night: finally he arrives where he must arrive, and sees what the act is which separates him from death.

Another prank:

He says: I cannot do this seriously; but the pain I

son absolu — il sent l'absence du moi, représentée par l'existence du Néant en substance, il faut que je meure, et comme cette fiole contient le néant par ma race différée jusqu'à moi (ce vieux calmant qu'elle n'a pas pris, les ancêtres immémoriaux l'ayant gardé seul du naufrage), je ne veux pas connaître le Néant, avant d'avoir rendu aux miens ce pour quoi ils m'ont engendré — l'acte absurde qui atteste l'inanité de leur folie. (L'inaccomplissement me suivrait et entache seul momentanément mon Absolu).

Cela depuis qu'ils ont abordé ce château dans un naufrage sans doute — second naufrage de quelque haute visée.

"Ne sifflez pas parce que j'ai dit l'inanité de votre folie! Silence, pas de cette démence que vous voulez montrer exprès. Eh bien! il vous est si facile de retourner là-haut chercher le temps — et de devenir: — est-ce que les portes sont fermées?

"Moi seul — moi seul — je vais connaître le néant. Vous, vous revenez à votre amalgame.

"Je profère la parole, pour la replonger dans son inanité."

Il jette les dés, le coup s'accomplit, douze, le temps (Minuit) — qui créa — se retrouve la matière, les blocs, les dés —

Alors (de l'Absolu son esprit se formant par le hasard absolu de ce fait) il dit à tout ce vacarme: "Certainement, il y a là un acte — c'est mon devoir de le proclamer: cette folie existe. Vous avez eu raison" — bruit de folie — "de la manifester; ne croyez pas que je vais vous replonger dans le néant."

endure is fearful, the pain of living: in the depth of that
perverse and unconscious confusion of things which
surrounds his absolute—he can feel the absence of the
self represented by the existence of Nothingness as a
substance;—I must die, and since this phial contains
the nothingness deferred by my race until me (this old
palliative which it never took, the immemorial ancestors
having saved it alone from the wreck), I do not want to
know Nothingness, before having given back to my
people that for which they brought me to birth—the
absurd action which proves the inanity of their madness.
(Not to accomplish it would pursue me, and it only
mars my absolute for a moment).

All this since they arrived at the castle after a shipwreck, no doubt—the second shipwreck of some lofty
endeavour.

"Do not hiss because I have said your madness was
inanity! Silence, none of this raving that you want to
make a show of. Ah well! for you it is so easy to go
back up there and seek out time once again—and becoming;—are the doors closed?

"I alone—I alone—am going to know nothingness.
As for you, return to your mixture, your compromise.

"I proffer speech in order to plunge it back in its
inanity."

He throws the dice, the cast is fulfilled: twelve, Time
(midnight) which created—finds its materials once more;
the blocks, the dice—

Then (his mind taking form from the Absolute by the
absolute hazard of this fact) he says to the whole com-
motion: "Certainly, that is an act—it is my duty to
proclaim it: this madness exists. You had every reason"
(noise of madness) "to make it manifest: do not believe
that I am going to plunge you back into nothingness."

Le Démon de l'Analogie

Des paroles inconnues chantèrent-elles sur vos lèvres,
lambeaux maudits d'une phrase absurde ?

Je sortis de mon appartement avec la sensation
propre d'une aile glissant sur les cordes d'un instrument,
traînante et légère, que remplaça une voix prononçant
les mots sur un ton descendant: "La Pénultième est
morte", de façon que

                La Pénultième

finit le vers et

            Est morte

                    se détacha de la suspension
fatidique plus inutilement en le vide de signification. Je
fis des pas dans la rue et reconnus en le son *nul* la corde
tendue de l'instrument qui était oublié et que le glorieux
Souvenir certainement venait de visiter de son aile ou
d'une palme et, le doigt sur l'artifice du mystère, je
souris et implorai de vœux intellectuels une spéculation
différente. La phrase revint, virtuelle, dégagée d'une
chute antérieure de plume ou de rameau, dorénavant à
travers la voix entendue, jusqu'à ce qu'enfin elle s'arti-
cula seule, vivant de sa personnalité. J'allais (ne me
contentant plus d'une perception) la lisant en fin de
vers, et, une fois, comme un essai, l'adaptant à mon
parler; bientôt la prononçant avec un silence après
"Pénultième" dans lequel je trouvais une pénible jouissance; "La Pénultième" puis la corde de l'instrument,
si tendue en l'oubli sur le son *nul*, cassait sans doute et
j'ajoutais en matiere d'oraison: "Est morte." Je ne
discontinuai pas de tenter un retour à des pensées de
prédilection, alléguant, pour me calmer, que, certes,
pénultième est le terme du lexique qui signifie l'avant-
dernière syllabe des vocables, et son apparition, le reste
mal abjuré d'un labeur de linguistique par lequel
quotidiennement sanglote de s'interrompre ma noble
faculté poétique: la sonorité même et l'air de mensonge
assumé par la hâte de la facile affirmation étaient une
cause de tourment. Harcelé, je résolus de laisser les
mots de triste nature errer eux-mêmes sur ma bouche,

The Demon of Analogy

Did unknown words sing on your lips, accursed tatters of some ludicrous phrase?

I left my apartment with a sensation as of a wing gliding over the strings of an instrument, trailingly soft, to be followed by a voice uttering the words in a descending scale: "La Pénultième est morte", in such a way that
La Pénultième (The Last But One)
concluded the line and
Est morte (Is dead)
hung separate from the fateful suspension even more vainly in the void of meaning. I took a few steps in the street, and could feel in the sound of the syllable *nul* the stretched string of the instrument left forgotten, which Memory glorified had certainly just stroked with its wing or hand and, my finger on the trick of the mystery, I smiled and with conscious wish besought some other speculation. The phrase came back, unaltered, released by a previous stroke of feather or branch, and henceforth accompanying the audible voice, until finally it articulated itself, living by its own personality. I went on (no longer satisfied with a given impression) reading it as a verse ending and once, as an experiment, adapting it to my own speaking voice; presently reciting it with a pause after "Pénultième" which gave me a feeling of painful pleasure:—"La Pénultième . . ." then the string of the instrument, so stretched on the sound of *nul*, snapped no doubt and I would add as matter for elegiac conclusion: "Est morte." I did not give up my effort to return to thoughts of my own choosing, reassuring myself with the plea that after all, *penultimate* is the dictionary term applied to the second-last syllable of a word, and its intrusion was a half-rejected relic of that labour of linguistics whereby my noble poetic faculty groans daily to be interrupted: the sonority in itself and the deceitful air assumed by the abruptness of the facile statement were cause for torment. Harassed, I resolved to let the words of mournful import stray of their own

et j'allai murmurant avec l'intonation susceptible de condoléance : "La Pénultième est morte, elle est morte, bien morte, la désespérée Pénultième", croyant par là satisfaire l'inquiétude, et non sans le secret espoir de l'ensevelir en l'amplification de la psalmodie quand, effroi! — d'une magie aisément déductible et nerveuse — je sentis que j'avais, ma main réfléchie par un vitrage de boutique y faisant le geste d'une caresse qui descend sur quelque chose, la voix même (la première, qui indubitablement avait été l'unique).

Mais où s'installe l'irrécusable intervention du surnaturel et le commencement de l'angoisse sous laquelle agonise mon esprit naguère seigneur c'est quand je vis, levant les yeux, dans la rue des antiquaires instinctivement suivie, que j'étais devant la boutique d'un luthier vendeur de vieux instruments pendus au mur, et, à terre, des palmes jaunes et les ailes enfouies en l'ombre, d'oiseaux anciens. Je m'enfuis, bizarre, personne condamnée à porter probablement le deuil de l'inexplicable Pénultième.

Un Spectacle Interrompu

Que la civilisation est loin de nous procurer les jouis-sances attribuables à cet état! on doit par exemple s'étonner qu'une association entre les rêveurs, y séjour-nant, n'existe pas dans toute grande ville, pour subvenir à un journal qui remarque les évènements sous le jour propre au rêve. Artifice que la *réalité*, bon à fixer l'intellect moyen entre les mirages d'un fait; mais elle repose par cela même sur quelque universelle entente: voyons donc s'il n'est pas, dans l'idéal, un aspect néces-saire, évident, simple, qui serve de type. Je veux, en vue de moi seul, écrire comme elle frappa mon regard de poète, telle Anecdote avant que la divulguent des *reporters* par la foule dressés à assigner à chaque chose son caractère commun.

Le petit théâtre des PRODIGALITÉS adjoint

accord on my lips, and I went on murmuring in the tone that implies condolence: "The Last But One is dead, it is dead, quite dead, the despairing Last But One," thinking by this means to calm the uneasiness, and not without the hope of burying it completely under the amplifying sing-song, when, oh terror!—thanks to an easily divinable nervous magic—I felt that, with hand reflected in a shop window making the movement of a caress descending on something, my own voice was that very same (the first and undoubtedly the only one).

But what marked the irrefutable intervention of the supernatural, along with the beginning of the anguish under which my once master mind now agonises, was when I saw, on raising my eyes, in the street of antique shops which I had instinctively followed, that I was standing at the window of a seller of lutes and anti-quated instruments that hung on the walls, and of ancient birds, on the floor, their yellow claws and wings half-engulfed in shadow. Weird, I hurried off, a charac-ter probably condemned to bear the grief and mourning for that inexplicable Last But One.

A Break in the Act

How far civilization is from assuring us the pleasures that are supposed to be its attributes! For instance one might well be amazed that there is no league of dreamers in every great city, existing to support some newspaper that would record events in the light appropriate to dream. *Reality* is a contrivance, serving to situate the average mind among the mirages of an event: but by that very token it must be founded on some universal understanding; so let us see whether, ideally, there is no essential, obvious, simple aspect of things that would serve as basic type. I want, from my own solitary view-point, to narrate, as it struck my poet's eye, a particular anecdote before it is spread abroad by reporters en-trusted by the public with the task of assigning each thing its commonplace character.

l'exhibition d'un vivant cousin d'Atta Troll ou de Martin
à sa féerie classique *la Bête et le Génie*; j'avais, pour
reconnaître l'invitation du billet double hier égaré chez
moi posé mon chapeau dans la stalle vacante à mes
côtés, une absence d'ami y témoignait du goût général
à esquiver ce naïf spectacle. Que se passait-il devant
moi? rien, sauf que: de pâleurs évasives de mousseline
se réfugiant sur vingt piédestaux en architecture de
Baghdad, sortaient un sourire et des bras ouverts à la
lourdeur triste de l'ours; tandis que le héros, de ces
sylphides évocateur et leur gardien, un clown, dans sa
haute nudité d'argent, raillait l'animal par notre supé-
riorité. Jouir comme la foule du mythe inclus dans toute
banalité, quel repos et, sans voisins où verser des ré-
flexions, voir l'ordinaire et splendide veille trouvée à la
rampe par ma recherche assoupie d'imaginations ou de
symboles. Étranger à mainte réminiscence de pareilles
soirées, l'accident le plus neuf! suscita mon attention:
une des nombreuses salves d'applaudissements décernées
selon l'enthousiasme à l'illustration sur la scène du
privilège de l'Homme, venait, brisé par quoi? de cesser
net, avec un fixe fracas de gloire à l'apogée, inhabile à
se répandre. Tout oreilles, il fallait être tout yeux. Au
geste du pantin, une paume crispée dans l'air ouvrant
les cinq doigts, je compris qu'il avait, l'ingénieux! capté
les sympathies par la mine d'attraper au vol quelque
chose, figure (et c'est tout) de la facilité dont est par
chacun prise une idée: et qu'ému au léger vent, l'ours
rythmiquement et doucement levé interrogeait cet
exploit, une griffe posée sur les rubans de l'épaule
humaine. Personne qui ne haletât, tant cette situation
portait de conséquences graves pour l'honneur de la
race: qu'allait-il arriver? L'autre patte s'abattit, souple,
contre un bras longeant le maillot: et l'on vit, couple
uni dans un secret rapprochement, comme un homme
inférieur, trapu, bon, debout sur l'écartement de deux
jambes de poil, étreindre pour y apprendre les pratiques
du génie, et son crâne au noir museau ne l'atteignant
qu'à la moitié, le buste de son frère brillant et surnaturel:
mais qui, lui! exhaussait, la bouche folle de vague, un

The little Theatre of Prodigalities has enhanced its classical faery pantomime *The Genius and the Brute* with the spectacle of a living cousin of Atta Troll or of Martin: to acknowledge the double invitation of the ticket that wandered yesterday to my address, I had put down my hat in the empty place beside me, the presence of no friend testifying to the general taste for avoiding so childish an entertainment. What was taking place before me? nothing, except that from the pale evasive waves of muslin taking refuge on twenty pedestals of Baghdad architecture, there came a single smile and arms that opened towards the heavy solemnity of the bear; whilst the hero, guardian and summoner of the sylphs, a clown in his lofty silver nudity, mocked the animal with the superiority of our kind. To enjoy along with the crowd the mythical content in every commonplace, how restful, and with no neighbours on whom to shed my reflections, to watch the usual and dazzling brilliance of footlights, my research for ideas and symbols lulled to sleep. Foreign to many such a remembered evening, the strangest accident startled my concentration!—one of the many salvoes of applause proportioned to the enthusiasm at seeing Man's authentic privilege thus demonstrated on stage came—by what accident? to a sudden stop, with an arrested crash as of glory at its height, unable to spread itself. All ears, one had to be all eyes. From the mimic's stance, one hand straining upwards with fingers wide, I saw that, clever fellow! he had captured the audience's feelings with the movement of catching something on the wing, emblem (and no more) of the ease with which anyone seizes an idea: and that, stirred by the breeze of this movement, the bear swayingly and gently erect, was querying this exploit, with one claw on the ribboned human shoulder. Everyone hung breathless, so grave were the possible consequences of this situation for the honour of the race: what was going to happen? The other paw fell supple against the arm pressed close to the tights, and there they were, a pair at one in some common secret; as though a humbler species of man,

chef affreux remuant par un fil visible dans l'horreur
les dénégations véritables d'une mouche de papier et
d'or. Spectacle clair, plus que les tréteaux vaste, avec
ce don, propre à l'art, de durer longtemps: pour le
parfaire je laissai, sans que m'offusquât l'attitude probablement fatale prise par le mime dépositaire de notre
orgueil, jaillir tacitement le discours interdit au rejeton
des sites arctiques: "Sois bon (c'était le sens) et plutôt
que de manquer à la charité, explique-moi la vertu de
cette atmosphère de splendeur, de poussière et de voix,
où tu m'appris à me mouvoir. Ma requête, pressante,
est juste, que tu ne sembles pas, en une angoisse qui
n'est que feinte, répondre ne savoir, élancé aux régions
de la sagesse, aîné subtil! à moi, pour te faire libre,
vêtu encore du séjour informe des cavernes où je re-
plongeai, dans la nuit d'époques humbles, ma force
latente. Authentiquons, par cette embrassade étroite,
devant la multitude siégeant à cette fin, le pacte de
notre réconciliation." L'absence d'aucun souffle unie à
l'espace, dans quel lieu absolu vivais-je, un des drames
de l'histoire astrale élisant, pour s'y produire, ce modeste
théâtre! La foule s'effaçait, toute, en l'emblème de sa
situation spirituelle magnifiant la scène; dispensateur
moderne de l'extase, seul, avec l'impartialité d'une chose
élémentaire, le gaz, dans les hauteurs de la salle, conti-
nuait un bruit lumineux d'attente.

Le charme se rompit: c'est quand un morceau de
chair, nu, brutal, traversa ma vision dirigé de l'intervalle des décors, en avance de quelques instants sur la
récompense, mystérieuse d'ordinaire après ces repré-
sentations. Loque substituée saignant auprès de l'ours
qui, ses instincts retrouvés antérieurement à une curiosité plus haute dont le dotait le rayonnement théâtral,
retomba à quatres pattes et, comme emportant parmi
soi le Silence, alla de la marche étouffée de l'espèce,
flairer, pour y appliquer les dents, cette proie. Un
soupir, exempt presque de déception, soulagea incom-
préhensiblement l'assemblée: dont les lorgnettes, par
rangs, cherchèrent, allumant la netteté de leurs verres,

thickset, well-behaved, standing on two hairy legs apart,
were embracing in order to learn the ways of genius,
his dark-muzzled cranium only half attaining its wish,
the torso of his dazzling and superior natural brother:
who for his part, was stretching up a fearful head, the
mouth crazy with vague terror, waving on a thread
made visible by horror the real non-existence of a gilt
and paper butterfly. A lucid pantomime, vaster than the
boards, and with the gift proper to art of durability; to
complete it, I, undeterred by the probably despairing
reactions of the mimic who stood for our human pride,
gave silent outlet in the speech it was denied, to the off-
spring of arctic regions: "Be kind" (this was how it
went) "and rather than fall short of charity, teach me
to understand this atmosphere of splendour, dust and
clamour, in which you taught me to walk. My plea is
urgent and just, and you do not seem in your pretended
anguish, to imply, my subtle elder brother, far advanced in regions of wisdom! that you will, in order to
free yourself, plead ignorance to me, still clothed by my
formless sojourn in caverns where I buried my latent
strength in the darkness of humble ages. Let us ratify,
by this close hug before the throng assembled for the
purpose, the treaty of our reconciliation." A breathless
pause embracing the whole area, in what sphere of the
absolute was I, one of the dramas of astral history
electing this tiny theatre for its scene! The crowd vanished entirely into that emblem of its spiritual situation
magnifying the stage: alone, with the impartiality of an
elemental thing, that modern dispenser of delight aloft
in the theatre's ceiling, the gaslight kept up a luminous
mutter of suspense.

The charm snapped, just when a lump of raw and
naked flesh traversed my line of vision from the direction of the wings, a few moments earlier than the
usually hidden reward granted after these shows. A
substitute bleeding lump beside the bear who, recalling
instincts anterior to a loftier curiosity which the glitter
of the theatre had bestowed on him, fell on all fours

le jeu du splendide imbécile évaporé dans sa peur; mais virent un repas abject préféré peut-être par l'animal à la même chose qu'il lui eût fallu d'abord faire de *notre image* pour y goûter. La toile, hésitant jusque-là à accroître le danger ou l'émotion, abattit subitement son journal de tarifs et de lieux-communs. Je me levai comme tout le monde, pour aller respirer au dehors, étonné de n'avoir pas senti, cette fois encore, le même genre d'impressions que mes semblables, mais serein; car ma façon de voir, après tout, avait été la supérieure, et même la vraie.

Le Nénuphar Blanc

J'avais beaucoup ramé, d'un grand geste net assoupi, les yeux au dedans fixés sur l'entier oubli d'aller, comme le rire de l'heure coulait alentour. Tant d'immobilité paressait que frôlé d'un bruit inerte où fila jusqu'à moitié la yole, je ne vérifiai l'arrêt qu'à l'étincellement stable d'initiales sur les avirons mis à nu, ce qui me rappela à mon identité mondaine.

Qu'arrivait-il, où étais-je?

Il fallut, pour voir clair en l'aventure, me remémorer mon départ tôt, ce juillet de flamme, sur l'intervalle vif entre ses végétations dormantes d'un toujours étroit et distrait ruisseau, en quête des floraisons d'eau et avec un dessein de reconnaître l'emplacement occupé par la propriété de l'amie d'une amie, à qui je devrais improviser un bonjour. Sans que le ruban d'aucune herbe me retînt devant un paysage plus que l'autre chassé avec son reflet en l'onde par le même impartial coup de rame, je venais échouer dans quelque touffe de roseaux, terme mystérieux de ma course, au milieu de la rivière: où tout de suite élargie en fluvial bosquet, elle étale un

and, as though carrying off Silence in his midst, walked
with the muffled tread of his kind to sniff and then put
his teeth into the prey. A sigh, almost devoid of disappointment, incomprehensibly relieved the assembly:
whose opera glasses in rows lighting up the clarity of
their lenses, sought out the acting of the resplendent
idiot dissolved into his fears: but what they saw was an
abject meal, preferred perhaps by the animal to the
same as he would have had to make of *our image*, before
tasting it. The stage curtain, hesitating till now to add
to the danger or the alarm, suddenly brought down its
news-bill of prices and commonplaces. I rose like the
rest, to take the air outside, astonished once again not
to have felt the same impression as my kind, yet serene:
for my way of seeing, after all, had been the superior
and even the true one.

The White Water-lily

I had been rowing long, with a clean wide sleepy
gesture, the inward eyes fixed on the total forgetfulness
of movement, as the hour's laughter rippled all around.
So much immobility lazed that stroked by a sound of
inertia through which the yawl half-glided on, I sensed
the pause only from the fixed glitter of initials on the
naked oars, recalling me to my mundane identity.

What was happening, where was I?

To see the incident clearly, I had to revive the memory of my early setting out, this day of July flame,
along the vivid stripe between its sleeping vegetations
of a continuously narrow and careless stream, in search
of watery florescences, and with an idea of reconnoi-
tring the site occupied by the property of a lady, friend
of a lady friend, for whom I would have to improvise a
greeting. With no ribbon of grass to hold me back
before a landscape dispelled more than the other with
its watery reflections by the same impartial oar-stroke,
I had come to a stop in a tuft of reeds, mysterious
term of my course, in the midst of the stream: where,

nonchaloir d'étang plissé des hésitations à partir qu'a
une source.

L'inspection détaillée m'apprit que cet obstacle de
verdure en pointe sur le courant masquait l'arche unique
d'un pont prolongé, à terre, d'ici et de là, par une haie
clôturant des pelouses. Je me rendis compte. Simplement le parc de Madame..., l'inconnue à saluer.

Un joli voisinage, pendant la saison, la nature d'une
personne qui s'est choisi retraite aussi humidement
impénétrable ne pouvant être que conforme à mon goût.
Sûr, elle avait fait de ce cristal son miroir intérieur à
l'abri de l'indiscrétion éclatante des après-midi; elle y
venait et la buée d'argent glaçant des saules ne fut
bientôt que la limpidité de son regard habitué à chaque
feuille.

Toute je l'évoquais lustrale.

Courbé dans la sportive attitude où me maintenait
de la curiosité, comme sous le silence spacieux de ce
que s'annonçait l'étrangère, je souris au commencement
d'esclavage dégagé par une possibilité féminine; que ne
signifiaient pas mal les courroies attachant le soulier du
rameur au bois de l'embarcation, comme on ne fait
qu'un avec l'instrument de ses sortilèges.

"— Aussi bien une quelconque..." allais-je terminer.

Quand un imperceptible bruit me fit douter si l'habi-
tante du bord hantait mon loisir, ou inespérément le
bassin.

Le pas cessa, pourquoi?

Subtil secret des pieds qui vont, viennent, conduisent
l'esprit où le veut la chère ombre enfouie en de la batiste
et les dentelles d'une jupe affluant sur le sol comme
pour circonvenir du talon à l'orteil, dans une flottaison,
cette initiative par quoi la marche s'ouvre, tout au bas
et les plis rejetés en traîne, une échappée, de sa double
flèche savante.

Connaît-elle un motif à sa station, elle-même la
promeneuse; et n'est-ce, moi, tendre trop haut la tête,
pour ces joncs à ne dépasser et toute la mentale

suddenly widened into a riverine grove, it spreads the carefree breadth of a pool wrinkled with the hesitantly wayward ripples peculiar to a spring.

A detailed inspection showed me that this green obstacle, lance-shaped against the current, concealed the single arch of a bridge prolonged landwards on each side by a hedge enclosing lawns. I saw what it was. Simply the estate of Mme. . . . the unknown object of my greeting.

A pretty surround, in the right season, the nature of a person who had chosen herself a retreat so aqueously impenetrable could only be to my taste. Decidedly she had made of this crystal her inward mirror aloof from the glaring indiscretion of afternoons; she would come here and the mist of icy silver from the willows was at once nothing but her own limpid gaze that knew every leaf.

Wholly lustral I could see her in my mind's eye.

Bent in the athletic pose in which my curiosity kept me, as though bowed by the spacious silence of what the unknown lady was to be, I smiled at this approach to enslavement foreshadowed by a feminine possibility: an enslavement well symbolized by the thongs binding the rower's shoe to the timber of the craft, making him one with the instrument of his magic.

"—Might as easily be any other lady . . ." I was about to conclude.

When a barely perceptible sound made me wonder if the denizen of this shore was haunting my idleness, or all unhoped-for the pool.

The walking ceased, but why?

Subtle secret of the feet going, coming, leading the mind at the will of the precious phantom immersed in batiste and the lacework of a petticoat grazing the soil as though to surround from heel to toe in a floating line that initiative whereby walking, at the very base and with the draperies thrown back in a train, makes an opening for itself with its cunning coupled arrows.

Has she, the stroller herself, any reason she knows of for her pause; and for my part, do I not raise my head

somnolence où se voile ma lucidité, que d'interroger jusque-là le mystère.

"— A quel type s'ajustent vos traits, je sens leur précision, Madame, interrompre chose installée ici par le bruissement d'une venue, oui! ce charme instinctif d'en dessous que ne défend pas contre l'explorateur la plus authentiquement nouée, avec une boucle en diamants, des ceintures. Si vague concept se suffit: et ne transgressera le délice empreint de généralité qui permet et ordonne d'exclure tous visages, au point que la révélation d'un (n'allez point le pencher, avéré, sur le furtif seuil où je règne) chasserait mon trouble, avec lequel il n'a que faire."

Ma présentation, en cette tenue de maraudeur aquatique, je la peux tenter, avec l'excuse du hasard.

Séparés, on est ensemble: je m'immisce à de sa confuse intimité, dans ce suspens sur l'eau où mon songe attarde l'indécise, mieux que visite, suivie d'autres, l'autorisera. Que de discours oiseux en comparaison de celui que je tins pour n'être pas entendu, faudra-t-il, avant de retrouver aussi intuitif accord que maintenant, l'ouïe au ras de l'acajou vers le sable entier qui s'est tu!

La pause se mesure au temps de ma détermination.

Conseille, ô mon rêve, que faire?

Résumer d'un regard la vierge absence éparse en cette solitude et, comme on cueille, en mémoire d'un site, l'un de ces magiques nénuphars clos qui y surgissent tout à coup, enveloppant de leur creuse blancheur un rien, fait de songes intacts, du bonheur qui n'aura pas lieu et de mon souffle ici retenu dans la peur d'une apparition, partir avec: tacitement, en déramant peu à peu sans du heurt briser l'illusion ni que le clapotis de la bulle visible d'écume enroulée à ma fuite ne jette aux pieds survenus de personne la ressemblance transparente du rapt de mon idéale fleur.

Si, attirée par un sentiment d'insolite, elle a paru, la Méditative, ou la Hautaine, la Farouche, la Gaie, tant pis pour cette indicible mine que j'ignore à jamais! car j'accomplis selon les règles la manœuvre: me dégageai, virai et je contournais déjà une ondulation du ruisseau,

too high even if not quite above the reeds and the total
mental drowsiness that clouds my lucidity, probing
the mystery thus far.

"—To whatever type your features conform, I feel
their precision, Madame, breaking into whatever reigns
here with the rustling approach, yes! the instinctive
allurement from below not to be forbidden the explorer
by the most authentically secured, with a diamond
buckle, of all girdles. So vague a concept is self-suffi-
cient: and will not transgress the bliss instilled with
vagueness that allows and ordains the exclusion of all
faces, to the point where the apparition of one (do not
come and lean it, revealed, over the secretive threshold
where I reign) would dispel my perturbation, with which
it has nothing to do."

Presenting myself, thus attired as an aquatic inter-
loper, I can always try, with chance as my excuse.

Apart, we are together: I am blended with her vague
intimacy, in this watery suspense where my musing
holds her undecided, more than would be justified by a
visit followed by others. How much idle chat compared
with this which I held so as not to be heard, before we
could reach an understanding as intuitive as now, my
listening stooped to the mahogany oar level with the
utterly silent sand!

The pause measures itself against the time I take to
decide.

Oh dream of mine, counsel me, what to do?

Sum up in a glance the virginal absence impingeing
on this solitude and, as one picks, in memory of a
particular scene, one of those magical furled water-
lilies that rise into it of a sudden, enclosing in their
snowy hollows a nothingness made of dreams intact,
of the joy that will not come to pass, and of my breath
held in at this point by the fear of an appearance, and
make off with it: silently rowing little by little in reverse
with no thrust to break the illusion, nor the clapping of
a visible bubble from the foam encircling my flight to
throw at the arriving feet of anyone the translucent
likeness of the rape of my imaginary flower.

emportant comme un noble œuf de cygne, tel que n'en
jaillira le vol, mon imaginaire trophée, qui ne se gonfle
d'autre chose sinon de la vacance exquise de soi qu'aime,
l'été, à poursuivre, dans les allées de son parc, toute
dame, arrêtée parfois et longtemps, comme au bord
d'une source à franchir ou de quelque pièce d'eau.

Autrefois, en Marge d'un Baudelaire

Muse de l'impuissance, qui taris le rythme et me forces
de relire; ennemie avec des breuvages, je te rends
l'ivresse qui vient d'autrui.

Un paysage hante intense comme l'opium; là-haut
et à l'horizon, la nue livide, avec une trouée bleue de la
Prière — pour végétation, souffrent des arbres dont
l'écorce douloureuse enchevêtre des nerfs dénudés, leur
croissance visible s'accompagne malgré l'air immobile,
d'une plainte de violon qui, à l'extrémité frissonne en
feuilles: leur ombre étale de taciturnes miroirs en des
plates-bandes d'absent jardin, au granit noir du bord
enchâssant l'oubli, avec tout le futur. Les bouquets à
terre, alentour, quelques plumes d'ailes déchues. Le
jour, selon un rayon, puis d'autres, perd l'ennui, ils
flamboient, une incompréhensible pourpre coule —
du fard? du sang? Étrange le coucher de soleil! Ou ce
torrent de larmes illuminées par le feu de bengale de
l'artificier Satan qui se meut derrière? La nuit ne pro-
longe que le crime, le remords, et la Mort. Alors se
voiler la face de sanglots moins par ce cauchemar que
dans le sinistre bris de tout exil; qu'est-ce le Ciel?

And suppose, drawn by a sense of the unusual, she appeared, that lady of Meditation, Disdain, Shyness or Gaiety, the more's the pity for that indescribable expression I shall never know! for I carried out my manoeuvre as planned: withdrew, turned about, and I was already rounding a bend in the stream, carrying off like a noble swan's egg whence no dream will ever spring forth, my ideal trophy, pent with nothing other than that exquisite vacancy of mood that every lady, in summer, loves to pursue through the pathways of her park, pausing at times and for long, as perchance by some rivulet to cross, or beside a sheet of water.

Long Since, in the Margin of a Baudelaire

Muse of sterility, drying up rhythms and forcing me back upon books, enemy armed with potions, let me offer you in return the exaltation received from another mind.

A landscape haunts intense as opium; above, and stretching to the horizon, the livid grey sky, cleft by an opening of prayer—the only vegetation, suffering trees whose painful bark twists about naked nerves, their perceptible growth for all the stillness of the air accompanied by the moaning of a violin, shuddering into leaves at their furthest tips: their shade spreads silent mirrors between the beds of a non-existent garden, the black granite rims enshrining oblivion along with all the future. About them on the ground, strewn bouquets, a few fallen wing-feathers. Daylight, responding to one ray, and then another, sheds its weary monotone in a blaze, an inexplicable crimson flows—is it rouge? blood? How strange the sunset! Or a torrent of tears, lit up by the fireworks of artificer Satan lurking beyond? Night only prolongs crime, remorse and Death. Then veil one's face with sobbing, not so much because of this nightmare but rather in the sinister outbreak of all exile; what is the Sky?

RIMBAUD

Au Cabaret-Vert, cinq heures du soir

Depuis huit jours, j'avais déchiré mes bottines
Aux cailloux des chemins; j'entrais à Charleroi.
Au *Cabaret-Vert*, je demandai des tartines
De beurre et de jambon qui fût à moitié froid.

Bien heureux, j'allongeai les jambes sous la table
Verte; je contemplai les sujets très naïfs
De la tapisserie. Et ce fut adorable
Quand la fille aux tétons énormes, aux yeux vifs,

— Celle-là, ce n'est pas un baiser qui l'épeure! —
Rieuse, m'apporta des tartines de beurre,
Du jambon tiède dans un plat colorié,

Du jambon rose et blanc parfumé d'une gousse
D'ail et m'emplit la chope immense avec sa mousse
Que dorait un rayon de soleil arriéré.

Octobre 1870

Le Dormeur du Val

C'est un trou de verdure où chante une rivière
Accrochant follement aux herbes des haillons
D'argent, où le soleil, de la montagne fière,
Luit; c'est un petit val qui mousse de rayons.

Un soldat jeune, bouche ouverte, tête nue
Et la nuque baignant dans le frais cresson bleu,
Dort: il est étendu dans l'herbe, sous la nue,
Pâle dans son lit vert où la lumière pleut.

Les pieds dans les glaïeuls, il dort. Souriant comme
Sourirait un enfant malade, il fait un somme.
Nature, berce-le chaudement: il a froid!

Les parfums ne font pas frissonner sa narine;
Il dort dans le soleil, la main sur sa poitrine
Tranquille. Il a deux trous rouges au côté droit.

Octobre 1870

At the Green Tavern, five o'clock in the evening

For eight days I'd been tearing the boots off my feet
On the flinty roads; till I came to Charleroi town
And went into the Green Tavern: ordered a plate
Of bread and butter, and some slices of ham just warm.

Blissfully I stretched my legs under the green
Table, and stared at the tapestry's utterly primitive
Subjects; and it was lovely when the girl whisked in
—Immense tits she had, and quick, inquisitive

Eyes; it would take more than a kiss to scare that one!
Giggling, she brought me the sliced bread and butter
And lukewarm ham in a gaily painted platter,

Ham all rosy and white, flavoured with a nip
Of garlic;—and refilled my huge tankard to the top,
Its froth glittering in a last ray of lingering sun.

October 1870

The Sleeper in the Valley

In a gulf of deep green down there a river sings
Wildly sprinkling its silver over the grass blades
That glint in the fiery sun of the mountainsides;
The whole little valley brims with sunny frothings.

A young soldier lies bareheaded, mouth open,
His neck bathed in the cool of blue-green cress,
Asleep: under the wide sky in the lush grass
But pale in the light that floods his bed of green.

Feet in the irises, he sleeps; smiling like
A young child in deepest slumber, but sick:
Nature, rock him in warmth; because he's cold.

His nostrils never quiver at the scents all round;
Eyes shut, facing the sun, on his chest one hand
Perfectly still; two red holes in his right side.

October 1870

Le Mal

Tandis que les crachats rouges de la mitraille
Sifflent tout le jour par l'infini du ciel bleu,
Qu'écarlates ou verts, près du Roi qui les raille,
Croulent les bataillons en masse dans le feu;

Tandis qu'une folie épouvantable broie
Et fait de cent milliers d'hommes un tas fumant,
— Pauvres morts dans l'été, dans l'herbe, dans ta joie,
Nature, ô toi qui fis ces hommes saintement! —

Il est un Dieu qui rit aux nappes damassées
Des autels, à l'encens, aux grands calices d'or,
Qui dans le bercement des hosannas s'endort

Et se réveille quand des mères, ramassées
Dans l'angoisse et pleurant sous leur vieux bonnet noir,
Lui donnent un gros sou lié dans leur mouchoir.

Octobre 1870

L'Éclatante Victoire de Sarrebruck

Remportée aux cris de Vive L'Empereur!

(Gravure belge brillamment coloriée, se vend à
Charleroi, 35 centimes)

Au milieu, l'Empereur, dans une apothéose
Bleue et jaune, s'en va, raide, sur son dada
Flamboyant; très heureux, car il voit tout en rose
— Féroce comme Zeus et doux comme un papa;

En bas, les bons pioupious qui faisaient la sieste
Près des tambours dorés et des rouges canons,
Se lèvent gentiment. Pitou remet sa veste,
Et, tourné vers le Chef, s'étourdit de grands noms!

À droite, Dumanet, appuyé sur la crosse
De son chassepot, sent frémir sa nuque en brosse,
Et: "Vive l'Empereur!!" — Son voisin reste coi…

Evil

Whilst the fiery red bursts of grapeshot
Whistle through the sky's infinite blue all day,
And rallied by their King, the grey-green or scarlet
Massed battalions under fire crumble away:

Whilst an absolute madness of terror grinds
Pounding thousands of troops into smoking heaps of
   clay
—Poor dead! In the lush grass where flowering Nature
   finds
You whom she fashioned to life in her own sacred way:

There is a God who laughs at the damask sheen
Of altar-cloths, at the incense, the great gold chalices,
Who dozes off, lulled by the choral services,

And wakes, when certain mothers, all made kin
By anguish, black-bonneted faces raddled with grief,
Offer him a solid sou tied up in a handkerchief!

October 1870

The Resounding Victory at Sarrebruck

Won to cries of Long Live The Emperor!

(A Belgian print, in brilliant colours, selling at
Charleroi, 35 centimes)

In the centre, the Emperor, in a blue and yellow
Apotheosis, erect on his hobby-horse,
Flamboyantly gay, seeing all in rose of course,
Terrible as Zeus, but such a kind good fellow;

Below, the faithful troops who were having a snooze
Close by the gilt-edged drums and the crimson cannon
All rise politely. Pitou putting his vest on
Turns towards the Chief, stunned with names and news!

On the right, Dumanet, leaning on the butt
Of his chassepot rifle, feels his short hairs bristle:
"Long Live The Emperor!"—His neighbour stays
   put . . .

Un schako surgit comme un soleil noir... Au centre,
Boquillon, rouge et bleu, très naïf, sur son ventre
Se dresse, et — présentant ses derrières —:
"De quoi?"...

Octobre 1870

Ma Bohème

Je m'en allais, les poings dans mes poches crevées.
Mon paletot aussi devenait idéal.
J'allais sous le ciel, Muse, et j'étais ton féal:
Oh là là, que d'amours splendides j'ai rêvées!

Mon unique culotte avait un large trou.
Petit-Poucet rêveur, j'égrenais dans ma course
Des rimes. Mon auberge était à la Grande-Ourse.
Mes étoiles au ciel avaient un doux frou-frou.

Et je les écoutais, assis au bord des routes,
Ces bons soirs de septembre où je sentais des gouttes
De rosée à mon front, comme un vin de vigueur;

Où, rimant au milieu des ombres fantastiques,
Comme des lyres, je tirais les élastiques
De mes souliers blessés, un pied contre mon cœur!

Oraison du Soir

Je vis assis, tel qu'un ange aux mains d'un barbier,
Empoignant une chope à fortes cannelures,
L'hypogastre et le col cambrés, une Gambier
Aux dents, sous l'air gonflé d'impalpable voilures.

Tels que les excréments chauds d'un vieux colombier,
Mille Rêves en moi font de douces brûlures:
Puis par instants mon cœur triste est comme un aubier
Qu'ensanglante l'or jeune et sombre des coulures.

(A shako sticks up like a black sun.) In the middle
On his stomach, in blue and red coat, Boquillon
Inquires, backside up: "Yes. But what on . . ."

October 1870

Wandering

So I went off, fists in pockets full of holes
—And my raincoat was getting to be ethereal.
I was free to the sky, Muse, your sole vassal,
And God, if I didn't dream up some lovely idylls!

My only trousers were blessed with a gaping slit.
I scattered rhymes in my wake, a dreamy Ariel,
The Great Bear overhead was my one hotel.
And the soft swish of the stars would make me sit

And watch, listening on the roadsides,
Those soft September nights when I could feel
Stinging my brow the vigorous wine of their dews,

And rhyming at random among the crazy shades,
As though on lyre-strings, I would kneel and pull,
Knee to heart, on the ties of my wounded shoes.

Evening Orison

I live chaired like an angel under the barber's hands,
A heavily fluted tankard tilted in one fist,
My diaphragm alerted to the next belch, a mist
Billowing sails of cigar-smoke from my finger-ends.

Like warm lime-droppings in an ancient dove house
A thousand Moods are burning softly into my brains;
And at moments I feel the young sorrow of laburnums
Bleeding the green gold of their still shadowy clusters.

Puis, quand j'ai ravalé mes rêves avec soin,
Je me tourne, ayant bu trente ou quarante chopes,
Et me recueille, pour lâcher l'âcre besoin:

Doux comme le Seigneur du cèdre et des hysopes,
Je pisse vers les cieux bruns, très haut et très loin,
Avec l'assentiment des grands héliotropes.

Les Poètes de Sept Ans

Et la Mère, fermant le livre du devoir,
S'en allait satisfaite et très fière, sans voir,
Dans les yeux bleus et sous le front plein d'éminences,
L'âme de son enfant livrée aux répugnances.

Tout le jour, il suait d'obéissance; très
Intelligent; pourtant des tics noirs, quelques traits
Semblaient prouver en lui d'âcres hypocrisies.
Dans l'ombre des couloirs aux tentures moisies,
En passant il tirait la langue, les deux poings
À l'aine, et dans ses yeux fermés voyait des points.
Une porte s'ouvrait sur le soir: à la lampe
On le voyait, là-haut, qui râlait sur la rampe,
Sous un golfe de jour pendant du toit. L'été
Surtout, vaincu, stupide, il était entêté
À se renfermer dans la fraîcheur des latrines:
Il pensait là, tranquille et livrant ses narines.

Quand, lavé des odeurs du jour, le jardinet,
Derrière la maison, en hiver, s'illunait:
Gisant au pied d'un mur, enterré dans la marne
Et pour des visions écrasant son œil darne,
Il écoutait grouiller les galeux espaliers.
Pitié! Ces enfants seuls étaient ses familiers
Qui, chétifs, fronts nus, œil déteignant sur la joue,
Cachant de maigres doigts jaunes et noirs de boue
Sous des habits puant la foire et tout vieillots,
Conversaient avec la douceur des idiots.
Et si, l'ayant surpris à des pitiés immondes,

Then, when I've carefully swallowed down my dreams,
I rise slowly after thirty or so tankards,
And find a place to relieve my chronic need.

Gentle as the sovereign lord of cedars and hyssops,
I piss high and far where the dark sky broods
—To the acquiescence of the giant heliotropes.

Seven-Year-Old Poets

And the Mother, shutting up and laying away the Book,
Went off highly satisfied, proud of herself, not seeing,
In the blue eyes, under the prominent brows,
Her child's soul, unleashed to its inner rages.

All day long he would sweat submission; oh yes,
Very intelligent; but certain dark tics and traits
Betrayed the acrid taste of his own hypocrisy.
In the dark passage with its mouldy wall-papers
As he passed he would stick his tongue out, his fists
In his armpits, his shut eyes dazzled with points.
A door stood open to evening: by lamp-light,
Behind the banister up there, he lay and raved
Under a final loop of daylight hung from the roof.
In summer especially, stalled and stupid, his mania
Was to lock himself up in the latrine for coolness.
There he would brood in peace, picking his nose.

When, washed clean of its daily smells, the tiny garden
Behind the house lit up with the winter moon,
Stretched out by the wall, face buried in the marl,
He would squeeze his eyes with each hand, for visions,
Listening to the stealthy creak of the scabby espaliers.
Think of it—his only intimates were the wretched
Slum children, eyes oozing on to their cheeks,
Hiding their skinny yellow hands in their dirty clothes
That stank of second-hand stalls, and too much use.
Their talk drooled with the balmy innocence of idiots.
And if ever his mother, scandalized, surprised him

Sa mère s'effrayait, les tendresses profondes
De l'enfant se jetaient sur cet étonnement:
C'était bon, Elle avait le bleu regard, — qui ment!

À sept ans, il faisait des romans sur la vie
Du grand désert, où luit la Liberté ravie,
Forêts, soleils, rives, savanes! Il s'aidait
De journaux illustrés où, rouge, il regardait
Des Espagnoles rire et des Italiennes.
Quand venait, l'œil brun, folle, en robe d'indiennes,
— Huit ans, — la fille des ouvriers d'à côté,
La petite brutale, et qu'elle avait sauté,
Dans un coin, sur son dos, en secouant ses tresses,
Et qu'il était sous elle, il lui mordait les fesses,
Car elle ne portait jamais de pantalons,
Et, par elle meurtri des poings et des talons,
Remportait les saveurs de sa peau dans sa chambre.

Il craignait les blafards dimanches de décembre,
Où, pommadé, sur un guéridon d'acajou,
Il lisait une Bible à la tranche vert-chou.
Des rêves l'oppressaient, chaque nuit, dans l'alcôve.
Il n'aimait pas Dieu, mais les hommes qu'au soir fauve,
Noirs, en blouse, il voyait rentrer dans le faubourg
Où les crieurs, en trois roulements de tambour,
Font autour des édits rire et gronder les foules.
Il rêvait la prairie amoureuse, où des houles
Lumineuses, parfums sains, pubescences d'or,
Font leur remuement calme et prennent leur essor.

Et comme il savourait surtout les sombre choses,
Quand, dans la chambre nue aux persiennes closes,
Haute et bleue, âcrement prise d'humidité,
Il lisait son roman sans cesse médité
Plein de lourds ciels ocreux et de forêts noyées,
De fleurs de chair au bois sidéral déployées,
— Vertige, écroulements, déroutes et pitié! —

At his squalid charity, the deepest tenderness
Of his childhood would fling itself on her, amazed.
Such a comfort. She had a liar's blue eyes.

At seven, he would fabricate novels about life
In the great deserts, where ravished freedom gleams,
Forests and suns, shores and savannahs! Reading
The picture papers, he would flush as he gazed
At laughing Spanish girls and Italians.
—When, brown-eyed, wild, in her cotton petticoats,
The workman's daughter from next door—eight years
    old—
Came and jumped on him in a corner, little ruffian,
Flourishing her pigtails, mounting him, underneath,
Pressed down by her buttocks, he would bite them—
For knickers were not a thing she ever wore . . .
And then bruised by her hammering fists and heels,
He would carry away the taste of her skin to his bed-
    room.

He dreaded the featureless calm of winter Sundays
When, brilliantined, perched on a mahogany
Side-table, he would read a green-edged Bible.
Sleep in the bedroom alcove was loaded with dreams.
He couldn't love God, only the dark men
He saw coming home shirt-sleeved in the yellow dusk
Of the suburb, where the criers, with three drum-rolls
For each announcement, were greeted with groans and
    howls.
—He would dream voluptuous prairies, where the light
Rolled in waves of keen scent and downy gold,
A calm, perpetual motion of flight unfurled.

And seeing he had a taste above all for gloom,
In the bare bedroom, tall, chill, bluish
With its shutters drawn, acridly smelling of damp,
He would read his endlessly mulled-over novel,
Full of heavy ochreous skies and submerged forests,
Flowers of flesh unfolding in a wood of stars
—Pitiable wrecks and ruins, crumbling dreams of the lost,

Tandis que se faisait la rumeur du quartier
En bas, seul et couché sur des pièces de toile
Écrue et pressentant violemment la voile!...

Les Pauvres à l'Église

Parqués entre des bancs de chêne, aux coins d'église
Qu'attiédit puamment leur souffle, tous leurs yeux
Vers le chœur ruisselant d'orrie et la maîtrise
Aux vingt gueules gueulant les cantiques pieux;

Comme un parfum de pain humant l'odeur de cire,
Heureux, humiliés comme des chiens battus,
Les Pauvres au bon Dieu, le patron et le sire,
Tendent leurs oremus risibles et têtus.

Aux femmes, c'est bien bon de faire des bancs lisses
Après les six jours noirs où Dieu les fait souffrir!
Elles bercent, tordus dans d'étranges pelisses,
Des espèces d'enfants qui pleurent à mourir.

Leurs seins crasseux dehors, ces mangeuses de soupe,
Une prière aux yeux et ne priant jamais,
Regardent parader mauvaisement un groupe
De gamires avec leurs chapeaux déformés.

Dehors, le froid, la faim, et puis l'homme en ribote.
C'est bon. Encore une heure; après, les maux sans
    nom!
— Cependant alentour geint, nasille, chuchote
Une collection de vieilles à fanons.

Ces effarés y sont et ces épileptiques,
Dont on se détournait hier aux carrefours,
Et, fringalant du nez dans des missels antiques,
Ces aveugles qu'un chien introduit dans les cours;

Oh drownings, dizziness, rout of self-pity!
Whilst the indifferent murmur of the streets all round
Hummed on, he would lie on sheets of brown
Canvas, alone, inhaling their violent reek of sails!

The Poor in Church

Parked between oak stalls in the church's corners,
The air made lukewarm by their stale breaths, all eyes
Fixed on the choir glittering with orphreys, the
    choristers'
Twenty mouths all mouthing the pious canticles;

Sniffing the scent of wax as though it were the smell
Of fresh-cooked bread, contented and cowed,
Like so many beaten dogs the Poor raise their endless
And risible litany to their lord and master, God.

For the women it's a comfort wearing the benches
    smooth
After the six black days of God-sent suffering.
They hush twisted bundles wrapped in weird pelisses,
A sort of babies who are crying themselves to death.

Their dingy breasts exposed, poor soup-eaters,
A prayer in their eyes, but never on their lips,
They gape at the gawky file of half-grown hoydens
Struggling in at random, in their crushed hats and
    capes.

Outside: hunger, cold, and their men on the booze.
It's good here. An hour yet, before the nameless
    troubles!
—Meanwhile, all round, chattering, sighing, rustling,
Descends a flock of old women, shaking their wattles.

Here too are the lost and strayed, the epileptics
Who make you turn aside at the cross-roads;
And, poking famished noses into ancient missals,
The blind, who follow their dogs into your backyards.

Et tous, bavant la foi mendiante et stupide,
Récitent la complainte infinie à Jésus
Qui rêve en haut, jauni par le vitrail livide,
Loin des maigres mauvais et des méchants pansus,

Loin des senteurs de viande et d'étoffes moisies,
Farce prostrée et sombre aux gestes repoussants;
Et l'oraison fleurit d'expressions choisies,
Et les mysticités prennent des tons pressants

Quand, des nefs où périt le soleil, plis de soie
Banals, sourires verts, les Dames des quartiers
Distingués, — ô Jésus! — les malades du foie
Font baiser leurs longs doigts jaunes aux bénitiers.

1871

Le Cœur Volé

Mon triste cœur bave à la poupe,
Mon cœur couvert de caporal:
Ils y lancent des jets de soupe,
Mon triste cœur bave à la poupe:
Sous les quolibets de la troupe
Qui pousse un rire général,
Mon triste cœur bave à la poupe,
Mon cœur couvert de caporal!

Ithyphalliques et pioupiesques,
Leurs quolibets l'ont dépravé!
Au gouvernail on voit des fresques
Ithyphalliques et pioupiesques.
O flots abracadabrantesques,
Prenez mon cœur, qu'il soit lavé!
Ithyphalliques et pioupiesques,
Leurs quolibets l'ont dépravé!

Quand ils auront tari leurs chiques,
Comment agir, ô cœur volé?
Ce seront des hoquets bachiques
Quand ils auront tari leurs chiques:

And all, slavering their mendicant and mindless faith,
Mumble their ritual complaint to Jesus
Dreaming on high in a yellow stained-glass gleam;
Far above the evil poor and the wickedly prosperous,

Above the smells of cooked meat and mouldy clothes,
The black, repellent farce, with its abject ugly gestures:
And the sermon begins to blossom into choice expres-
  sions,
The mystical overtones take on urgency,

When, from the dead twilight of the nave, in silks
Of banality, smiling greenly, come the ladies in groups
From the better quarters—for Jesus' sake!—
Dipping their yellow fingers in the holy-water stoups.

1871

Heart Away

My sad heart slavers at the poop,
My heart strewn with tobacco-spits.
They splash it with their spills of soup,
My sad heart slavers at the poop.
Under the guffaws of a troop,
A single mouth that one laugh splits,
My sad heart slavers at the poop,
My heart strewn with tobacco-spits.

Ithyphallic and Breughelesque,
Their foulness made it a helpless prey.
At evening mess, how picturesque,
They're ithyphallic and Breughelesque
Oh waves of purest arabesque,
Flow over and wash my heart away!
Ithyphallic and Breughelesque,
Their foulness made it a helpless prey.

When they've finished up their tricks,
How can I live, oh heart away?
There'll be their songs, with stamps and kicks,
When they've finished up their tricks,

J'aurai des sursauts stomachiques,
Moi, si mon cœur est ravalé:
Quand ils auront tari leurs chiques
Comment agir, ô cœur volé?

Les Sœurs de Charité

Le jeune homme dont l'œil est brillant, la peau brune,
Le beau corps de vingt ans qui devrait aller nu
Et qu'eût, le front cerclé de cuivre, sous la lune,
Adoré, dans la Perse, un génie inconnu,

Impétueux avec des douceurs virginales
Et noires, fier de ses premiers entêtements,
Pareil aux jeunes mers, pleurs de nuits estivales
Qui se retournent sur des lits de diamants;

Le jeune homme, devant les laideurs de ce monde,
Tressaille dans son cœur, largement irrité,
Et, plein d'une blessure éternelle et profonde,
Se prend à désirer sa sœur de charité.

Mais, ô Femme, monceau d'entrailles, pitié douce,
Tu n'es jamais la Sœur de charité, jamais!
Ni regard noir, ni ventre où dort une ombre rousse,
Ni doigts légers, ni seins splendidement formés.

Aveugle irréveillée aux immenses prunelles,
Tout notre embrassement n'est qu'une question:
C'est toi qui pends à nous, porteuse de mamelles,
Nous te berçons, charmante et grave Passion.

Tes haines, tes torpeurs fixes, tes défaillances,
Et les brutalités souffertes autrefois,
Tu nous rends tout, ô Nuit pourtant sans malveillances,
Comme un excès de sang épanché tous les mois.

Quand la femme portée un instant l'épouvante,
Amour, appel de vie et chanson d'action,

My sea-sick stomach leaps and sticks
If heart can neither go nor stay.
When they've finished up their tricks,
How can I live, oh heart away?

Sisters of Charity

The young man with the glistening eyes, the tanned skin,
The fine body of twenty that should walk naked,
And who, crowned with a bronze circlet under the moon,
Might have been worshipped by some Iranian djinn,

Impetuous and filled with dark or virginal
Impulses, proud of his first obsessions
Like the young sea-surge on summer nights
Rolling its waves on beds of diamonds,

The young man, faced with this world's squalor,
Shudders to his heart's depths at that indignity,
And incensed with the old, the endless wound of anger,
He turns to desire for his sister of charity.

But, O Woman, bundle of entrails, tender pity,
You never are that Sister of charity, never,
Neither dark look, nor womb nursing a russety shadow,
Nor frail fingers, nor breasts carved in splendour.

Blind unawakened one, with eyes of immensity,
All our embracings are nothing but a question;
It is you who cling to us, you the breast-bearer,
And we who rock you, charming and solemn Passion.

Your hatreds, your prolonged torpors, your sudden
  weaknesses,
And the brutalities endured in times long gone,
You give them all back, oh Night, without malice,
Like an excess of blood shed with every moon.

—When, borne for a moment, she overwhelms him,
Love, call of action and song of life,

Viennent la Muse verte et la Justice ardente
Le déchirer de leur auguste obsession!

Ah! sans cesse altéré des splendeurs et des calmes,
Délaissé des deux Sœurs implacables, geignant
Avec tendresse après la science aux bras almes,
Il porte à la nature en fleur son front saignant.

Mais la noire alchimie et les saintes études
Répugnent au blessé, sombre savant d'orgueil.
Il sent marcher sur lui d'atroces solitudes.
Alors, et toujours beau, sans dégoût du cercueil,

Qu'il croie aux vastes fins, Rêves ou Promenades
Immenses à travers les nuits de Vérité,
Et t'appelle en son âme et ses membres malades,
O Mort mystérieuse, ô sœur de charité!

Les Chercheuses de Poux

Quand le front de l'enfant, plein de rouges tourmentes,
Implore l'essaim blanc des rêves indistincts,
Il vient près de son lit deux grandes sœurs charmantes
Avec de frêles doigts aux ongles argentins.

Elles assoient l'enfant auprès d'une croisée
Grande ouverte où l'air bleu baigne un fouillis de fleurs
Et, dans ses lourds cheveux où tombe la rosée,
Promènent leurs doigts fins, terribles et charmeurs.

Il écoute chanter leurs haleines craintives
Qui fleurent de longs miels végétaux et rosés
Et qu'interrompt parfois un sifflement, salives
Reprises sur la lèvre ou désirs de baisers.

Il entend leurs cils noirs battant sous les silences
Parfumés; et leurs doigts électriques et doux
Font crépiter parmi ses grises indolences,
Sous leurs ongles royaux la mort des petits poux.

Come the green Muse, along with Justice burning,
To rend him with their august, obsessive strife.

Endlessly stricken with a thirst for glories and calms,
Released by the two implacable Sisters, groaning
With tenderness after knowledge's fostering arms,
He offers a bleeding brow to nature in blossom.

But alchemy's dark arts, and mystic studies
Repel him, wounded and sombre adept of pride,
He feels appalling solitudes walking over him.
Then, still splendid, aware and yet unafraid

Of the coffin, let him believe in vast Dreams and Ends,
Promenades through the night of Truth's immensity,
And let him call you in his sick limbs and in his mind,
O Death, mysterious sister of charity!

The Lice Seekers

When the young boy's brow, troubled and flushed with
    moods,
Longs for the snowy swarm of indefinable dreams,
There come to his bedside two tall charming girls,
Sisters with slender fingers armed with silvery nails.

They seat the boy close by a wide-open window
Where the blue air bathes a tangled mass of flowers
And, in his heavy hair moistened with fresh dew
They probe with fine, ruthless and conjuring fingers.

He listens to the music of their timorous breathing
Exhaling a far scent of greenness, honey and rose,
Interrupted now and then by a pursing of lips, a drawing
In of saliva, a suppressed longing for kisses.

He can hear their dark eyelashes beat in the sunlit
Silences; while their finger-tips, soft and electric,
Grope amid the trance of his charmed indolence,
And under their royal nails he can hear the lice crack.

Voilà que monte en lui le vin de la Paresse,
Soupir d'harmonica qui pourrait délirer:
L'enfant se sent, selon la lenteur des caresses,
Sourdre et mourir sans cesse un désir de pleurer.

Bateau Ivre

Comme je descendais des Fleuves impassibles,
Je ne me sentis plus guidé par les haleurs:
Des Peaux-Rouges criards les avaient pris pour cibles,
Les ayant cloués nus aux poteaux de couleurs.

J'étais insoucieux de tous les équipages,
Porteur de blés flamands ou de cotons anglais.
Quand avec mes haleurs ont fini ces tapages,
Les fleuves m'ont laissé descendre où je voulais.

Dans les clapotements furieux des marées
Moi, l'autre hiver, plus sourd que les cerveaux d'enfants,
Je courus! et les Péninsules démarrées
N'ont pas subi tohu-bohus plus triomphants.

La tempête a béni mes éveils maritimes.
Plus léger qu'un bouchon j'ai dansé sur les flots
Qu'on appelle rouleurs éternels de victimes,
Dix nuits, sans regretter l'œil niais des falots.

Plus douce qu'aux enfants la chair des pommes sûres,
L'eau verte pénétra ma coque de sapin
Et des taches de vins bleus et des vomissures
Me lava, dispersant gouvernail et grappin.

Et, dès lors, je me suis baigné dans le poème
De la mer infusé d'astres et lactescent,
Dévorant les azurs verts où, flottaison blême
Et ravie, un noyé pensif, parfois, descend;

Où, teignant tout à coup les bleuités, délires
Et rhythmes lents sous les rutilements du jour,
Plus fortes que l'alcool, plus vaste que nos lyres,
Fermentent les rousseurs amères de l'amour!

Now the wine of Laziness rises to his brain,
Moan of a mouth-organ repeating like a craze;
And the boy feels, with the slow rhythm of their caresses,
Swelling and dying ceaselessly a longing for tears.

Drunk Voyage

As I was floating down the indifferent rivers,
I felt a sudden end to the haulers' pulls:
Howling redskins had taken them for targets
And nailed them all naked to their painted poles.

Steamers carrying English cotton, Flemish wheat,
I no longer gave a damn for your crews and cargoes;
When all that rumpus gave out with my haulers,
The giant rivers let me drift down as I chose.

And so, last winter, deafer than a baby's brain,
Through all the furious clobbering of the tides
I went hurtling on: dislodged Peninsulas
Could never know more triumphal joy-rides!

The storm threw blessings on my marine wakings.
Lighter than a cork I pirouetted on the breakers
Known as the eternal rollers of their prey,
Ten nights, carefree of the idiot eyes of lanterns!

Sweeter than sour apple-flesh on a boy's tongue
The green water penetrated my fir-wood keel,
Washing away the vomit and blue stains
Of wine, and swept off rudder and grapnel.

And from then on I immersed myself in the Poem
Of the Sea, luminous, milky, star-sown,
Gorged with greeny-blues where, pallid flotsam,
A charmed sailor at times drifts thoughtfully down;

Where, suddenly staining the blues, deliriums
And slow rhythms beneath coppery suns,
Stronger than alcohol, vaster than our lyres,
Venus ferments her harsh, ruddy wines.

Je sais les cieux crevant en éclairs, et les trombes
Et les ressacs et les courants ; je sais le soir,
L'aube exaltée ainsi qu'un peuple de colombes,
Et j'ai vu quelquefois ce que l'homme a cru voir.

J'ai vu le soleil bas taché d'horreurs mystiques
Illuminant de longs figements violets,
Pareils à des acteurs de drames très antiques,
Les flots roulant au loin leurs frissons de volets.

J'ai rêvé la nuit verte aux neiges éblouies,
Baisers montant aux yeux des mers avec lenteur,
La circulation des sèves inouïes
Et l'éveil jaune et bleu des phosphores chanteurs.

J'ai suivi, des mois pleins, pareille aux vacheries
Hystériques, la houle à l'assaut des récifs,
Sans songer que les pieds lumineux des Maries
Pussent forcer le mufle aux Océans poussifs.

J'ai heurté, savez-vous ? d'incroyables Florides
Mêlant aux fleurs des yeux de panthères aux peaux
D'hommes, des arcs-en-ciel tendus comme des brides,
Sous l'horizon des mers, à de glauques troupeaux.

J'ai vu fermenter les marais, énormes nasses
Où pourrit dans les joncs tout un Léviathan,
Des écroulements d'eaux au milieu des bonaces
Et les lointains vers les gouffres cataractant !

Glaciers, soleils d'argent, flots nacreux, cieux de braises,
Échouages hideux au fond des golfes bruns
Où les serpents géants dévorés des punaises
Choient des arbres tordus avec de noirs parfums !

J'aurais voulu montrer aux enfants ces dorades
Du flot bleu, ces poissons d'or, ces poissons chantants.
Des écumes de fleurs ont béni mes dérades,
Et d'ineffables vents m'ont ailé par instants.

Parfois, martyr lassé des pôles et des zones,
La mer, dont le sanglot faisait mon roulis doux,
Montait vers moi ses fleurs d'ombre aux ventouses
    jaunes
Et je restais ainsi qu'une femme à genoux,

I know by heart skies lightning-cracked, typhoons,
Dark undertows and rip-tides; evenings serene,
Dawn exalted like a population of doves;
And at times I saw what man thinks he has seen:

The sun cowering, stained with mystic horrors,
Illuminating long violet congealings;
And like the choruses in pre-historic dramas,
The waves far off rolling their shivering shutters.

I've dreamed the night green, with dazzled snows:
And rising to kiss the sea's eyes with all slowness,
The circulation of forces unconceived;
And the waking song of the blue and yellow phos-
    phorus!

For whole months, like herds of cattle in panic,
I have swung with the breakers battering at a reef:
Never dreaming that the feet of the marine Madonnas
Could force back the muzzle of the panting surf!

And then I've collided with Floridas incredible
Mingling flowers with panther eyes and human
Skins! Rainbows stretched tight as bridles
Drawing glaucous herds under the sky-line:

I've seen huge sea-marshes fermenting where
Trapped in their reeds a whole Leviathan rots;
Cavings-in of water in the midst of doldrums,
And distances cataracting in water-spouts:

Glaciers, silver suns, pearl waves, skies of brass;
Hideous beached wrecks in gulfs of brown gloom
Where huge lice-ridden serpents would slide down
Stunted trees in a shower of black perfume!

I'd have liked to show the children those doradoes
In the blue wave, golden fish, fish that sing.
—Foams of flowers have rocked my anchorless pauses,
And ineffable winds given me instant wings.

Sometimes, a tired martyr of the poles and zones,
The sea whose sobbings made my rocking soft
Sent me up its yellow-suckered flowers of darkness,
And like a praying woman I would kneel adrift . . .

Presqu'île ballottant sur mes bords les querelles
Et les fientes d'oiseaux clabaudeurs aux yeux blonds,
Et je voguais lorsqu'à travers mes liens frêles
Des noyés descendaient dormir à reculons...

Or, moi, bateau perdu sous les cheveux des anses,
Jeté par l'ouragan dans l'éther sans oiseau,
Moi dont les Monitors et les voiliers des Hanses
N'auraient pas repêché la carcasse ivre d'eau,

Libre, fumant, monté de brumes violettes,
Moi qui trouais le ciel rougeoyant comme un mur,
Qui porte, confiture exquise aux bons poètes,
Des lichens de soleil et des morves d'azur,

Qui courais taché de lunules électriques,
Planche folle, escorté des hippocampes noirs,
Quand les Juillets faisaient crouler à coups de triques
Les cieux ultramarins aux ardents entonnoirs,

Moi qui tremblais, sentant geindre à cinquante lieues
Le rut des Béhémots et des Maelstroms épais,
Fileur éternel des immobilités bleues
Je regrette l'Europe aux anciens parapets.

J'ai vu des archipels sidéraux! et des îles
Dont les cieux délirants sont ouverts au vogueur:
Est-ce en ces nuits sans fond que tu dors et t'exiles,
Million d'oiseaux d'or, ô future Vigueur?

Mais, vrai, j'ai trop pleuré. Les aubes sont navrantes,
Toute lune est atroce et tout soleil amer.
L'âcre amour m'a gonflé de torpeurs enivrantes.
Oh! que ma quille éclate! Oh! que j'aille à la mer!

Si je désire une eau d'Europe, c'est la flache
Noire et froide où vers le crépuscule embaumé
Un enfant accroupi, plein de tristesse, lâche
Un bateau frêle comme un papillon de mai.

Je ne puis plus, baigné de vos langueurs, ô lames,
Enlever leur sillage aux porteurs de cotons,
Ni traverser l'orgueil des drapeaux et des flammes,
Ni nager sous les yeux horrible des pontons!

Half-island rocking on my sides the clamor
And the shit of squabbling birds, yellow-eyed,
And I would sway, while through my frail streamers
The drowned would sink to sleep, heels over head . . .

But whether becalmed under the hair of creeks
Or hurricane-flung through the birdless ether,
I whose sea-drunk carcase no Hanseatic
Sailboat would deign to rescue, nor Monitor either,

Free, steaming, turbaned with violet fogs,
I who pierced the sky reddening like a wall,
Who carry that sweetest of all spreads to poets,
Sunny sea-lichens, blue drops of sky-spittle,

Who galloped, spangled over with electric moons,
Raft of madness with sea horses in my train,
When the cudgel blows of July heats would crack
Funnels of fire in the sky's ultramarine;

I who would shudder hearing fifty leagues off
The roar of rutting behemoths, and the dense
  Maelstroms,
I, eternal spinner of blue immobilities,
Feel a longing for Europe and its ancient bastions!

I've seen archipelagoes like skies of stars! Isles
Whose heavens made the voyager mad with freedom;
Is it in those bottomless nights you sleep your exile,
Millions of gold birds, oh vigour still to come?—

But true, I've cried too much! Dawns are heartbreaking,
Moons are atrocious, and bitter every sun:
Harsh love has made me gravid with drunken torpors.
Oh may my keel snap, let me vanish to ocean!

If I desire a water of Europe, let it be
The cold black puddle where a brooding boy
Crouches sad one balmy evening and launches
A paper boat frail as a May butterfly.

Never again, heaved by your languors, Oh surges,
Will I steal a furrow where the cotton steamer runs,
Nor sidle through a pride of flags and torches,
Nor swim by under the horrible eyes of pontoons!

Loin des oiseaux . . .

Loin des oiseaux, des troupeaux, des villageoises,
Que buvais-je, à genoux dans cette bruyère
Entourée de tendres bois de noisetiers,
Dans un brouillard d'après-midi tiède et vert?

Que pouvais-je boire dans cette jeune Oise,
— Ormeaux sans voix, gazon sans fleurs, ciel couvert! —
Boire à ces gourdes jaunes, loin de ma case
Chérie? Quelque liqueur d'or qui fait suer.

Je faisais une louche enseigne d'auberge.
— Un orage vint chasser le ciel. Au soir
L'eau des bois se perdait sur les sables vierges,
Le vent de Dieu jetait des glaçons aux mares;

Pleurant, je voyais de l'or, — et ne pus boire!

La Rivière de Cassis

La Rivière de Cassis roule ignorée
     En des vaux étranges;
La voix de cent corbeaux l'accompagne, vraie
     Et bonne voix d'anges:
Avec les grands mouvements des sapinaies
     Quand plusieurs vents plongent.

Tout roule avec des mystères révoltants
     De campagnes d'anciens temps,
De donjons visités, de parcs importants:
     C'est en ces bords qu'on entend
Les passions mortes des chevaliers errants;
     Mais que salubre est le vent!

Que le piéton regarde à ces claires-voies:
     Il ira plus courageux.
Soldats des forêts que le Seigneur envoie,
     Chers corbeaux délicieux!
Faites fuir d'ici le paysan matois
     Qui trinque d'un moignon vieux.

A long way . . .

A long way from the herds, the birds, the village girls,
I was kneeling to drink on a bit of heath
Shut in by a tender screen of young hazels,
One mild, misty afternoon of greening breath.

What could I drink from that innocent young Oise
—Voiceless elms, flowerless grass, open sky—
Drink from yellowing gourds, a castaway
From home? Some gold liqueur to sweat my pores?

I leaned like a rotten sign for a wayside inn,
While storm clouds chased the sky till evening.
The woodland stream got lost in virgin sands,
God's breath came, blowing glass on all the pools . . .

Gold!—through tears. I couldn't stoop, or cup my
hands.

Walking Landscape

The river of currant wine rolls away unknown
        Into strange dales
With a following call of rooks, the true and solemn
        Choir of angels
To where a great gust encountering fir and pine
        Swoops, plunges and fails.

Everything rolls on repellent with mystery,
        Landscapes sunk in stealth
Of old times, dungeons visited, mouldy with history,
        Parks commemorating wealth.
Listen to knight-errant ghosts, wailing love's mastery
        —But this wind's good for your health!

Let the walker stand and gaze down every ride
        And go on bold as a tramp.
God's lovely soldiers of the wood will guide
        —Yes, rooks, blow up your trump,
And scare the sly peasant off, that's foe to pride,
        Boozing on his old tree-stump.

Comédie de la Soif

I. Les Parents

> Nous sommes tes Grands Parents,
>   Les Grands!
> Couverts des froides sueurs
> De la lune et des verdures.
> Nos vins secs avaient du cœur!
> Au soleil sans imposture
> Que faut-il à l'homme? boire.

MOI   Mourir aux fleuves barbares.

> Nous sommes tes Grands Parents
>   Des champs.
> L'eau est au fond des osiers:
> Vois le courant du fossé
> Autour du château mouillé.
> Descendons en nos celliers;
> Après, le cidre et le lait.

MOI   Aller où boivent les vaches.

> Nous sommes tes Grands Parents;
>   Tiens, prends
> Les liqueurs dans nos armoires.
> Le Thé, le Café, si rares,
> Frémissent dans les bouilloires.
> — Vois les images, les fleurs.
> Nous rentrons du cimetière.

MOI   Ah! tarir toutes les urnes.

II. L'Esprit

> Éternelles Ondines,
> Divisez l'eau fine.
> Vénus, sœur de l'azur,
> Émeus le flot pur.

> Juifs errants de Norwège,
> Dites-moi la neige.
> Anciens exilés chers
> Dites-moi la mer.

Comedy of Thirst

I. Forefathers

We are your Grandfathers,
     Truly Grand!
Bathed in the icy sweat
Of leafage under the moon.
Our dry wines had plenty of heart.
In the undeceiving sun
What does a man need? Booze.

ME: To die on barbarous shores.

We are your Grandfathers
     Of the open pastures.
Water hides at the osier root:
See the circling of the moat
All around the damp chateau.
Let's go down the cellar though;
And later, cider and milk.

ME: Go where the cows drink.

We are your Grandfathers:
Try the liqueurs
Stored away in our chests;
Tea and Coffee so rare
Are simmering in their pots
—There are flowers, pictures, see
We're back from the cemetery.

ME: Ah, drain all the urns dry!

II. Spirit

Everlasting Undines,
Spin the water fine.
Venus, sister of sky,
Lift the pure wave high.

Norway's wandering Jews,
Tell me the snows.
Old exiles dear to me,
Tell me the sea.

MOI   Non, plus ces boissons pures,
           Ces fleurs d'eau pour verres;
      Légendes ni figures
           Ne me désaltèrent;
      Chansonnier, ta filleule
           C'est ma soif si folle,
      Hydre intime sans gueules
           Qui mine et désole.

III. *Les Amis*

      Viens, les Vins vont aux plages,
      Et les flots par millions!
      Vois le Bitter sauvage
      Rouler du haut des monts!
      Gagnons, pèlerins sages,
      L'Absinthe aux verts piliers...

MOI   Plus ces paysages.
      Qu'est l'ivresse, Amis?

      J'aime autant, mieux, même,
      Pourrir dans l'étang,
      Sous l'affreuse crème,
      Près des bois flottants.

IV. *Le Pauvre Songe*

      Peut-être un Soir m'attend
      Où je boirai tranquille
      En quelque vieille Ville,
      Et mourrai plus content:
      Puisque je suis patient!

      Si mon mal se résigne,
      Si j'ai jamais quelque or,
      Choisirai-je le Nord
      Ou le Pays des Vignes?
      — Ah! songer est indigne

      Puisque c'est pure perte!
      Et si je redeviens
      Le voyageur ancien,
      Jamais l'auberge verte
      Ne peut bien m'être ouverte.

ME: No more of those pure brews
               Glassed in the water-lily;
     No legends or parables
               Can ever quench me;
     Songster, your foster-child
               Is my thirst so wild,
     A throatless hydra within
               That wastes and undermines.

III. Friends

     Come on, Wines make for the shores,
     And waves in millions!
     See the wild Bitters roars
     In torrents down the mountains!
     Sage pilgrims, let us wend
     Where green pillars of Absinthe rise . . .

ME: No more such landscapes. Friends,
     What is drunkenness?

     I'd as soon or rather
     Rot in the watery bogs
     Under the fearful lather
     Around the floating logs.

IV. Poor Dream

     Perhaps an evening will come
     When I can drink at ease
     In some ancient Town,
     And I'll die more content
     Seeing I am so patient.

     If my trouble resigns,
     If ever I get some gold,
     Shall I choose the Cold
     Climes, or the Land of the Vine?
     —Ah, what's the good of dreams,

     For me pure waste of time!
     And if once more I become
     The traveller of old,
     Still that green hostelry
     Will never be open for me.

V. Conclusion

> Les pigeons qui tremblent dans la prairie,
> Le gibier, qui court et qui voit la nuit,
> Les bêtes des eaux, la bête asservie,
> Les derniers papillons!... ont soif aussi.

> Mais fondre où fond ce nuage sans guide,
> — Oh! favorisé de ce qui est frais,
> Expirer en ces violettes humides
> Dont les aurores chargent ces forêts?

Fêtes de la Patience

I. Bannières de Mai

Aux branches claires des tilleuls
Meurt un maladif hallali.
Mais des chansons spirituelles
Voltigent partout les groseilles.
Que notre sang rie en nos veines,
Voici s'enchevêtrer les vignes.
Le ciel est joli comme un ange,
Azur et Onde communient.
Je sors! Si un rayon me blesse
Je succomberai sur la mousse.

Qu'on patiente et qu'on s'ennuie,
C'est si simple... Fi de ces peines.
Je veux que l'été dramatique
Me lie à son char de fortune,
Que par toi beaucoup, ô Nature,
— Ah moins nul et moins seul! je meure.
Au lieu que les Bergers, c'est drôle,
Meurent à peu près par le monde.

Je veux bien que les Saisons m'usent.
À Toi, Nature! je me rends,
Et ma faim et toute ma soif;
Et s'il te plaît, nourris, abreuve.
Rien de rien ne m'illusionne:

V. Ending

> The pigeons quivering in the field,
> The game that runs, seeing the dark grow vast,
> The water beasts, the beasts that are stalled,
> The final butterflies! . . . they all have this thirst.
>
> But oh, to melt where the wayless cloud melts,
> A favourite of every cool breath!
> To die among the rain-moist violets
> The dawns in spring load our forests with!

Festival of Patience

I. Banners of May

Along the lime-trees' clear boughs
Dies out a plaintive ullaloo.
But pious and witty little songs
Flutter amid the gooseberries.
Let our blood laugh in our veins,
Look at the freshly twisting vines.
The angelically pretty blue
Sky and water pray as one.
Outdoors, let a sun-ray pierce
Me, I'd drop dead on the moss.

Putting up with it . . . Patience, patience—
Easily said. I'm sick of my pains,
So let the drama of the summer
Fasten me to its wheel of chance.
Ah Nature, let me richly die
In you, less lonely and less null.
—Whereas the Shepherds, isn't it droll,
Are dying out everywhere, pretty well.

Seasons use me up, I'm willing,
Nature, I give myself up to you
With all my hunger and my thirst,
And if you will, feed me and quench.
Nothing, but nothing, can give me illusions:

C'est rire aux parents qu'au soleil;
Mais moi je ne veux rire à rien
Et libre soit cette infortune.

Juin 1872

II. *Chanson de la Plus Haute Tour*

Oisive jeunesse
À tout asservie,
Par délicatesse
J'ai perdu ma vie.
Ah! Que le temps vienne
Où les cœurs s'éprennent.

Je me suis dit: laisse,
Et qu'on ne te voie:
Et sans la promesse
De plus hautes joies.
Que rien ne t'arrête,
Auguste retraite.

J'ai tant fait patience
Qu'à jamais j'oublie;
Craintes et souffrances
Aux cieux sont parties.
Et la soif malsaine
Obscurcit mes veines.

Ainsi la prairie
À l'oubli livrée,
Grandie, et fleurie
D'encens et d'ivraies
Au bourdon farouche
De cent sales mouches.

Ah! Mille veuvages
De la si pauvre âme
Qui n'a que l'image
De la Notre-Dame!
Est-ce que l'on prie
La Vierge Marie?

Oisive jeunesse
À tout asservie,

Laugh at your parents, laugh at the sun,
I don't want to laugh at anyone;
And this misfortune, free may it run.

June 1872

II. Song of the Highest Tower

Youth all ways enslaved
With idleness rife,
From being too refined
I have ruined my life.
Ah, when will it arrive,
The time when all may love.

I told myself: quiet,
Be hid from all eyes,
And free of the promise
Of the highest joys.
Let nothing hold in wait
That noblest retreat.

I've been patient so long,
Out of all mind;
Fear and suffering
Have fled with the wind.
And the thirst insane
Now darkens each vein.

Just so the meadow
Left wild to its ways
Heaves high with the incense
Of blossoms and tares,
And the stale, savage hum
Of flies where they swarm.

Ah the thousand bereavings
Of the pauper soul,
With only Our Lady's
Image to console.
Do we send a prayer
To the Virgin up there?

Youth all ways enslaved,
With idleness rife,

Par délicatesse
J'ai perdu ma vie.
Ah! Que le temps vienne
Où les cœurs s'éprennent!

III. L'Éternité

Elle est retrouvée.
Quoi? — L'Éternité.
C'est la mer allée
Avec le soleil.

Âme sentinelle,
Murmurons l'aveu
De la nuit si nulle
Et du jour en feu.

Des humains suffrages,
Des communs élans
Là tu te dégages
Et voles selon...

Jamais l'ésperance;
Pas d'*orietur*.
Science avec patience...
Le supplice est sûr.

De votre ardeur seule,
Braises de satin,
Le devoir s'exhale
Sans qu'on dise: enfin.

Elle est retrouvée.
Quoi? L'Éternité.
C'est la mer allée
Avec le soleil.

IV. Âge d'Or

Quelqu'une des voix
Toujours angélique
— Il s'agit de moi, —
Vertement s'explique:

Ces mille questions
Qui se ramifient

From being too refined
I have ruined my life.
Ah, let it arrive,
The time when all may love.

III. Eternity

Look, it's found again.
What? Eternity.
It is the sea gone
Away into the sun.

Soul, sentinel,
Be the dumb desire
Of the night so null,
The day on fire.

Look, you are breaking free
From the common dreams,
Human vows and aims,
Making over sea . . .

Never speak of hope,
No *orietur*.
Let science, patience grip
You sure as torture.

Out of your heat alone,
Silky braziers,
Duty burns to one
Flame past days and years.

Yes, it's found again.
What? Eternity.
It is the sea gone
Home into the sun.

IV. Golden Age

Now one of these voices
—How very seraphic!—
Reviewing my choices,
Grows stern and specific:

"These myriad enigmas
Confused, intertwined,

N'amènent, au fond
Qu'ivresse et folie;

Reconnais ce tour
Si gai, si facile:
Ce n'est qu'onde, flore,
Et c'est ta famille!

Puis elle chante. O
Si gai, si facile,
Et visible à l'œil nu...
— Je chante avec elle, —

Reconnais ce tour
Si gai, si facile,
Ce n'est qu'onde, flore,
Et c'est ta famille!... etc...

Et puis une voix
— Est-elle angélique! —
Il s'agit de moi,
Vertement s'explique;

Et chante à l'instant
En sœur des haleines:
D'un ton Allemand,
Mais ardente et pleine:

Le monde est vicieux;
Si cela t'étonne!
Vis et laisse au feu
L'obscure infortune.

O! joli château!
Que ta vie est claire!
De quel Âge es-tu,
Nature princière
De notre grand frère?... (pluries)

Je chante aussi, moi:
Multiples sœurs! Voix
Pas du tout publiques!
Environnez-moi
De gloire pudique... (indesinenter)

Juin 1872

Can only bring madness
And chaos in the end.''

(That familiar tune
So facile and gay,
In its riverine way
It's your own next-of-kin!)

Then she bursts into song
So facile and gay,
And as nude as a tongue . . .
I join the roundelay—

(That familiar tune
So facile and gay,
In its flowery way
It's your own next-of-kin! . . . etc . . .

Then one of these voices
—How very seraphic!—
Reviewing my chances
Grows stern and specific;

Spontaneous and tonic
Like a womanly wind:
The accent's Teutonic
But rich, throaty and kind:

The world's evil, it stinks;
Why should that amaze!
Live, and let your jinx
Burn away in the blaze.

—O lovely chateau
With your clear way of life!
What Period are you,
Signorial fief
Of our big brother's wife! . . . (pluries)

I can sing on my own:
Oh sisterly choir
Far from vulgar desire!
Surround me and crown
With Glory's pure fire . . . (indesinenter)

June 1872

Fêtes de la Faim

Ma faim, Anne, Anne,
Fuis sur ton âne.

Si j'ai du goût, ce n'est guère
Que pour la terre et les pierres.
Dinn! dinn! dinn! dinn! Mangeons l'air,
Le roc, les charbons, le fer.

Mes faims, tournez. Paissez, faims,
Le pré des sons!
Attirez le gai venin
Des liserons;

Mangez les cailloux qu'un pauvre brise,
Les vieilles pierres d'églises,
Les galets, fils des déluges,
Pains couchés aux vallées grises!

Mes faims, c'est les bouts d'air noir,
L'azur sonneur;
— C'est l'estomac qui me tire,
C'est le malheur.

Sur terre ont paru les feuilles:
Je vais aux chairs de fruit blettes.
Au sein du sillon je cueille
La doucette et la violette.

Ma faim, Anne, Anne,
Fuis sur ton âne.

Honte

Tant que la lame n'aura
Pas coupé cette cervelle,
Ce paquet blanc, vert et gras
À vapeur jamais nouvelle...

(Ah! Lui, devrait couper son
Nez, sa lèvre, ses oreilles,

The Feast of All Hungers

My hungers!—Anne, Anne,
On your donkey, begone.

But if I'm hungry at all, it's for
Earth's own bones, the stones.
Dinn! dinn! dinn! dinn! Time to eat air,
Rocks, coals and ore.

Turn about, hungers, turn and graze
The fields of sound.
Follow the bindweed's bright ways,
Poison-wound.

Eat the stone-breaker's fresh scones,
Crumbling slices of church walls,
The flood's brood of rounded pebbles,
Dropped loaves on grey valley floors.

My hungers are black gouts of air,
The ringing blue
—The wind of fear,
And my stomach pulling too.

Look! Leaves already on the ground.
—I make for the flesh of sleepy fruits,
Or glean the wilding furrow to find
Lamb's lettuce, and violets.

My hungers!—Anne, Anne,
On your donkey, begone.

Shame

So long as the knife hasn't cut
This vessel of grey and green,
White bone, jelly and fat,
This ever-steaming brain . . .

(Oh! Him, he ought to slit
His nose, his lips and ears,

Son ventre! et faire abandon
De ses jambes! ô merveille!)

Mais, non: vrai, je crois que tant
Que pour sa tête la lame,
Que les cailloux pour son flanc,
Que pour ses boyaux la flamme

N'auront pas agi, l'enfant
Gêneur, la sotte bête,
Ne doit cesser un instant
De ruser et d'être traître

Comme un chat des Monts-Rocheux,
D'empuantir toutes sphères!
— Qu'à sa mort pourtant, mon Dieu!
S'élève quelque prière...

Mémoire

L'eau claire: comme le sel des larmes d'enfance;
l'assaut au soleil des blancheurs des corps de femme;
la soie, en foule et de lys pur, des oriflammes
sous les murs dont quelque pucelle eut la défense;

l'ébat des anges; — non... le courant d'or en marche
meut ses bras, noirs et lourds et frais surtout, d'herbe.
  Elle,
sombre, ayant le Ciel bleu pour ciel de lit, appelle
pour rideaux l'ombre de la colline et de l'arche.

II

Et l'humide carreau tend ses bouillons limpides!
l'eau meuble d'or pâle et sans fond les couches prêtes.
Les robes vertes et déteintes des fillettes
font les saules, d'où sautent les oiseaux sans brides.

Plus pure qu'un louis, jaune et chaude paupière,
le souci d'eau — ta foi conjugale, ô l'Épouse! —
au midi prompt, de son terne miroir, jalouse
au ciel gris de chaleur la Sphère rose et chère.

His belly, too, and let
His legs fall to the shears!)

No, but all the same,
Until neck hits the blade
And bowels meet the flame
And stones break the head

Till this traitor and truant
Has been tried in the fire,
He'll never cease for a moment
To conspire and be a liar,

Like a Rocky Mountain cat
Stinking to heaven and to earth!
—No more than just, oh God! But let
Someone say a prayer at his death.

Memoir

Clear water, clear as salt tears of childhood;
white assault of woman-flesh on the sunshine;
rolling silk, lily-studded, of a pennon
floating under walls some warrior Maid defended;

flight of angels—no, current of gold on the march
heaving its arms, heavy and dark, grass-cool. While
   She
brooding under a blue sky for a canopy
draws for curtains shadows of the hill, the arch.

II

And the smooth pane of water stretches its glass bubbles!
clothing its made bed with pale, depthless gold.
The children's green, faded dresses are the unfurled
willows an unbridled bird, darting, troubles.

Purer than a sovereign, warm and yellow eye,
the marsh marigold—your bridal ring, oh bride!—
prompt at noon on its dull mirror, opens wide
for its loved rosy sphere in the hot, grey sky.

III

Madame se tient trop debout dans la prairie
prochaine où neigent les fils du travail; l'ombrelle
aux doigts; foulant l'ombelle, trop fière pour elle;
des enfants lisant dans la verdure fleurie

leur livre de maroquin rouge! Hélas, Lui, comme
mille anges blancs qui se séparent sur la route,
s'éloigne par delà la montagne! Elle, toute
froide, et noire, court! après le départ de l'homme!

IV

Regrets des bras épais et jeunes d'herbe pure!
Or des lunes d'avril au cœur du saint lit! Joie
des chantiers riverains à l'abandon, en proie
aux soirs d'août qui faisaient germer ces pourritures!

Qu'Elle pleure à présent sous les remparts! l'haleine
des peupliers d'en haut est pour la seule brise.
Puis, c'est la nappe, sans reflets, sans source, grise:
un vieux dragueur, dans sa barque immobile, peine.

V

Jouet de cet œil d'eau morne, je n'y puis prendre,
ô canot immobile! ô! bras trop courts! ni l'une
ni l'autre fleur: ni la jaune qui m'importune,
là; ni la bleue, amis, à l'eau couleur de cendre.

Ah! la poudre des saules qu'une aile secoue!
les roses des roseaux dès longtemps dévorées!
Mon canot, toujours fixe et sa chaîne tirée
au fond de cet œil d'eau sans bords, — à quelle boue?

Le Loup Criait

Le loup criait sous les feuilles
En crachant les belles plumes
De son repas de volailles:
Comme lui je me consume.

Les salades, les fruits
N'attendent que la cueillette;

III

Madame is standing too stiff there in the meadow
nearby, where the labourers swarm, a parasol
in her fingers regardless—treading an umbel—
of the children reading in the green, flowered shadow

their book bound in red morocco. But He, alack,
like a flight of white angels dispersing en route
rises, disappearing over the mountain; curt,
fierce and cold, she runs after him! in black.

IV

Longings for the strong young arms of sweet grass!
Gold of April moons glimpsed from in bed! Joy
of riverside timber-yards abandoned to the sly
fevers of August evenings, ripening rottenness!

Let her weep now under the ramparts: the whisper
of the poplars overhead is only for the wind.
Look, friends, a grey sheet now, the water's mind
is only to grip the becalmed dredger, that old grasper.

V

Plaything of that mournful eye, I cannot reach
in my still boat, with my too-short arms, either
that tantalizing yellow flower, or the other
there, the blue, afloat on the water's faded bleach.

Ah, the dusty shimmer of willows shaken by a wing!
the flower of flowering reeds long since flown!
My boat forever fixed, its chain dragging down
in that lidless eye's depths—to what mud clinging?

To Bed at Noon

Leaf-hid, the wolf howled in his den,
Spitting out the snowy plumes
Of his breakfast, a fat hen.
Like his, my life consumes.

Time's ripe! Tooth's on edge
For fresh lettuce and melting fruits.

Mais l'araignée de sa haie
Ne mange que des violettes.

Que je dorme! que je bouille
Aux autels de Salomon.
Le bouillon court sur la rouille,
Et se mêle au Cédron.

Bonheur

O saisons, ô châteaux!
Quelle âme est sans défauts?

J'ai fait la magique étude
Du bonheur, qu'aucun n'élude.

Salut à lui, chaque fois
Que chante le coq gaulois.

Ah! je n'aurai plus d'envie:
Il s'est chargé de ma vie.

Ce charme a pris âme et corps
Et dispersé les efforts.

O saisons, ô châteaux!

Que comprendre à ma parole?
Il fait qu'elle fuit et vole.

L'heure de ma fuite, hélas!
Sera l'heure du trépas.

O saisons, ô châteaux!

Une Saison en Enfer

....

Jadis, si je me souviens bien, ma vie était un festin où s'ouvraient tous les coeurs, où tous les vins coulaient.

Un soir, j'ai assis la Beauté sur mes genoux. — Et je l'ai trouvée amère. — Et je l'ai injuriée.

But there's a spider in the hedge
Lives on nothing but violets.

So let me sleep! Let me simmer
On the altars of Solomon,
Boil over in a hissing river
And fall to the torrents of Khedron.

Happiness

Oh seasons, oh chateaux!
What soul is free from flaws?

I know all the magic shapes
Of happiness no soul escapes.

Here's to it! Every time
The cock meets morning with its chime.

Now I've nothing more to want,
All my being is its haunt.

The charm of it takes body and soul
And evaporates the will . . .

Oh seasons, oh chateaux!

Making feathers of my words,
Floating every feather skywards.

But my hour of flight, alack,
Will be when death knocks at my back.

Oh seasons, oh chateaux!

A Season in Hell

. . . .

Once, if I rightly recall, my life was a feast where all
hearts were open, all wines flowed.

One evening, I sat Beauty on my knee.—And I found
her bitter.—And I showered her with abuse.

Je me suis armé contre la justice.

Je me suis enfui. O sorcières, ô misère, ô haine, c'est à vous que mon trésor a été confié!

Je parvins à faire s'évanouir dans mon esprit toute l'espérance humaine. Sur toute joie, pour l'étrangler, j'ai fait le bond sourd de la bête féroce.

J'ai appelé les bourreaux pour, en périssant, mordre la crosse de leurs fusils. J'ai appelé les fléaux, pour m'étouffer avec le sable, le sang. Le malheur a été mon dieu. Je me suis allongé dans la boue. Je me suis séché à l'air du crime. Et j'ai joué de bons tours à la folie.

Et le printemps m'a apporté l'affreux rire de l'idiot.

Or, tout dernièrement, m'étant trouvé sur le point de faire le dernier *couac*, j'ai songé à rechercher la clef du festin ancien, où je reprendrais peut-être appétit.

La charité est cette clef. — Cette inspiration prouve que j'ai rêvé!

"Tu resteras hyène…" etc., se récrie le démon qui me couronna de si aimables pavots. "Gagne la mort avec tous tes appétits, et ton égoïsme et tous les péchés capitaux."

Ah! j'en ai trop pris: mais, cher Satan, je vous en conjure, une prunelle moins irritée! et en attendant les quelques petites lâchetés en retard, vous qui aimez dans l'écrivain l'absence des facultés descriptives ou instructives, je vous détache ces quelques hideux feuillets de mon carnet de damné.

Mauvais Sang

J'ai de mes ancêtres gaulois l'œil bleu blanc, la cervelle étroite, et la maladresse dans la lutte. Je trouve mon habillement aussi barbare que le leur. Mais je ne beurre pas ma chevelure.

Les Gaulois étaient les écorcheurs de bêtes, les brûleurs d'herbes les plus ineptes de leur temps.

D'eux, j'ai: l'idolâtrie et l'amour du sacrilège; oh! tous les vices, colère, luxure, — magnifique, la luxure; — surtout mensonge et paresse.

J'ai horreur de tous les métiers. Maîtres et ouvriers, tous paysans, ignobles. La main à plume vaut la main

I took up arms against justice.

I took flight. Oh witches, misery, hatred, my treasure was handed over to you!

I managed to abolish from my mind all the hope of humanity. Any possible joy I would leap on, like a wild beast, to strangle it. I summoned the executioners so that dying, I could gnaw at the butts of their rifles. I called down plagues, wanting to stifle myself with sand, or blood. My god was mischance. I stretched out in the mud. I dried out in the blast of crime. And I played many a trick on insanity.

And spring brought me the awful grin of idiocy.

Well, just lately, feeling I was on the point of my final *croak*, it occurred to me to look for the key to the old orgy, where my appetite maybe could revive.

Charity is that key.—An inspiration that proves I was dreaming.

"You'll stay what you are, a hyena, etc. . . ." yells the demon who crowned me with such agreeable poppies. "Go on, die, with all your appetites, and your egoism, and all the deadly sins."

Ah, I've taken too much!—But, Satan dear, please, less fury in your eye! And while you wait for the balance of peccadilloes that haven't shown up yet, you who admire writers with no descriptive or didactic abilities, let me tear off and give you these few shocking scraps from my notebook of the damned.

Bad Blood

From my Gaulish ancestors I've inherited whitey-blue eyes, a narrow head, and clumsiness in hand-to-hand fighting. I think my style of dress is as savage as theirs. But I don't butter my hair.

Of all the skinners of hides, and grass-burners of their time, the Gauls were the most inept.

It's from them I get my love of sacrilege, and my idolatry—oh, all the vices, rage, lust—magnificent thing, lust—above all, lying and laziness.

I have a horror of all trades and crafts. Masters, and artisans, all peasants, contemptible. The hand that

à charrue. — Quel siècle à mains! Je n'aurai jamais ma main. Après, la domesticité mène trop loin. L'honnêteté de la mendicité me navre. Les criminels dégoûtent comme des châtrés: moi, je suis intact, et ça m'est egal.

Mais! qui a fait ma langue perfide tellement, qu'elle ait guidé et sauvegardé jusqu'ici ma paresse? Sans me servir pour rien même de mon corps, et plus oisif que le crapaud, j'ai vécu partout. Pas une famille d'Europe que je ne connaisse. — J'entends des familles comme la mienne, qui tiennent tout de la déclaration des Droits de l'Homme. — J'ai connu chaque fils de famille!

. . . .

Si j'avais des antécédents à un point quelconque de l'histoire de France!

Mais non, rien.

Il m'est bien évident que j'ai toujours été race inférieure. Je ne puis comprendre la révolte. Ma race ne se souleva jamais que pour piller, tels les loups à la bête qu'ils n'ont pas tuée.

Je me rappelle l'histoire de la France, fille aînée de l'Église. J'aurais fait, manant, le voyage de terre sainte: j'ai dans la tête des routes dans les plaines souabes, des vues de Byzance, des remparts de Solyme: le culte de Marie, l'attendrissement sur le Crucifié s'éveillent en moi parmi mille féeries profanes. — Je suis assis, lépreux, sur les pots cassés et les orties, au pied d'un mur rongé par le soleil. — Plus tard, reître, j'aurais bivaqué sous les nuits d'Allemagne.

Ah! encore: je danse le sabbat dans une rouge clairière, avec des vieilles et des enfants.

Je ne me souviens pas plus loin que cette terre-ci et le christianisme. Je n'en finirais pas de me revoir dans ce passé. Mais toujours seul; sans famille; même, quelle langue parlais-je? Je ne me vois jamais dans les conseils du Christ; ni dans les conseils des Seigneurs, — représentants du Christ.

Qu'étais-je au siècle dernier; je ne me retrouve

wields the pen, or the plough, it's all the same.—What a century for hands!—I'll never take a hand. And then, domestic life is too much of a good thing. Honest beggary nauseates me. Criminals are as disgusting as eunuchs: me, I'm intact, and just as well.

But, but!—who gave me a tongue so treacherous that up till now it has kept me in absolute idleness? Without putting anything to work, not even my body, and as lazy as a toad, I've lived here, there, everywhere. There's not a family in Europe I don't know.—I mean families like mine, that owe their all to the Declaration of the Rights of Man.—I've known every son-of-the-family!

. . . .

If I had antecedents anywhere, at any point in French history!

No.

It's obvious, I know it, I've always belonged to an inferior race. I don't understand revolt. My people never rebelled, except like wolves, to pillage the beast they never killed.

I think of the history of France, eldest daughter of the Church. A serf and hanger-on, I'd have made the pilgrimage to the Holy Land. I carry route maps of the Swabian plains in my head, views of Byzantium, the ramparts of Solyma: mariolatry, tears for the Crucified One, keep rising in me, mixed up with a thousand elvish profanities.—I sit leprous, among broken pots and nettles at the foot of a sun-scarred wall.—Presently, as a *reiter*, I'll have bivouacked under the open German night.

Then again—I'm dancing a sabbath in a ruddy clearing, with old crones and infants.

My memory doesn't stretch beyond this land and the Christian era. Endlessly I can see myself here or there in that past. But always alone; no family; what language did I speak, even? I cannot ever see myself in the councils of Christ; or in the councils of Lords and Masters—Christ's representatives.

What was I last century: I can only see myself now.

qu'aujourd'hui. Plus de vagabonds, plus de guerres
vagues. La race inférieure a tout couvert — le peuple,
comme on dit, la raison, la nation et la science.

Oh! la science! On a tout repris. Pour le corps et
pour l'âme — le viatique, — on a la médecine et la
philosophie, — les remèdes de bonnes-femmes et les
chansons populaires arrangées. Et les divertissements des
princes et les jeux qu'ils interdisaient! Géographie,
cosmographie, mécanique, chimie!...

La science, la nouvelle noblesse! Le progrès. Le
monde marche! Pourquoi ne tournerait-il pas?

C'est la vision des nombres. Nous allons à l'*Esprit*.
C'est très certain, c'est oracle, ce que je dis. Je comprends, et ne sachant m'expliquer sans paroles païennes,
je voudrais me taire.

....

Le sang païen revient! L'Esprit est proche; pourquoi
Christ ne m'aide-t-il pas, en donnant à mon âme
noblesse et liberté? Hélas, l'Évangile a passé. L'Évangile! L'Évangile.

J'attends Dieu avec gourmandise. Je suis de race
inférieure de toute éternité.

Me voici sur la plage Armoricaine. Que les villes
s'allument dans le soir. Ma journée est faite: je quitte
l'Europe. L'air marin brûlera mes poumons; les climats
perdus me tanneront. Nager, broyer l'herbe, chasser,
fumer surtout; boire des liqueurs fortes comme du
métal bouillant, — comme faisaient ces chers ancêtres
autour des feux.

Je reviendrai, avec des membres de fer, la peau
sombre, l'œil furieux: sur mon masque, on me jugera
d'une race forte. J'aurai de l'or: je serai oisif et brutal.
Les femmes soignent ces féroces infirmes retour des
pays chauds. Je serai mêlé aux affaires politiques. Sauvé.

Maintenant je suis maudit, j'ai horreur de la patrie.
Le meilleur, c'est un sommeil bien ivre sur la grève.

....

On ne part pas. — Reprenons les chemins d'ici,
chargé de mon vice, le vice qui a poussé ses racines de

No more vagabonds, no more vague wars. The lower races have swarmed over everything—the people, as they're called, reason, nation, science.

Oh, science . . . Everything's been done over. For body and soul — viaticum, — there's medicine and philosophy—wise-woman's cures, and popular songs in arrangements. What about the diversions of princes, and the games they prohibited? Geography, cosmography, mechanics, chemistry! . . .

Science, the new aristocracy! Progress. The world's on the march. Why shouldn't it turn about?

The vision is of numbers. We are on the way to the *Spirit*. It's sure as oracle, what I'm saying. I know it, but not knowing how to explain without pagan words, I don't want to go on.

. . . .

Pagan blood is coming back! The Spirit is near; why won't Christ help me, by bringing nobility and freedom to my soul? Alas, the Gospel has passed by! Gospel. Gospel . . .

Greedily I await God. I am of a lower race through all eternity.

Now I'm on the Armorican shore. Let the towns light up in the evening. My day's work's done: I'm leaving Europe. The ocean air will burn my lungs; I'll be tanned in lost climates. Swim, pound the grass, hunt, above all smoke: drink liquors strong as molten metal—like those precious forefathers around their fires.

I'll come back iron-limbed, dark-skinned, fiery-eyed: seeing my mask, people will say I'm of a powerful race. I'll have gold. I'll be lazy, brutal. Women look after the savage invalids who come back from hot climes. I'll get mixed up in politics. Saved.

For the moment I'm under a curse, I loathe my country. Best to have a drunken sleep on the shore.

. . . .

There's no going away.—Let's take to the roads again, here, with my vice on my back, the vice that

souffrance à mon côté, dès l'âge de raison, — qui monte
au ciel, me bat, me renverse, me traîne.

La dernière innocence et la dernière timidité. C'est
dit. Ne pas porter au monde mes dégoûts et mes
trahisons.

Allons! La marche, le fardeau, le désert, l'ennui et la
colère.

À qui me louer? Quelle bête faut-il adorer? Quelle
sainte image attaque-t-on? Quels cœurs briserai-je? Quel
mensonge dois-je tenir? — Dans quel sang marcher?

Plutôt, se garder de la justice. La vie dure, l'abrutisse-
ment simple, — soulever, le poing desséché, le
couvercle du cercueil, s'asseoir, s'étouffer. Ainsi point
de vieillesse, ni de dangers: la terreur n'est pas française.

— Ah! je suis tellement délaissé que j'offre à
n'importe quelle divine image des élans vers la
perfection.

O mon abnégation, ô ma charité merveilleuse! ici-bas,
pourtant!

De profundis, *Domine*, suis-je bête!

....

Encore tout enfant, j'admirais le forçat intraitable sur
qui se referme toujours le bagne; je visitais les auberges
et les garnis qu'il aurait sacrés par son séjour; je
voyais *avec son idée* le ciel bleu et le travail fleuri de la
campagne; je flairais sa fatalité dans les villes. Il avait
plus de force qu'un saint, plus de bon sens qu'un
voyageur, — et lui, lui seul! pour témoin de sa gloire et
de sa raison.

Sur les routes, par des nuits d'hiver, sans gîte, sans
habits, sans pain, une voix étreignait mon cœur gelé:
"Faiblesse ou force: te voilà, c'est la force. Tu ne sais
ni où tu vas, ni pourquoi tu vas; entre partout, réponds
à tout. On ne te tuera pas plus que si tu étais cadavre."
Au matin j'avais le regard si perdu et la contenance si
morte, que ceux que j'ai rencontrés *ne m'ont peut-être
pas vu*.

Dans les villes la boue m'apparaissait soudainement
rouge et noire, comme une glace quand la lampe circule

sprouted its roots of suffering in my side when I was growing to the age of reason,—now it reaches the sky, beats in my face, overturns and drags me.

The last innocence and the last timidity. Enough said. Better not carry my disgusts and treacheries into the world.

Off! On the tramp—desert, boredom and rage.

Whom do I hire myself to? What beast adore? What holy image is there to attack, what hearts shall I break, what lie hold to?—Walk in what blood?

Best to keep out of the way of the law.—A hard life, simple and stupefied.—Then with a dried-up fist lift the coffin lid, settle down and stifle. That way, no old age, no dangers: terror isn't a French thing.

—Ah, I'm forlorn enough to offer my urge to perfection to any holy image, no matter.

My self-denial, my wonderful charity! Here below, however.

De profundis, Domine, am I an idiot!

. . . .

Even when I was small, I would admire the inveterate convict, forever being taken back to the hulks. I would go round the inns and lodging houses made sacred by his stay: I would see the blue sky through *his* notion of it, and the blossoming, labouring fields: I would sniff out his fatalism in the towns. He had more strength than a saint, more know-how than an explorer—and only himself to testify to his glory and commonsense.

On the roads, winter nights, shelterless, without clothes or bread, a voice would grip my heart like frost: "Weakness, or strength: here's strength for you. You don't know where you're going, or why; go in anywhere, say anything. No-one will kill you, any more than if you were a corpse." Next morning my look would be so dead, my eye so lost, that the people I met *may not even have seen me*.

In cities the mud would suddenly look fiery and black, like a mirror when a lamp is moving in the next

dans la chambre voisine, comme un trésor dans la forêt! Bonne chance, criai-je, et je voyais une mer de flammes et de fumée au ciel; et à gauche, à droite, toutes les richesses flambant comme un milliard de tonnerres.

Mais l'orgie et la camaraderie des femmes m'étaient interdites. Pas même un compagnon. Je me voyais devant une foule exaspérée, en face du peloton d'exécution, pleurant du malheur qu'ils n'aient pu comprendre, et pardonnant! — Comme Jeanne d'Arc! — "Prêtres, professeurs, maîtres, vous vous trompez en me livrant à la justice. Je n'ai jamais été de ce peuple-ci: je n'ai jamais été chrétien; je suis de la race qui chantait dans le supplice; je ne comprends pas les lois; je n'ai pas le sens moral, je suis une brute; vous vous trompez."

Oui, j'ai les yeux fermés à votre lumière. Je suis une bête, un nègre. Mais je puis être sauvé. Vous êtes de faux nègres, vous, maniaques féroces, avares. Marchand, tu es nègre; magistrat, tu es nègre; général, tu es nègre; empereur, vieille démangeaison, tu es nègre; tu as bu d'une liqueur non taxée, de la fabrique de Satan. — Ce peuple est inspiré par la fièvre et le cancer. Infirmes et vieillards sont tellement respectables qu'ils demandent à être bouillis. — Le plus malin est de quitter ce continent, où la folie rôde pour pourvoir d'otages ces misérables. J'entre au vrai royaume des enfants de Cham.

Connais-je encore la nature? me connais-je? — *Plus de mots*. J'ensevelis les morts dans mon ventre. Cris, tambour, danse, danse, danse, danse! Je ne vois même pas l'heure où, les blancs débarquant, je tomberai au néant.

Faims, soif, cris, danse, danse, danse, danse!

....

Les blancs débarquent. Le canon! Il faut se soumettre au baptême, s'habiller, travailler.

J'ai reçu au cœur le coup de la grâce. Ah! je ne l'avais pas prévu!

Je n'ai point fait le mal. Les jours vont m'être légers, le repentir me sera épargné. Je n'aurai pas eu les

room, like a treasure hidden in a wood! What luck, I would say, and I would see an ocean of smoke and flames in the sky; and all riches flaming to left and right, in thunderous millions.

But sexual orgy, woman's friendship, I was shut out from. Never a companion. I would see myself in front of an exasperated mob, facing a firing squad, crying from grief that they couldn't understand, and forgiving! —Like Joan of Arc! "Priests, professors, masters, you're all wrong to hand me over to the law. I never belonged to this people, I never was a Christian; I belong to the races who would sing under torture; I don't understand laws, I've no moral sense; I'm a brute beast; you've made a mistake."

Yes, my eyes are shut to your light. I'm an animal, a Negro. But I can be saved. You're only imitation Negroes, you savage, stingy maniacs. Grocer, you're a black; you as well, magistrate; and you, general; emperor, you old scab, you're a black; you've drunk an untaxed liquor of Satan's brewing.—Fever and cancer are the inspiration of this people. The old and the invalid are so respected they ask to be boiled.—The wisest thing is to quit this continent where madness prowls in search of hostages for these wretches. I'm off to the true kingdom of the children of Ham.

Do I really know nature yet? Or my self?—*No more words*. Bury the dead in my belly. Drum, scream, and dance dance dance dance! I can't even see the time when the whites make a landing, and I drop into the void.

Famished, thirsty, yell, and dance dance dance dance!

....

The whites are landing. Cannon-fire! Got to be baptized, put on clothes, work.

I've been shot to the heart by grace. Ah . . . never thought of that!

I've done no evil. Things will be easy for me, I'll be spared repentance. Not for me to suffer the torments of

tourments de l'âme presque morte au bien, où remonte
la lumière sévère comme les cierges funéraires. Le sort
du fils de famille, cercueil prématuré couvert de limpides
larmes. Sans doute la débauche est bête, le vice est bête;
il faut jeter la pourriture à l'écart. Mais l'horloge ne
sera pas arrivée à ne plus sonner que l'heure de la pure
douleur! Vais-je être enlevé comme un enfant, pour
jouer au paradis dans l'oubli de tout le malheur?

Vite! est-il d'autres vies? — Le sommeil dans la
richesse est impossible. La richesse a toujours été bien
public. L'amour divin seul octroie les clefs de la science.
Je vois que la nature n'est qu'un spectacle de bonté.
Adieu chimères, idéals, erreurs!

Le chant raisonnable des anges s'élève du navire
sauveur: c'est l'amour divin. — Deux amours! je puis
mourir de l'amour terrestre, mourir de dévouement.
J'ai laissé des âmes dont la peine s'accroîtra de mon
départ! Vous me choisissez parmi les naufragés; ceux
qui restent ne sont-ils pas mes amis?

Sauvez-les!

La raison m'est née. Le monde est bon. Je bénirai la
vie. J'aimerai mes frères. Ce ne sont plus des promesses
d'enfance. Ni l'espoir d'échapper à la vieillesse et à la
mort. Dieu fait ma force et je loue Dieu.

....

L'ennui n'est plus mon amour. Les rages, les dé-
bauches, la folie, — dont je sais tous les élans et les
désastres, — tout mon fardeau est déposé. Apprécions
sans vertige l'étendue de mon innocence.

Je ne serais plus capable de demander le réconfort
d'une bastonnade. Je ne me crois pas embarqué pour
une noce avec Jésus-Christ pour beau-père.

Je ne suis pas prisonnier de ma raison. J'ai dit: Dieu.
Je veux la liberté dans le salut: comment la poursuivre?
Les goûts frivoles m'ont quitté. Plus besoin de dévouement ni d'amour divin. Je ne regrette pas le siècle des
cœurs sensibles. Chacun a sa raison, mépris et charité:
je retiens ma place au sommet de cette angélique échelle
de bon sens.

the soul almost dead to remorse, sternly lit up from within by its own corpse candles. The foredoomed son-of-the-family, early coffin bathed in limpid tears. Debauchery's stupid, that's sure, and vice is stupid: what's rotten must be thrown out. But surely the clock hasn't arrived at where it can chime only the hour of pure sorrow! Am I going to be snatched away like a baby, to play in heaven forgetful of all woes?

Quick! Are there other lives, say?—To slumber in riches isn't possible. Wealth was always a public property. Only divine love can offer the keys of science. I can see nature's nothing but a show of goodness. Goodbye chimeras, ideals, blunders!

The rational song of the angels rises from the rescue ship: here comes divine love.—Two loves! I might die of earthly love, die of self-sacrifice. I've left beings who will feel the more pain at my going. You choose me from among the wrecked; but the rest of them, aren't they my friends?

Save them!

Reason comes to birth in me. The world's good. I will bless life. Love my brothers. These aren't childish promises any more. Nor the hope of escaping old age, and death. God gives me my strength and I praise God.

. . . .

My love isn't spleen any more. Rage, debauchery, madness—I know all their flights and collapses—I've laid the whole burden aside. Let's review, without getting dizzy, the whole panorama of my innocence.

I'd no longer be able to find consolation in a bastinado. I don't believe I'm off to a wedding with Jesus Christ as father-in-law.

I'm not a prisoner of my reason. God, I said. I want freedom in salvation: how to find it? Childish urges have left me. No more need for self-sacrifice, or love divine. I don't long for the era of the tender-hearted. Each has his own reason, contempt, and charity: I hold on to my rung at the top of this angelic ladder of good sense.

Quant au bonheur établi, domestique ou non...
non, je ne peux pas. Je suis trop dissipé, trop faible. La
vie fleurit par le travail, vieille vérité: moi, ma vie n'est
pas assez pesante, elle s'envole et flotte au-dessus de
l'action, ce cher point du monde.

Comme je deviens vieille fille, à manquer du courage
d'aimer la mort!

Si Dieu m'accordait le calme céleste, aérien, la prière,
— comme les anciens saints. — Les saints, des forts! les
anachorètes, des artistes comme il n'en faut plus!

Farce continuelle? Mon innocence me ferait pleurer.
La vie est la farce à mener par tous.

....

Assez! voici la punition. — *En marche!*

Ah! les poumons brûlent, les tempes grondent! La
nuit roule dans mes yeux, par ce soleil! Le cœur... les
membres....

Où va-t-on? au combat? Je suis faible! les autres
avancent. Les outils, les armes... le temps!...

Feu! Feu sur moi! Là, ou je me rends. — Lâches! Je
me tue! je me jette aux pieds des chevaux!

Ah!...

— Je m'y habituerai.

Ce serait la vie française, le sentier de l'honneur!

Nuit de l'Enfer

J'ai avalé une fameuse gorgée de poison. Trois fois
béni soit le conseil qui m'est arrivé! — Les entrailles me
brûlent. La violence du venin tord mes membres, me
rend difforme, me terrasse. Je meurs de soif, j'étouffe,
je ne puis crier. C'est l'enfer, l'éternelle peine! Voyez
comme le feu se relève! Je brûle comme il faut. Va,
démon!

J'avais entrevu la conversion au bien et au bonheur,
le salut. Puis-je décrire la vision? l'air de l'enfer ne
souffre pas les hymnes! C'étaient des millions de
créatures charmantes, un suave concert spirituel, la
force et la paix, les nobles ambitions, que sais-je?

Les nobles ambitions!

Et c'est encore la vie! Si la damnation est éternelle!

As for settled happiness, domestic or other . . . No, I can't. I'm too scattered, too weak. Life thrives on work: old saw; but my life hasn't weight enough, it floats off and hovers way above that precious point of all things worldly, action.

What an old woman I'm turning into, from not having the courage to love death!

If God would grant me peace celestial, airy,—and prayer,—like the early saints.—The strong, the anchorites, artists of a kind no longer needed.

An endless farce? My innocence is enough to make me cry. Life's the farce we all have to act out.

. . . .

Enough, now for the sentence! — *Quick march!*

Lungs on fire, temples pounding! My eyes drown in the dark—in all this sun! Heart . . . limbs . . .

Where are we going? To battle? I'm too feeble! The others march on. Arms, weapons . . . time! . . .

Fire, I'm under fire! Stop there, or I surrender.— Cowards!—I'll kill myself, dive under the horse's feet!

Ah well! . . .

—I'll get used to it.

Such would be life in France, the path of honour.

Night in Hell

I've swallowed a rare mouthful of poison.—Three blessings on the course I've settled on!—My guts are on fire. The violence of the poison twists my limbs, cripples and fells me. I'm dying of thirst, choking, I can't shout. This is Hell, eternal punishment! Look at how the fire heaves! I'm burning just the way I ought. Go on, demon!

I had that glimpse of conversion to goodness, happiness, salvation. How can I describe? Hell's air won't tolerate hymns! Millions of ravishing beings, a suave religious concert, strength and peace, noble ambitions, and so forth . . .

Noble ambitions!

And this is life still! . . . Suppose damnation is

Un homme qui veut se mutiler est bien damné, n'est-ce pas? Je me crois en enfer, donc j'y suis. C'est l'exécution du catéchisme. Je suis esclave de mon baptême. Parents, vous avez fait mon malheur et vous avez fait le vôtre. Pauvre innocent! — L'enfer ne peut attaquer les païens

C'est la vie encore! Plus tard, les délices de la damnation seront plus profondes. Un crime, vite, que je tombe au néant, de par la loi humaine.

Tais-toi, mais tais-toi!... C'est la honte, le reproche, ici: Satan qui dit que le feu est ignoble, que ma colère est affreusement sotte. — Assez!... Des erreurs qu'on me souffle, magies, parfums faux, musiques puériles. — Et dire que je tiens la vérité, que je vois la justice: j'ai un jugement sain et arrêté, je suis prêt pour la perfection... Orgueil. — La peau de ma tête se dessèche. Pitié! Seigneur, j'ai peur. J'ai soif! si soif! Ah! l'enfance, l'herbe, la pluie, le lac sur les pierres, *le clair de lune quand le clocher sonnait douze*... Le diable est au clocher à cette heure. Marie! Sainte Vierge... — Horreur de ma bêtise.

Là-bas, ne sont-ce pas des âmes honnêtes, qui me veulent du bien?... Venez... J'ai un oreiller sur la bouche, elles ne m'entendent pas, ce sont des fantômes. Puis, jamais personne ne pense à autrui. Qu'on n'approche pas. Je sens le roussi, c'est certain.

Les hallucinations sont innombrables. C'est bien ce que j'ai toujours eu: plus de foi en l'histoire, l'oubli des principes. Je m'en tairai; poètes et visionnaires seraient jaloux. Je suis mille fois le plus riche, soyons avare comme la mer.

Ah ça! l'horloge de la vie s'est arrêtée tout à l'heure. Je ne suis plus au monde. — La théologie est sérieuse, l'enfer est certainement *en bas*, — et le ciel en haut. — Extase, cauchemar, sommeil dans un nid de flammes.

Que de malices dans l'attention dans la campagne... Satan, Ferdinand, court avec les graines sauvages... Jésus marche sur les ronces purpurines, sans les courber... Jésus marchait sur les eaux irritées. La lanterne nous le montra debout, blanc et des tresses brunes, au flanc d'une vague d'émeraude...

eternal? A man who wants to mutilate himself is surely damned? I believe I *am* in Hell, so I must be . . . It's the catechism fulfilled. I'm doomed by my christening. Father, mother, you made my misery, and your own. Poor innocent . . . Hell cannot touch the pagan.

And still this is life! Soon the delights of damnation will deepen. Quick, some crime, so that I can fall into the void, according to human law.

Shut up, I say shut up! . . . Only shame here, and blame. Satan saying the fire's beneath contempt, my rage totally ridiculous.—Enough! . . . of the delusions whispering to me, spells, perfumes, infantile musics. And to think I grasp the truth, I can see justice: my judgment is sound and fixed, I'm ready for perfection . . . Pride.—The skin of my scalp is drying up. Pity! Lord, I'm afraid. And thirsty, thirsty! Ah, childhood, the grass, the rain, the lake quivering on its pebbles, *the moonlight when the belfry chimed twelve* . . . The devil's in the belfry at that hour. Mary! Holy Virgin! . . . My weakness gives me the horrors.

Over there, aren't there some worthy souls, full of goodwill to me? . . . Come closer . . . I've a pillow on my mouth, they can't hear me, they're only phantoms. And then nobody ever thinks of another. Don't come closer. I smell of singeing, that's sure.

Hallucinations without end. They're what I've always been having: no more belief in history, all principles forgot. I won't tell about them: poets and visionaries would be jealous. I'm a thousand times the richest, let's be as miserly as the sea.

So that's it! Life's clock stopped a minute ago. I'm out of the world now.—Theology is serious, Hell's certainly *below*—and heaven above.—Ecstasy, nightmare, sleep in a nest of flame.

What mischief there is in the concentration of the growing country soil . . . Satan, Old Harry, scurrying in the weed seeds . . . Jesus walks on the purplish brambles without bending them . . . Jesus walked on the restive waves. The magic lantern showed him standing, white with long brown hair, flanked by an emerald breaker . . .

Je vais dévoiler tous les mystères : mystères, religieux ou naturels, mort, naissance, avenir, passé, cosmogonie, néant. Je suis maître en fantasmagories.

Écoutez !...

J'ai tous les talents ! — Il n'y a personne ici, et il y a quelqu'un : je ne voudrais pas répandre mon trésor. — Veut-on des chants nègres, des danses de houris ? Veut-on que je disparaisse, que je plonge à la recherche de l'*anneau* ? Veut-on ? Je ferai de l'or, des remèdes.

Fiez-vous donc à moi, la foi soulage, guide, guérit. Tous, venez, — même les petits enfants, — que je vous console, qu'on répande pour vous son cœur, — le cœur merveilleux ! — Pauvres hommes, travailleurs ! Je ne demande pas de prières ; avec votre confiance seulement je serai heureux.

— Et pensons à moi. Ceci me fait peu regretter le monde. J'ai de la chance de ne pas souffrir plus. Ma vie ne fut que folies douces, c'est regrettable.

Bah ! faisons toutes les grimaces imaginables.

Décidément, nous sommes hors du monde. Plus aucun son. Mon tact a disparu. Ah ! mon château, ma Saxe, mon bois de saules. Les soirs, les matins, les nuits, les jours... Suis-je las !

Je devrais avoir mon enfer pour la colère, mon enfer pour l'orgueil, — et l'enfer de la paresse : un concert d'enfers.

Je meurs de lassitude. C'est le tombeau, je m'en vais aux vers, horreur de l'horreur ! Satan, farceur, tu veux me dissoudre, avec tes charmes. Je réclame ! un coup de fourche, une goutte de feu.

Ah ! remonter à la vie ! Jeter les yeux sur nos difformités. Et ce poison, ce baiser mille fois maudit ! Ma faiblesse, la cruauté du monde ! Mon Dieu, pitié, cachez-moi, je me tiens trop mal !... Je suis caché et je ne le suis pas.

C'est le feu qui se relève avec son damné.

I'm going to unveil all the mysteries: natural and religious; birth, death, future, past, cosmogony, the void. I'm a master in phantasmagoria.

Listen! . . .

I have every talent!—There's nobody here, and there's someone: I don't want to divulge my treasure.—What would you like, Negro songs, houris dancing? D'you want me to vanish, dive for the *ring*? Do you? I'll make gold, panaceas.

Just put your trust in me, faith guides, soothes and heals. Come on, all—even the little ones—let me console, let the heart pour out for you—miraculous heart! —Poor, toiling mankind. I don't ask for prayers: with your trust alone I'll be happy.

—And think of me. This leaves me little regret for the world. I'm lucky not to suffer more. My life was nothing but mild manias, and that's to be regretted.

Foo! let's pull all imaginable faces.

Decidedly we are out of the world. Not a sound. My sense of touch vanished. Ah, my chateau, my Dresden china, my willow wood. Evenings, mornings, nights, days . . . Am I weary!

I ought to have a separate Hell for anger, another for pride—and a hell for laziness, a symphony of Hells.

I'm dying of lassitude. This is the tomb, I'm on my way to the worms, horror of horrors! Satan, you humbug, you want to dissolve me with your charms. I claim my rights: a prod of pitchfork, a drop of fire.

Ah, rising up to life again! To cast eyes on our hideousness. And that poison, that thousand times accursed kiss! My weakness, the cruelty of the world. Pity, my God, hide me! I can't hold up . . . I am hidden, and I'm not hidden.

It's the fire heaving with its damned soul inside.

Délires I

Vierge Folle. L'Époux Infernal

Écoutons la confession d'un compagnon de l'enfer:

"O divin Époux, mon Seigneur, ne refusez pas la confession de la plus triste de vos servantes. Je suis perdue. Je suis soûle. Je suis impure. Quelle vie!

"Pardon, divin Seigneur, pardon! Ah! Pardon! Que de larmes! Et que de larmes encore plus tard, j'espère!

"Plus tard, je connaîtrai le divin Époux! Je suis née soumise à Lui. — L'autre peut me battre maintenant!

"À présent, je suis au fond du monde, ô mes amies!... non, pas mes amies... Jamais délires ni tortures semblables... Est-ce bête!

"Ah! je souffre, je crie. Je souffre vraiment. Tout pourtant m'est permis, chargée du mépris des plus méprisables cœurs.

"Enfin, faison cette confidence, quitte à la répéter vingt autres fois, — aussi morne, aussi insignifiante!

"Je suis esclave de l'Époux infernal, celui qui a perdu les vierges folles. C'est bien ce démon-la. Ce n'est pas un spectre, ce n'est pas un fantôme. Mais moi qui ai perdu la sagesse, qui suis damnée et morte au monde, — on ne me tuera pas! Comment vous le décrire! Je ne sais même plus parler. Je suis en deuil, je pleure, j'ai peur. Un peu de fraîcheur, Seigneur, si vous voulez, si vous voulez bien!

"Je suis veuve... — J'étais veuve... mais oui, j'ai été bien sérieuse jadis, et je ne suis pas née pour devenir squelette!... — Lui était presque un enfant... Ses délicatesses mystérieuses m'avaient séduite. J'ai oublié tout mon devoir humain pour le suivre. Quelle vie! La vraie vie est absente. Nous ne sommes pas au monde. Je vais où il va, il le faut. Et souvent il s'emporte contre moi, *moi, la pauvre âme.* Le Démon! — C'est un démon, vous savez, *ce n'est pas un homme.*

"Il dit: 'Je n'aime pas les femmes: l'amour est à réinventer, on le sait. Elles ne peuvent plus que vouloir une position assurée. La position gagnée, cœur et beauté sont mis de côté: il ne reste que froid dedain, l'aliment

Deliriums I

Foolish Virgin. Hellish Bridegroom

Listen to the confession of one of Hell's fellow inmates:

"Oh heavenly Spouse, Lord God, don't reject the
confession of the saddest of all your handmaids. I'm
lost. I'm drunk. I'm filthy. What a life!

"Pardon, heavenly Father, pardon! Ah, pardon!
Look at all my tears. And there'll be more still, later
on, let's hope!

"Later on I'll meet the heavenly Bridegroom. I was
born in his keeping.—So let the other one beat me for
now!

"Just now I'm in the very depths of this world—oh
my virgin friends!—No, you're not my friends either.
There never was such delirium, such torture . . . Isn't it
ridiculous!

"Ah, I'm suffering, crying. I really am suffering. But I
have every right, loaded the way I am, with the contempt
of the most contemptible . . .

"Well, let me explain, even if I have to repeat it
twenty times over.—Always the same dreary, trivial tale!

"I'm a slave to the hellish Bridegroom, the one that
ruined those foolish virgins. That very same demon.
No, he's not a spectre, or a phantom. But even though
I lost my wisdom, and damned myself dead to the
world,—they won't kill me, surely! How can I describe
him? I hardly know how to talk any more. I'm in
mourning, I weep, and I'm frightened. Just a touch of
coolness, oh Lord, if you'd be so kind!

"I'm a widow . . . —I was a widow . . . Oh yes, I
was a very serious person once, and I wasn't just made
to be skin and bone! . . . Him, he was hardly more
than a child . . . I was seduced by his delicate, mysterious ways. I gave up all my human ties to follow him.
What a life! This isn't real life at all. We are not in the
world. I go where he goes. I have to. And often he has
these outbursts at me, at *me*, poor little soul! Demon!—
He really is a demon, you know, *and not a human being
at all.*

du mariage, aujourd'hui. Ou bien je vois des femmes, avec les signes du bonheur, dont, moi, j'aurais pu faire de bonnes camarades, dévorées tout d'abord par des brutes sensibles comme des bûchers…'

"Je l'écoute faisant de l'infamie une gloire, de la cruauté un charme. "Je suis de race lointaine: mes pères étaient Scandinaves: ils se perçaient les côtes, buvaient leur sang. — Je me ferai des entailles par tout le corps, je me tatouerai, je veux devenir hideux comme un Mongol; tu verras, je hurlerai dans les rues. Je veux devenir bien fou de rage. Ne me montre jamais de bijoux, je ramperais et me tordrais sur le tapis. Ma richesse, je la voudrais tachée de sang partout… Jamais je ne travaillerai…" Plusieurs nuits, son démon me saisissant, nous nous roulions, je luttais avec lui! — Les nuits, souvent, ivre, il se poste dans les rues ou dans des maisons, pour m'épouvanter mortellement. — "On me coupera vraiment le cou: ce sera dégoûtant." Oh! ces jours où il veut marcher avec l'air du crime!

"Parfois il parle, en une façon de patois attendri, de la mort qui fait repentir, des malheureux qui existent certainement, des travaux pénibles, des départs qui déchirent les cœurs. Dans les bouges où nous nous enivrions, il pleurait en considérant ceux qui nous entouraient, bétail de la misère. Il relevait les ivrognes dans les rues noires. Il avait la pitié d'une mère méchante pour les petits enfants. — Il s'en allait avec des gentillesses de petite fille au catéchisme… — Il feignait d'être éclairé sur tout, commerce, art, médecine. — Je le suivais, il le faut!

"Je voyais tout le décor dont, en esprit, il s'entourait: vêtements, draps, meubles; je lui prêtais des armes, une autre figure. Je voyais tout ce qui le touchait, comme il aurait voulu le créer pour lui. Quand il me semblait avoir l'esprit inerte, je le suivais, moi, dans des actions étranges et compliquées, loin, bonnes ou mauvaises: j'étais sûre de ne jamais entrer dans son monde. À côté de son cher corps endormi, que d'heures des nuits j'ai veillé, cherchant pourquoi il voulait tant s'évader de la réalité. Jamais homme n'eut pareil vœu. Je reconnaissais

"He keeps saying: 'I don't like women: love's got to be re-made all over again, that's obvious. All women look for now is an assured position. Once they've got that, heart and beauty are put to one side. All that's left is cold contempt, the mainstay of marriage nowadays. Or else I see women capable of happiness, women I could have made good comrades of, destroyed right off by brutes as sensitive as butchers . . .'

"I listen to him glorying in infamy, making cruelty a charm. 'I'm of a far-off race: my forefathers were Vikings: they would slash their ribs, drink their own blood. I'll gash my body all over, tattoo myself, I want to be as hideous as a Mongol: you'll see, I'll howl in the streets. I want to go clean mad with rage. Never show me jewels, I would grovel and twist on the mat. I want my riches to be stained with blood . . . I'll never go to work . . .' Some nights his demon would grab me, we would roll over and over while I struggled! At nights he'll often plant himself, drunk, in the streets, or in houses, just to terrify me to death!—'I really will get my throat cut; it'll be disgusting.' Oh, those days when he wants to stalk about like a criminal!

"Now and then he'll talk, in a fond sort of lingo of his own, all about death bringing repentance, of the real existence of misery in the world, back-breaking toil, heart-rending farewells. In the dens where we got drunk, he would cry at the thought of the people all round us, poverty's beasts of burden. He would lift up drunks in the dark streets. He had the pity of a vicious mother for small children.—He would wander off with the dainty air of a little girl going to catechism.—He would make out that he knew all about everything, commerce, art, medicine.—I followed him, I had to!

"I could see how he saw everything around him in his own imagination: clothes, hangings, furniture. I would picture him in armour, with a different face. I saw everything that touched him as he would have liked to make it for himself. When he seemed to have no mind for anything, I would follow him, still, through strange and complicated goings-on, good or wicked: I knew I

— sans craindre pour lui — qu'il pouvait être un
sérieux danger dans la société. Il a peut-être des secrets
pour *changer la vie*? Non, il ne fait qu'en chercher, me
répliquais-je. Enfin sa charité est ensorcelée, et j'en suis
la prisonnière. Aucune autre âme n'aurait assez de
force — force de désespoir! — pour la supporter, pour
être protégée et aimée par lui. D'ailleurs je ne me le
figurais pas avec une autre âme; on voit son Ange,
jamais l'Ange d'un autre, — je crois. J'étais dans son
âme comme dans un palais qu'on a vidé pour ne pas
voir une personne si peu noble que vous: voilà tout.
Hélas, je dépendais bien de lui. Mais que voulait-il
avec mon existence terne et lâche? Il ne me rendait pas
meilleure, s'il ne me faisait pas mourir! Tristement
dépitée, je lui dis quelquefois: "Je te comprends." Il
haussait les épaules.

"Ainsi, mon chagrin se renouvelant sans cesse, et me
trouvant plus égarée à mes yeux, — comme à tous les
yeux qui auraient voulu me fixer, si je n'eusse été
condamnée pour jamais à l'oubli de tous! — J'avais
de plus en plus faim de sa bonté. Avec ses baisers et ses
étreintes amies, c'était bien un ciel, un sombre ciel, où
j'entrais et où j'aurais voulu être laissée, pauvre, sourde,
muette, aveugle. Déjà j'en prenais l'habitude. Je nous
voyais comme deux bons enfants, libres de se promener
dans le Paradis de tristesse. Nous nous accordions. Bien
émus, nous travaillions ensemble. Mais, après une
pénétrante caresse, il me disait: 'Comme ça te paraîtra
drôle, quand je n'y serai plus, ce par quoi tu as passé.
Quand tu n'auras plus mes bras sous ton cou, ni mon
cœur pour t'y reposer, ni cette bouche sur tes yeux.
Parce qu'il faudra que je m'en aille, très loin, un jour.
Puis il faut que j'en aide d'autres: c'est mon devoir.
Quoique ce ne soit guère ragoûtant... chère âme...'
Tout de suite je me pressentais, lui parti, en proie au
vertige, précipitée dans l'ombre la plus affreuse: la
mort. Je lui faisais promettre qu'il ne me lâcherait pas.
Il l'a faite vingt fois, cette promesse d'amant. C'était
aussi frivole que moi lui disant: 'Je te comprends.'

"Ah! je n'ai jamais été jalouse de lui. Il ne me

could never get inside his world. Close to his dear
sleeping body, how many hours of the night I would lie
awake, trying to make out why he wanted so to get
away from reality. Never was a man with such an aim.
I could see—without fearing for him—how he might be
a serious danger to society. Maybe he does have the
secret of how to *change life?* No, I would tell myself,
he's only looking for it. But his kindheartedness is
bewitched, and I'm its prisoner. Not another soul would
have the strength—strength of despair!—to stand it,
his love and protection. Anyway I couldn't imagine him
with any other soul: he's got an Angel you can see—I
don't believe you can see anyone else's. I lived in his
soul as though it were a palace that's been left empty,
so the owner won't see anyone so unworthy: that's how
it felt. But, worse for me, my life really depended on
him. What could he want with anything so weak and
colourless? He didn't make me any better, even if he
didn't bring me to suicide! Sad and fretful, I'd sometimes
say: 'I understand you.' He would shrug his shoulders.

"And this way, always more and more aggrieved,
feeling more and more lost in my own eyes—in the eyes
of anybody that might look at me, if I hadn't been
condemned to be ignored by them forever—I would
long more and more for his kindness. His kisses and his
loving hugs made a heaven, a gloomy heaven to enter,
but where I would have liked to be left—a poor thing,
deaf, mute and blind. I was getting into the habit of it.
I could see us like two good children, free to wander in
the Paradise of sorrow. We would make peace. Excited,
full of love, we would work together. But after a
penetrating embrace, he would say: 'How strange it
will seem, all this you've been through, when I'm not
here any more. When you don't have my arms under
your neck, my heart to rest on, this mouth on your
eyes. Because I'll have to go away, far, one day. Anyway, I have to help others: it's my duty. Though it's
hardly a thing I'll relish . . . my precious . . .' All at
once I would feel how, with him gone, I'd be a prey to
despair, flung into the most terrible darkness, death. I

quittera pas, je crois. Que devenir? Il n'a pas une
connaissance; il ne travaillera jamais. Il veut vivre
somnambule. Seules, sa bonté et sa charité lui don-
neraient-elles droit dans le monde réel? Par instants,
j'oublie la pitié où je suis tombée: lui me rendra forte,
nous voyagerons, nous chasserons dans les déserts, nous
dormirons sur les pavés des villes inconnues, sans soins,
sans peines. Ou je me réveillerai, et les lois et les mœurs
auront changé — grâce à son pouvoir magique; ou le
monde, en restant le même, me laissera à mes désirs,
joies, nonchalances. Oh! la vie d'aventures qui existe
dans les livres d'enfants, pour me récompenser, j'ai tant
souffert, me la donneras-tu? Il ne peut pas. J'ignore son
idéal. Il m'a dit avoir des regrets, des espoirs: cela ne
doit pas me regarder. Parle-t-il à Dieu? Peut-être
devrais-je m'adresser à Dieu. Je suis au plus profond de
l'abîme, et je ne sais plus prier.

"S'il m'expliquait ses tristesses, les comprendrais-je
plus que ses railleries? Il m'attaque, il passe des heures
à me faire honte de tout ce qui m'a pu toucher au
monde, et s'indigne si je pleure.

— "'Tu vois cet élégant jeune homme, entrant dans la
belle et calme maison: il s'appelle Duval, Dufour,
Armand, Maurice, que sais-je? Une femme s'est
dévouée à aimer ce méchant idiot: elle est morte, c'est
certainement une sainte au ciel, à present. Tu me feras
mourir comme il a fait mourir cette femme. C'est notre
sort à nous, cœurs charitables...' Hélas! il y avait des
jours où tous les hommes agissant lui paraissaient les
jouets de délires grotesques; il riait affreusement,
longtemps. — Puis, il reprenait sa manière de jeune
mère, de sœur aînée. S'il était moins sauvage, nous
serions sauvés! Mais sa douceur aussi est mortelle. Je
lui suis soumise — ah! je suis folle!

"Un jour peut-être il disparaîtra merveilleusement;
mais il faut que je sache, s'il doit remonter à un ciel, que
je voie un peu l'assomption de mon petit ami!"

Drôle de ménage!

would make him promise not to leave me. He's made it twenty times over, that lover's promise. It was as pointless as my telling him: 'I understand you.'

"Ah, I've never been jealous of him. I don't think he'll desert me. What for? He doesn't know a soul: he will never work. He wants to live like a sleepwalker. Would his goodness and charity by themselves give him any rights in the real world? Now and again, I get over the wretched state I've fallen into: he'll make me strong, we'll travel, we'll hunt through deserts, we'll sleep on the pavements of unknown cities, carefree, work-free. Or else I'll waken up to find ways and laws have all been changed—thanks to his magic; or else the world, even if it's still the same, will leave me my joys and desires without caring. Oh, the adventure stories in childrens' books, can you really take me into them, to make up for all I've had to suffer? No, he can't. What his ideal is I don't know. He says he has hopes, regrets, yes: but they are nothing to do with me. Can he talk to God? Maybe I ought to try. I'm down in the lowest depths, I can't pray any more.

"If he'd explain what makes him so sad, would I understand it any more than I do his jeering at me? He sets about me, spends hours making me ashamed of everything I've ever had to do with, and then he's indignant if I cry.

"'D'you see the smart young fellow going into that beautiful, stately house? He's called Duval, Dufour, Armand, Maurice, or something. A woman gave her life to loving the wicked fool; she's dead, she's certainly a saint in heaven now. You'll be the death of me, the way he was the death of her. That's how tender-hearted souls like me end up.' Ah, there were days when all human activity seemed to him like the grotesque jerkings of delirious puppets: he would guffaw hideously for hours on end.—Then, once again he would be just like a young mother, an older sister. If only he was less wild, we'd be saved! But there's something killing about his tenderness as well. I'm crazy!—To be under his thumb!

Délires II

Alchimie du Verbe

À moi. L'histoire d'une de mes folies.

Depuis longtemps je me vantais de posséder tous les paysages possibles, et trouvais dérisoires les célébrités de la peinture et de la poésies modernes.

J'aimais les peintures idiotes, dessus de porte, décors, toiles de saltimbanques, enseignes, enluminures populaires; la littérature démodée, latin d'église, livres érotiques sans orthographe, romans de nos aïeuls, contes de fées, petits livres de l'enfance, opéras vieux, refrains niais, rhythmes naïfs.

Je rêvais croisades, voyages de découvertes dont on n'a pas de relations, républiques sans histoires, guerres de religion étouffées, révolutions de mœurs, déplacements de races et de continents: je croyais à tous les enchantements.

J'inventai la couleur des voyelles! — *A* noir, *E* blanc, *I* rouge, *O* bleu, *U* vert. Je réglai la forme et le mouvement de chaque consonne, et, avec des rhythmes instinctifs, je me flattai d'inventer un verbe poétique accessible, un jour ou l'autre, à tous les sens. Je réservais la traduction.

Ce fut d'abord une étude. J'écrivais des silences, des nuits, je notais l'inexprimable. Je fixais des vertiges.

Loin des oiseaux, des troupeaux, des villageoises,
Que buvais-je, à genoux dans cette bruyère
Entourée de tendres bois de noisetiers,
Dans un brouillard d'après-midi tiède et vert?

Que pouvais-je boire dans cette jeune Oise,
—Ormeaux sans voix, gazon sans fleurs, ciel couvert!—
Boire à ces gourdes jaunes, loin de ma case
Chérie? Quelque liqueur d'or qui fait suer.

"One day perhaps he will disappear like magic; but I'll have to be there, if he goes back to some heaven, so that I can watch my little friend's assumption!"

What a couple!

Deliriums II

Alchemy of the Word

My turn. The history of one of my madnesses.

For a long time I had prided myself on being master of all possible landscapes, and found the famous master-pieces of modern painting and poetry all ridiculous.

I liked stupid, naïve paintings, things over doorways, travelling players' drop-scenes, inn signs, popular colour-prints; old-fashioned literature, church Latin, badly-spelled erotic books, grandfathers' novels, fairy tales, chapbooks for tots, creaky operas, witless tunes, jogtrot rhythms.

I would dream crusades, unrecorded voyages of discovery, republics unknown to history, suppressed wars of religion, revolutions in customs, displacements of whole peoples and continents: I believed in all enchantments.

I invented colours for the vowels!—*A* black, *E* white, *I* red, *O* blue, *U* green.—I laid down the form and movement of every consonant, and with the help of instinctive rhythms, I felt I could invent a poetry of the word accessible, one day or another, to all the senses. I reserved the translation rights.

It was at first an exercise. I would inscribe silences, night-times, I would note the inexpressible. I would transfix dizzy heights of perception.

A long way from the herds, the birds, the village girls,
I was kneeling to drink on a bit of heath
Shut in by a tender screen of young hazels,
One mild, misty afternoon of greening breath.

What could I drink from that innocent young Oise
—Voiceless elms, flowerless grass, open sky—
Drink from yellowing gourds, a castaway
From home? Some gold liqueur to sweat my pores?

Je faisais une louche enseigne d'auberge.
— Un orage vint chasser le ciel. Au soir
L'eau des bois se perdait sur les sables vierges,
Le vent de Dieu jetait des glaçons aux mares;

Pleurant, je voyais de l'or, — et ne pus boire!

....

La vieillerie poétique avait une bonne part dans mon
alchimie du verbe. Je m'habituai à l'hallucination
simple: je voyais très franchement une mosquée à la
place d'une usine, une école de tambours faite par des
anges, des calèches sur les routes du ciel, un salon au
fond d'un lac; les monstres, les mystères; un titre de
vaudeville dressait des épouvantes devant moi.

Puis je m'expliquai mes sophismes magiques avec
l'hallucination des mots!

Je finis par trouver sacré le désordre de mon esprit.
J'étais oisif, en proie à une lourde fièvre: j'enviais la
félicité des bêtes, — les chenilles, qui représentent
l'innocence des limbes, les taupes, le sommeil de la
virginité!

Mon caractère s'aigrissait. Je disais adieu au monde
dans d'espèces de romances:

Chanson de la Plus Haute Tour

Oisive jeunesse
À tout asservie.
Par délicatesse
J'ai perdu ma vie.
Ah! Que le temps vienne
Où les cœurs s'éprennent.

Je me suis dit: laisse,
Et qu'on ne te voie:
Et sans la promesse
De plus hautes joies.
Que rien ne t'arrête,
Auguste retraite.

I leaned like a rotten sign for a wayside inn.
While storm clouds chased the sky till evening.
The woodland stream got lost in virgin sands,
God's breath came, blowing glass on all the pools . . .

Gold!—through tears. I couldn't stoop, or cup my hands.

. . . .

The old paraphernalia of poetry had quite a share in
my alchemy of the word. I got into the habit of direct
hallucination: I would see a mosque, fair and square, in
place of a factory, a brigade of drummers formed by
angels, barouches drawn along roads in the sky, a
drawing-room at the bottom of a lake: monsters,
mysteries: a popular song title would raise up horrors in
my mind.

Then I expounded my sophistical magics with the
hallucination of words!

I ended up by decreeing that the disorder of my mind
was sacred. I went torpid, a prey to a heavy fever: I
envied the bliss of lower creatures—caterpillars that
stand for the innocence of limbo, moles, the sleep of
virginity.

My disposition soured. I would bid farewell to the
world in a kind of drawing-room ballad:

Song of the Highest Tower

Youth all ways enslaved
With idleness rife,
From being too refined
I have ruined my life.
Ah, when will it arrive,
The time when all may love.

I told myself: quiet,
Be hid from all eyes.
And free of the promise
Of the highest joys.
Let nothing hold in wait
That noblest retreat.

J'ai tant fait patience
Qu'à jamais j'oublie;
Craintes et souffrances.
Aux cieux sont parties.
Et la soif malsaine
Obscurcit mes veines.

Ainsi la prairie
À l'oubli livrée,
Grandie, et fleurie
D'encens et d'ivraies
Au bourdon farouche
De cent sales mouches.

Ah! Mille veuvages
De la si pauvre âme
Qui n'a que l'image
De la Notre-Dame!
Est-ce que l'on prie
La Vierge Marie?

Oisive jeunesse
À tout asservie.
Par délicatesse
J'ai perdu ma vie.
Ah! Que le temps vienne
Où les cœurs s'éprennent!

J'aimai le désert, les vergers brûlés, les boutiques fanées, les boissons tiédies. Je me traînais dans les ruelles puantes et, les yeux fermés, je m'offrais au soleil, dieu de feu.

"Général, s'il reste un vieux canon sur les remparts en ruines, bombarde-nous avec des blocs de terre sèche. Aux glaces des magasins splendides! dans les salons! Fais manger sa poussière à la ville. Oxyde les gargouilles. Emplis les boudoirs de poudre de rubis brûlante..."

Oh! le moucheron enivré à la pissotière de l'auberge, amoureux de la bourrache, et que dissout un rayon!
Ma faim, Anne, Anne,
Fuis sur ton âne.

I've been patient so long,
Out of all mind;
Fear and suffering
Have fled with the wind,
And the thirst insane
Now darkens each vein.

Just so the meadow
Left wild to its ways
Heaves high with the incense
Of blossoms and tares,
And the stale, savage hum
Of flies where they swarm.

Ah the thousand bereavings
Of the pauper soul,
With only Our Lady's
Image to console.
Do we send a prayer
To the Virgin up there?

Youth all ways enslaved
With idleness rife,
From being too refined
I have ruined my life.
Ah, let it arrive,
The time when all may love.

I liked desert places, burnt-up orchards, faded shop-fronts, lukewarm drinks. I would trail around stinking streets and, eyes closed, offer myself to the sun, god of fire.

"General, if there's still an old cannon left on the ruined ramparts, bombard us with dry clods. Hit the windows of the glittering stores! The drawing-rooms! Make the town eat its own dust. Oxidize the gargoyles. Fill the boudoirs with burning ruby ash . . ."

Oh the drunken gnat in the piss-house at the wayside inn, crazy on borage, and melted by a sun-ray!

My hungers!—Anne, Anne,
On your donkey, begone.

Si j'ai du goût, ce n'est guère
Que pour la terre et les pierres.
Dinn! dinn! dinn! dinn! Mangeons l'air,
Le roc, les charbons. le fer.

Mes faims, tournez. Paissez, faims,
Le pré des sons!
Attirez le gai venin
Des liserons:

Mangez les cailloux qu'un pauvre brise,
Les vieilles pierres d'églises,
Les galets, fils des déluges,
Pains couchés aux vallées grises!

Mes faims, c'est les bouts d'air noir,
L'azur sonneur:
— C'est l'estomac qui me tire.
C'est le malheur.

Sur terre ont paru les feuilles:
Je vais aux chairs de fruit blettes.
Au sein du sillon je cueille
La doucette et la violette.

Ma faim, Anne, Anne,
Fuis sur ton âne.

. . . .

Le loup criait sous les feuilles
En crachant les belles plumes
De son repas de volailles:
Comme lui je me consume.

Les salades, les fruits
N'attendent que la cueillette:
Mais l'araignée de sa haie
Ne mange que des violettes.

Que je dorme! que je bouille
Aux autels de Salomon.
Le bouillon court sur la rouille,
Et se mêle au Cédron.

But if I'm hungry at all, it's for
Earth's own bones, the stones.
Dinn! dinn! dinn! dinn! Time to eat air,
Rocks, coals and ore.

Turn about, hungers, turn and graze
The fields of sound.
Follow the bindweed's bright ways,
Poison-wound.

Eat the stone-breaker's fresh scones,
Crumbling slices of church walls,
The flood's brood of rounded pebbles,
Dropped loaves on grey valley floors.

My hungers are black gouts of air,
The ringing blue
—The wind of fear,
And my stomach pulling too.

Look! Leaves already on the ground.
—I make for the flesh of sleepy fruits,
Or glean the wilding furrow to find
Lamb's lettuce, and violets.

My hungers!—Anne, Anne,
On your donkey, begone.

. . . .

Leaf-hid, the wolf howled in his den,
Spitting out the snowy plumes
Of his breakfast, a fat hen.
Like his, my life consumes.

Time's ripe! Tooth's on edge
For fresh lettuce and melting fruits.
But there's a spider in the hedge
Lives on nothing but violets.

So let me sleep! Let me simmer
On the altars of Solomon.
Boil over in a hissing river
And fall to the torrents of Khedron.

Enfin, ô bonheur, ô raison, j'écartai du ciel l'azur, qui est du noir, et je vécus, étincelle d'or de la lumière *nature*. De joie, je prenais une expression bouffonne et égarée au possible:

Elle est retrouvée.
Quoi? — L'Éternité.
C'est la mer allée
Avec le soleil.

Âme sentinelle,
Murmurons l'aveu
De la nuit si nulle
Et du jour en feu.

Des humains suffrages,
Des communs élans
Là tu te dégages
Et voles selon ...

Jamais l'espérance;
Pas d'*orietur*.
Science avec patience ...
Le supplice est sûr.

De votre ardeur seule,
Braises de satin,
Le devoir s'exhale
Sans qu'on dise: enfin.

Elle est retrouvée.
Quoi? L'Éternité.
C'est la mer allée
Avec le soleil.

....

Je devins un opéra fabuleux: je vis que tous les êtres ont une fatalité de bonheur; l'action n'est pas la vie, mais une façon de gâcher quelque force, un énervement. La morale est la faiblesse de la cervelle.

À chaque être, plusieurs *autres* vies me semblaient dues. Ce monsieur ne sait ce qu'il fait: il est un ange. Cette famille est une nichée de chiens. Devant plusieurs

Finally, oh beatitude, oh reason, I stripped the sky of
its blue, which is black, and I lived, a gold spark of
naked light. From sheer bliss, I took on the craziest and
wildest possible expressions:

Look, it's found again.
What? Eternity.
It is the sea gone
Away into the sun.

Soul, sentinel,
Be the dumb desire
Of the night so null,
The day on fire.

Look, you are breaking free
From the common dreams,
Human vows and aims,
Making over sea ...

Never speak of hope,
No *orietur*.
Let science, patience grip
You sure as torture.

Out of your heat alone,
Silky braziers,
Duty burns to one
Flame past days and years.

Yes, it's found again.
What? Eternity.
It is the sea gone
Home into the sun.

....

I turned into a fabulous opera: I saw that all
creatures have a fatal urge for happiness: action is not
life, it's a way of crippling a certain force, an enervation.
Morality is a weakness of the mind.

It seemed to me that several other lives were due to
every being. That gentleman doesn't know what he's
doing: in fact he's an angel. That family there is really a

hommes, je causai tout haut avec un moment d'une de leurs autres vies. — Ainsi, j'ai aimé un porc

Aucun des sophismes de la folie, — la folie qu'on enferme, — n'a été oublié par moi: je pourrais les redire tous, je tiens le système.

Ma santé fut menacée. La terreur venait. Je tombais dans des sommeils de plusieurs jours et, levé, je continuais les rêves les plus tristes. J'étais mûr pour le trépas, et par une route de dangers ma faiblesse me menait aux confins du monde et de la Cimmérie, patrie de l'ombre et des tourbillons.

Je dus voyager, distraire les enchantements assemblés dans mon cerveau. Sur la mer, que j'aimais comme si elle eût dû me laver d'une souillure, je voyais se lever la croix consolatrice. J'avais été damné par l'arc-en-ciel. Le Bonheur était ma fatalité, mon remords, mon ver; ma vie serait toujours trop immense pour être devouée à la force et à la beauté.

Le Bonheur! Sa dent, douce à la mort, m'avertissait au chant du coq, — *ad matutinum*, au *Christus venit*, — dans les plus sombres villes:

O saisons, ô châteaux!
Quelle âme est sans défauts?

J'ai fait la magique étude
Du bonheur, qu'aucun n'élude.

Salut à lui, chaque fois
Que chante le coq gaulois.

Ah! je n'aurai plus d'envie:
Il s'est chargé de ma vie.

Ce charme a pris âme et corps
Et dispersé les efforts.

O saisons, ô châteaux!

Que comprendre à ma parole?
Il fait qu'elle fuit et vole.

litter of dogs. In the case of a number of men, I talked aloud with some moment of their other lives.—In this way, I loved a pig.

Not one of the sophisms of madness—I mean the madness that gets locked up—did I leave out. I could recite the lot, I have the key to them all.

My health was menaced. Terror approached. I would fall into sleeps of several days, and waking I would go on with the most ominous dreams. I was ready to pass out, and my physical weakness led me on by perilous paths to where the world ends in the Cimmerian land of darkness and whirlwinds.

I had to travel, to dispel all the sorceries gathered in my brain. On the sea, which I loved as though it ought to cleanse me from a contagion, I saw the cross of consolation rise. I had been damned by the rainbow. Happiness was my fatality, remorse my worm: my life would always be too vast to be dedicated to strength and beauty.

Happiness! Its death-sweet tooth would warn me at cock-crow,—*ad matutinum*, at the *Christus venit*,—in the gloomiest cities.

Oh seasons, oh chateaux!
What soul is free from flaws?

I know all the magic shapes
Of happiness no soul escapes.

Here's to it! Every time
The cock meets morning with its chime.

Now I've nothing more to want,
All my being is its haunt.

The charm of it takes body and soul
And evaporates the will ...

Oh seasons, oh chateaux!

Making feathers of my words,
Floating every feather skywards.

L'heure de ma fuite, hélas!
Sera l'heure du trépas.

O saisons, ô châteaux!

………

Cela s'est passé. Je sais aujourd'hui saluer la beauté.

L'Impossible

Ah! cette vie de mon enfance, la grande route par tous
les temps, sobre surnaturellement, plus désintéressé que
le meilleur des mendiants, fier de n'avoir ni pays ni
amis, quelle sottise c'était. — Et je m'en aperçois
seulement!

— J'ai eu raison de mépriser ces bonshommes qui ne
perdraient pas l'occasion d'une caresse, parasites de la
propreté et de la santé de nos femmes, aujourd'hui
qu'elles sont si peu d'accord avec nous.

J'ai eu raison dans tous mes dédains: puisque je
m'évade!

Je m'évade?

Je m'explique.

Hier encore, je soupirais: "Ciel! sommes-nous assez
de damnés ici-bas! Moi, j'ai tant de temps déjà dans leur
troupe! Je les connais tous. Nous nous reconnaissons
toujours, nous nous dégoûtons. La charité nous est
inconnue. Mais nous sommes polis: nos relations avec
le monde sont très convenables." Est-ce étonnant? Le
monde, les marchands, les naïfs! — Nous ne sommes
pas déshonorés. — Mais les élus, comment nous
recevraient-ils? Or il y a des gens hargneux et joyeux,
de faux élus, puisqu'il nous faut de l'audace ou de
l'humilité pour les aborder. Ce sont les seuls élus. Ce ne
sont pas des bénisseurs!

M'étant retrouvé deux sous de raison, — ça passe
vite! — je vois que mes malaises viennent de ne m'être
pas figuré assez tôt que nous sommes à l'Occident. Les
marais occidentaux! Non que je croie la lumière altérée,
la forme exténuée, le mouvement égaré… Bon! voici
que mon esprit veut absolument se charger de tous les

But my hour of flight, alack,
Will be when death knocks at my back.

Oh seasons, oh chateaux!

....

Now all that's done with. Today I can see and
recognise beauty.

The Impossible

Ah, that childhood life of mine, the highway in all
weathers, supernaturally sober, more disinterested than
the best of beggars, proud of having no country, no
friends, what foolery it was.—And I only begin to see
it!

—I was right to despise the easy-going fellows who
never miss a chance of a caress, parasites on the cleanli-
ness and health of our women, now that there's so little
understanding between them and us.

Every one of my scorns was justified: since I'm
making my escape.

Escape?

I'll explain.

Only yesterday I was lamenting: "God! Aren't there
enough of us damned down here! And I've already
spent so much time in the herd. I know the lot. We can
always recognise each other: with disgust. Charity we
know nothing of. But we're polite: our relations with
the world are very correct." Is this surprising? The
world, tradesmen, and simpletons!—We are not
disgraced.—But the elect, how would they take to us?
Well, there are some cross-grained, joyous people, the
false elect, seeing we need to be daring or humble to
approach them. They are the only elect. Nothing
benignant about them!

Having recovered two-pennyworth of reason—soon
spent!—I can see that all my trouble comes from not
realizing soon enough that we are Occidentals. The
boggy west! Not that I believe the light has been
dimmed, form weakened, direction lost . . . Yes, off I go
insisting on taking up the burden of all the cruel

développements cruels qu'a subis l'esprit depuis la fin de l'Orient... Il en veut, mon esprit!

... Mes deux sous de raison sont finis! — L'esprit est autorité, il veut que je sois en Occident. Il faudrait le faire taire pour conclure comme je voulais.

J'envoyais au diable les palmes des martyrs, les rayons de l'art, l'orgueil des inventeurs, l'ardeur des pillards; je retournais à l'Orient et à la sagesse première et éternelle. — Il paraît que c'est un rêve de paresse grossière!

Pourtant, je ne songeais guère au plaisir d'échapper aux souffrances modernes. Je n'avais pas en vue la sagesse bâtarde du Coran. — Mais n'y a-t-il pas un supplice réel en ce que, depuis cette déclaration de la science, le christianisme, l'homme *se joue*, se prouve les évidences, se gonfle du plaisir de répéter ces preuves, et ne vit que comme cela? Torture subtile, niaise; source de mes divagations spirituelles. La nature pourrait s'ennuyer, peut-être! M. Prudhomme est né avec le Christ.

N'est-ce pas parce que nous cultivons la brume? Nous mangeons la fièvre avec nos légumes aqueux. Et l'ivrognerie! et le tabac! et l'ignorance! et les dévouements! — Tout cela est-il assez loin de la pensée, de la sagesse de l'Orient, patrie primitive? Pourquoi un monde moderne, si de pareils poisons s'inventent!

Les gens d'Église diront: c'est compris. Mais vous voulez parler de l'Éden. Rien pour vous dans l'histoire des peuples orientaux. — C'est vrai, c'est à l'Éden que je pensais! Qu'est-ce que c'est pour mon rêve, cette pureté des races antiques!

Les philosophes: Le monde n'a pas d'âge. L'humanité se déplace, simplement. Vous êtes en Occident, mais libre d'habiter dans votre Orient, quelque ancien qu'il vous le faille, — et d'y habiter bien. Ne soyez pas un vaincu. — Philosophes, vous êtes de votre Occident.

Mon esprit, prends garde. Pas de partis de salut violents. Exerce-toi! — Ah! la science ne va pas assez vite pour nous!

evolutions of the mind, since the end of the Orient . . .
That's what it wants to undertake, my mind!

. . . I've spent my two-pennyworth of reason!—The
mind is authority, and insists that I'm in the West. I
would have to silence it, to work out the conclusions I
wanted.

I was just on the point of sending the martyrs'
crowns, the light of the arts, inventors' presumption,
pillagers' passion, all to blazes; I was turning away to
the Orient, to the first and everlasting wisdom.—I gather
it's a dream of grossest idleness!

But I wasn't really thinking of escape from modern
suffering. I wasn't aiming at the bastard wisdom of the
Koran. But isn't there real torture in the fact that, ever
since that declaration of Science, the Christian religion,
man *plays* with the idea of himself, proves the evidence,
swells with pleasure at repeating the proofs, and lives
only for that? A subtle and fatuous torment: the source
of all my spiritual meanderings. Perhaps nature could
get bored with it! Mr. Common Man was born along
with Jesus Christ.

Isn't it because we make a cult of fog? We suck up
fever with our watery vegetables. And then drunkenness,
tobacco, and ignorance! And self-sacrifice!—Could all
this be further away from the thought and wisdom of
the Orient, our first native land? Why have a modern
world, if such poisons are brought in with it!

Clerics will say: We understand. But what you are
talking about is Eden. There's nothing for you in the
history of the Oriental peoples.—True enough: I had
Eden in mind. What has the purity of ancient races to
do with my dream?

Philosophers: The world has no age. Humanity
simply moves about. You happen to be in the West, but
you are free to live in the Orient, let it be as ancient as
you choose—and live well in it. Don't be a defeatist.—
Philosophers, you belong to your West.

My mind, be careful. No violent methods of salvation.
Exert yourself!—Ah, science isn't moving fast enough
for us!

— Mais je m'aperçois que mon esprit dort.

S'il était bien éveillé toujours à partir de ce moment, nous serions bientôt à la vérité, qui peut-être nous entoure avec ses anges pleurant! ... S'il avait été éveillé jusqu'à ce moment-ci, c'est que je n'aurais pas cédé aux instincts délétères, à une époque immémoriale!... — S'il avait été toujours éveillé, je voguerais en pleine sagesse!...

O pureté! pureté!

C'est cette minute d'éveil qui m'a donné la vision de la pureté! — Par l'esprit on va à Dieu!

Déchirante infortune!

L'Éclair

Le travail humain! c'est l'explosion qui éclaire mon abîme de temps en temps.

"Rien n'est vanité; à la science, et en avant!" crie l'Ecclésiaste moderne, c'est-à-dire *Tout le monde*. Et pourtant les cadavres des méchants et des fainéants tombent sur le cœur des autres... Ah! vite, vite un peu; là-bas, par delà la nuit, ces récompenses futures, éternelles... les échapperons-nous?...

— Qu'y puis-je? Je connais le travail: et la science est trop lente. Que la prière galope et que la lumière gronde... Je le vois bien. C'est trop simple, et il fait trop chaud; on se passera de moi. J'ai mon devoir; j'en serai fier à la façon de plusieurs, en le mettant de côté.

Ma vie est usée. Allons! feignons, fainéantons, ô pitié! Et nous existerons en nous amusant, en rêvant amours monstres et univers fantastiques, en nous plaignant et en querellant les apparences du monde, saltimbanque, mendiant, artiste, bandit, — prêtre! Sur mon lit d'hôpital, l'odeur de l'encens m'est revenue si puissante: gardien des aromates sacrés, confesseur, martyr...

Je reconnais là ma sale éducation d'enfance. Puis quoi!... Aller mes vingt ans, si les autres vont vingt ans... Non! non! à présent je me révolte contre la mort! Le travail paraît trop léger à mon orgueil: ma trahison

—But I've just realized my mind is asleep.

If it were always wide awake from this moment, we'd soon arrive at the truth—perhaps it surrounds us with all its angels weeping! . . . —If it had always been awake, that means I would never have given way to deleterious instincts from time immemorial! . . . If it had always been wide awake, I would be floating in an open sea of wisdom . . .

Oh, purity, purity!

It's this minute of waking that has given me the vision of purity!—By way of the mind one goes to God.

Rending mischance!

Lightning

Human labour! That is the explosion lighting up my abyss from time to time.

"Nothing is vanity: trust in science, and onward!" cries the modern Ecclesiastes, meaning *Everybody*. And yet the corpses of the wicked and the sluggard fall on the hearts of others . . . Ah, hurry up; beyond the night; those future eternal rewards, requitals . . . will we escape them? . . .

—What can I do about it? I know what work is like; and science is too slow. Prayer gallops and light rumbles . . . I know, I know. It's all too simple and the weather's too hot; they can do without me. I have my duty, I'll take pride in it like some other people, by putting it to one side.

My life's used up. Come on! Let's pretend and malinger . . . pitiable! And we'll exist by beguiling ourselves, dreaming monstrous loves and fantastic worlds, complaining and quarrelling with appearances, mountebank, beggar, artist, bandit,—priest! On my hospital bed, the smell of incense came back so strong; guardian of the sacred aromatics, confessor, martyr . . .

I can see the foulness of my childish upbringing in that. So what now! . . . Do my twenty years, the way others do their twenty years . . .

No! At this minute I revolt against death. Work seems too trifling for my pride: my betrayal of the

au monde serait un supplice trop court. Au dernier
moment, j'attaquerais à gauche, à droite...

Alors, — oh! — chère pauvre âme, l'éternité serait-
elle pas perdue pour nous!

Matin

N'eus-je pas *une fois* une jeunesse aimable, héroïque,
fabuleuse, à écrire sur des feuilles d'or, trop de chance!
Par quel crime, par quelle erreur, ai-je mérité ma faiblesse
actuelle? Vous qui prétendez que des bêtes poussent des
sanglots de chagrin, que des malades désespèrent, que
des morts rêvent mal, tâchez de raconter ma chute et
mon sommeil. Moi, je ne puis pas plus m'expliquer que
le mendiant avec ses éternels *Pater* et *Ave Maria*. *Je ne
sais plus parler!*

Pourtant aujourd'hui, je crois avoir fini la relation de
mon enfer. C'était bien l'enfer; l'ancien, celui dont le
fils de l'homme ouvrit les portes.

Du même désert, à la même nuit, toujours mes yeux
las se réveillent à l'étoile d'argent, toujours, sans que
s'émeuvent les Rois de la vie, les trois mages, le cœur,
l'âme, l'esprit. Quand irons-nous, par delà les grèves et
les monts, saluer la naissance du travail nouveau, la
sagesse nouvelle, la fuite des tyrans et des démons, la fin
de la superstition, adorer — les premiers! — Noël sur
la terre?

Le chant des cieux, la marche des peuples! Esclaves,
ne maudissons pas la vie.

Adieu

L'automne déjà! — Mais pourquoi regretter un éternel
soleil, si nous sommes engagés à la découverte de la
clarté divine, — loin des gens qui meurent sur les
saisons.

L'automne. Notre barque élevée dans les brumes
immobiles tourne vers le port de la misère, la cité énorme
au ciel taché de feu et de boue. Ah! les haillons pourris,
le pain trempé de pluie, l'ivresse, les mille amours qui
m'ont crucifié! Elle ne finira donc point, cette goule
reine de millions d'âmes et de corps morts *et qui seront*

world would be too short a torture. At the last minute, I'll lash out left and right . . .

And then,—oh!—poor, dear little soul, would all eternity be lost for us?

Morning

Didn't I *once* have a charming, heroic, fabulous youth, fit to inscribe on leaves of gold, worse luck! By what crime, what blunder, did I deserve the weakness I feel now? You who make out that animals sob and sigh with grief, that sick people despair, that the dead have bad dreams, try to narrate my fall and my slumber. I can no more explain myself than the beggar with his endless, everlasting *Ave Marias* and *Paternosters*. *I no longer know how to talk.*

All the same, today I think I've finished the story of my hell. It truly was hell: the old one, whose gates were opened by the son of man.

From the same desert, in the same dark, continually my tired eyes wake to the silver star, continually, but the kings of life, the three magi, heart, soul and mind, make no move. When will we go over beaches and mountains to salute the birth of the new toil, the new wisdom, the flight of the tyrants and the demons, the end of superstition, to worship—we the first!—the Nativity on earth?

Song of the heavens, march of peoples! Slaves, don't let us curse life.

Goodbye

Autumn already!—But why have regrets for an eternal sun, if we are embarked on the discovery of divine clarity,—a long way from the people who die upon the seasons.

Autumn. Our bark standing high in the motionless mists turns towards the harbour of misery, an enormous city with its lurid, mud-stained sky. Ah, the rotten rags, the rain-soaked crusts, the drunkenness, the thousand loves that have crucified me! Will she never be satisfied, that ghoulish queen of millions of souls and of dead

jugés! Je me revois, la peau rongée par la boue et la
peste, des vers plein les cheveux et les aisselles et encore
de plus gros vers dans le cœur, étendu parmi les inconnus sans âge, sans sentiment... J'aurais pu y mourir . . .
L'affreuse évocation! J'exècre la misère.

Et je redoute l'hiver parce que c'est la saison du
confort!

— Quelquefois je vois au ciel des plages sans fin,
couvertes de blanches nations en joie. Un grand vaisseau
d'or, au-dessus de moi, agite ses pavillons multicolores
sous les brises du matin. J'ai créé toutes les fêtes, tous
les triomphes, tous les drames. J'ai essayé d'inventer
de nouvelles fleurs, de nouveaux astres, de nouvelles
chairs, de nouvelles langues. J'ai cru acquérir des
pouvoirs surnaturels. Eh bien! je dois enterrer mon
imagination et mes souvenirs! Une belle gloire d'artiste
et de conteur emportée.

Moi! moi qui me suis dit mage ou ange, dispensé de
toute morale, je suis rendu au sol, avec un devoir à
chercher, et la réalité rugueuse à étreindre! Paysan!

Suis-je trompé? la charité serait-elle sœur de la mort
pour moi?

Enfin, je demanderai pardon pour m'être nourri de
mensonges. Et allons.

Mais pas une main amie! et où puiser le secours?

. . . .

Oui, l'heure nouvelle est au moins très sévère.

Car je puis dire que la victoire m'est acquise: les
grincements de dents, les sifflements de feu, les soupirs
empestés se modèrent. Tous les souvenirs immondes
s'effacent. Mes derniers regrets détalent, — des jalousies
pour les mendiants, les brigands, les amis de la mort, les
arriérés de toutes sortes. — Damnés, si je me vengeais!

Il faut être absolument moderne.

Point de cantiques: tenir le pas gagné. Dure nuit! le
sang séché fume sur ma face, et je n'ai rien derrière moi
que cet horrible arbrisseau! . . . Le combat spirituel est
aussi brutal que la bataille d'hommes; mais la vision de
la justice est le plaisir de Dieu seul.

bodies *that will be judged?* I can see myself as I was, my skin scaly with mud and plague, the hair of my head, my armpits, alive with pests, with worse pests around my heart, lying stretched out among the ageless, unconscious unknowns . . . I could have died there . . . Hideous memory! My curses on poverty.

And I dread winter because it's the season of comfort!

—At times I can see endless beaches in the sky strewn with snowy rejoicing nations. A great, gold vessel, high above me, shivers its many-coloured flags in the dawn breezes. I have created all the feasts, all the triumphs, all dramas. I've tried my hand at inventing new flowers, new stars, new forms of flesh, new tongues. I thought I had laid hold on supernatural powers. Ah well, I have to bury my imagination, and my memories! A fine reputation as artist, story-teller, wiped out.

I, yes, I, who called myself a magus or an angel, set free from all moral laws, I'm flung back on the soil, with a task to find, and rugged reality to lay hold of. Peasant!

Could I be wrong? Would charity for me be sister to death?

Well, I'll ask forgiveness for having fed myself with lies. And let's go.

But never a friendly hand! And where to find help?

. . . .

Yes, the new era is very hard, to say the least.

For I can say my victory's won: the grindings of teeth, the hissings of fire, the plague-ridden groans all diminish. All the squalid memories wiped out. My final regrets gallop off—jealousies of beggars, brigands, death's kin, the backward of every sort.—Damned ones, if I took my revenge!

One must be absolutely modern.

No psalms: keep to the foothold won. A hard night! The dried blood smokes on my face, and I've nothing behind me except that horrible bush! . . . Spiritual combat is as brutal as human battles: but the vision of justice is God's pleasure alone.

Cependant c'est la veille. Recevons tous les influx de vigueur et de tendresse réelle. Et, à l'aurore, armé d'une ardente patience, nous entrerons aux splendides villes.

Que parlais-je de main amie! Un bel avantage, c'est que je puis rire des vieilles amours mensongères, et frapper de honte ces couples menteurs, — j'ai vu l'enfer des femmes là-bas; — et il me sera loisible de *posséder la vérité dans une âme et un corps.*

Avril–Août 1873

Après le Déluge

Aussitôt que l'idée du Déluge se fut rassise,

Un lièvre s'arrêta dans les sainfoins et les clochettes mouvantes, et dit sa prière à l'arc-en-ciel, à travers la toile de l'araignée.

Oh! les pierres précieuses qui se cachaient, — les fleurs qui regardaient déjà.

Dans la grande rue sale, les étals se dressèrent, et l'on tira les barques vers la mer étagée là-haut comme sur les gravures.

Le sang coula, chez Barbe-Bleue, aux abattoirs, dans les cirques, où le sceau de Dieu blêmit les fenêtres. Le sang et le lait coulèrent.

Les castors bâtirent. Les "mazagrans" fumèrent dans les estaminets.

Dans la grande maison de vitres encore ruisselante, les enfants en deuil regardèrent les merveilleuses images.

Une porte claqua; et, sur la place du hameau, l'enfant tourna ses bras, compris des girouettes et des coqs des clochers de partout, sous l'éclatante giboulée.

Madame... établit un piano dans les Alpes. La messe et les premières communions se célébrèrent aux cent mille autels de la cathédrale.

Les caravanes partirent. Et le Splendide-Hôtel fut bâti dans le chaos de glaces et de nuit du pôle.

Depuis lors, la Lune entendit les chacals piaulant par les déserts de thym, et les églogues en sabots grognant

But this is only the eve. Let us draw in every reflux of vigour and real tenderness. And at dawn, armed with a fiery patience, we'll enter the splendid cities.

No friendly hand, did I say! I've got one fine advantage. I can laugh at the make-believe of old-style loves, and strike those lying couples with shame,—I saw the hell of women down there;—and it will be given to me to *possess the truth in a soul and a body.*

April–August 1873

After the Deluge

The moment the idea of the Deluge had subsided once again,

A hare paused among the sainfoin and the quivering bells, and said a prayer to the rainbow through the spider's web.

Oh, the jewels busy hiding themselves—the flowers that were watching already!

In the dirty high street stalls were set up, and boats were drawn towards the sea, seen in layers up there as though in an engraving.

Blood flowed, at Bluebeard's place—in the slaughter-houses, in the circuses, where God's covenant made the windows pale. Blood and milk flowed.

Beavers started building. Glasses of coffee smoked in bar-rooms.

In the big house (still drenched) with all the window-panes, children in mourning gazed at the marvellous pictures.

A door slammed; and in the village square the child swung his arms about, understood by the weather-vanes and the belfry cocks all round, under the dazzling hail shower.

Madame so-and-so set up a piano in the Alps. Mass and first communion were celebrated at the hundred thousand altars of the cathedral.

Caravans set out, and the Hotel Splendide was built in the polar chaos of ice and darkness.

dans le verger. Puis, dans la futaie violette, bourgeon-
nante, Eucharis me dit que c'était le printemps.

Sourds, étang; — écume, roule sur le pont et passe
par-dessus les bois; — draps noirs et orgues, éclairs et
tonnerre, montez et roulez; eaux et tristesses, montez et
relevez les déluges.

Car depuis qu'ils se sont dissipés, — oh, les pierres
précieuses s'enfouissant, et les fleurs ouvertes! — c'est
un ennui! et la Reine, la Sorcière qui allume sa braise
dans le pot de terre, ne voudra jamais nous raconter ce
qu'elle sait, et que nous ignorons.

Enfance

I

Cette idole, yeux noirs et crin jaune, sans parents ni
cour, plus noble que la fable, mexicaine et flamande;
son domaine, azur et verdure insolents, court sur des
plages nommées, par des vagues sans vaisseaux, de
noms férocement grecs, slaves, celtiques.

À la lisière de la forêt, — les fleurs de rêve tintent,
éclatent, éclairent, — la fille à la lèvre d'orange, les
genoux croisés dans le clair déluge qui sourd des prés,
nudité qu'ombrent, traversent et habillent les arcs-en-
ciel, la flore, la mer.

Dames qui tournoient sur les terrasses voisines de la
mer; enfantes et géantes, superbes noires dans la mousse
vers-de-gris, bijoux debout sur le sol gras des bosquets
et des jardins dégelés, — jeunes mères et grandes sœurs
aux regards pleins de pèlerinages, sultanes, princesses de
démarche et de costume tyranniques, petites étrangères
et personnes doucement malheureuses.

Quel ennui, l'heure du "cher corps" et "cher cœur"!

From then on, the Moon heard the jackals yowling in the deserts of thyme,—and clog-footed eclogues mumbling in the orchard. Then in the violet timber-glade, swelling with bud, Eucharis told me this was spring.

Rise, pools;—Foam, roll over the bridges, and pass the tree tops; black flags and organs, lightnings and thunder, mount and resound;—waters and sorrows, mount and restore the floods.

For since they dispersed,—oh the jewels sinking into the earth and the wide-open flowers!—what tedium! And the Queen, the Witch, who lights her embers under the earthen pot, never will choose to tell us what she knows, and we don't.

Childhood

I

That idol, black-eyed and yellow-haired, without family or following, nobler than fable, Mexican and Flemish; her domain, insolently blue and verdant, stretches over shores baptized by boatless waves, with savagely Greek, Slav or Celtic names.

On the forest's edge—flowers of dream ring, burst open, light up—the girl with orange lips, knees crossed in the lucid flood that wells up through the meadows, nakedness shaded, traversed and clothed by the rainbows, the flora, the sea.

Ladies turning about on the terraces neighbouring the sea; baby girls and giantesses, splendid black women in the verdigris-coloured moss, jewels erect on the rich soil of the thickets and the thawed-out gardens,—young mothers and big sisters, their gazes filled with pilgrimages, sultanas, princesses of tyrannical mien and costume; little foreign girls, and tenderly unhappy young things.

The hour of "dear heart" and "dear body",—the boredom of it!

II

C'est elle, la petite morte, derrière les rosiers. — La jeune maman trépassée descend le perron. La calèche du cousin crie sur le sable. — Le petit frère — (il est aux Indes!) là, devant le couchant, sur le prè d'œillets, — les vieux qu'on a enterrés tout droits dans le rempart aux giroflées.

L'essaim des feuilles d'or entoure la maison du général. Ils sont dans le midi. — On suit la route rouge pour arriver à l'auberge vide. Le château est à vendre; les persiennes sont détachées. — Le curé aura emporté la clef de l'église. — Autour du parc les loges des gardes sont inhabitées. Les palissades sont si hautes qu'on ne voit que les cimes bruissantes. D'ailleurs il n'y a rien à voir là-dedans.

Les prés remontent aux hameaux sans coqs, sans enclumes. L'écluse est levée. O les calvaires et les moulins du désert, les îles et les meules!

III

Des fleurs magiques bourdonnaient. Les talus le berçaient. Des bêtes d'une élégance fabuleuse circulaient. Les nuées s'amassaient sur la haute mer faite d'une éternité de chaudes larmes.

IV

Au bois il y a un oiseau, son chant vous arrête et vous fait rougir.

Il y a une horloge qui ne sonne pas.

Il y a une fondrière avec un nid de bêtes blanches.

Il y a une cathédrale qui descend et un lac qui monte.

Il y a une petite voiture abandonnée dans le taillis, ou qui descend le sentier en courant, enrubannée.

Il y a une troupe de petits comédiens en costumes, aperçus sur la route à travers la lisière du bois.

Il y a enfin, quand l'on a faim et soif, quelqu'un qui vous chasse.

II

There she is, the little dead girl, behind the rose bushes.
—The young mama deceased comes down the iron
steps.—The cousin's barouche grinds on the gravel. The
little brother (he's in the Indies!) there, facing the
sunset, in the field of pinks.—The old, buried upright
in the rampart of wallflowers.

Gold leaves swarm around the general's house.
They're away in the south.—You go down the red road
to reach the empty inn. The chateau is for sale; the
shutters taken down.—The curé must have gone off
with the church keys.—All round the park the keepers'
cabins are deserted. The fences are so high, you can see
nothing but the rustling tree-tops. Anyway, there's
nothing to see inside.

The fields rise towards the hamlets devoid of cocks,
of anvils. The sluice-gate is lifted. Oh the calvaries and
windmills of emptiness, the islets and the grindstones!

III

Magical flowers were humming. The slopes lulled him.
Fabulously elegant beasts wandered about. The clouds
swagged heavy over the high sea amassed from an
eternity of warm tears.

IV

In the wood there is a bird, his song makes you pause,
and redden.

There's a clock that doesn't chime.

There's a quagmire pit with a nest of white creatures.

There's a cathedral going down and a lake aloft.

There's a little carriage in the glade, abandoned, or
else running, be-ribboned, down the track.

There's a troupe of little actors in costume, glimpsed
on the road through the trees at the edge of the wood.

Finally, when you are hungry and thirsty, there's
someone who chases you off.

V

Je suis le saint, en prière sur la terrasse, — comme les bêtes pacifiques paissent jusqu'à la mer de Palestine.

Je suis le savant au fauteuil sombre. Les branches et la pluie se jettent à la croisée de la bibliothèque.

Je suis le piéton de la grand'route par les bois nains; la rumeur des écluses couvre mes pas. Je vois longtemps la mélancolique lessive d'or du couchant.

Je serais bien l'enfant abandonné sur la jetée partie à la haute mer, le petit valet suivant l'allée dont le front touche le ciel.

Les sentiers sont âpres. Les monticules se couvrent de genêts. L'air est immobile. Que les oiseaux et les sources sont loin! Ce ne peut être que la fin du monde, en avançant.

VI

Qu'on me loue enfin ce tombeau, blanchi à la chaux avec les lignes du ciment en relief, — très loin sous terre.

Je m'accoude à la table, la lampe éclaire très vivement ces journaux que je suis idiot de relire, ces livres sans intérêt.

À une distance énorme au-dessus de mon salon souterrain, les maisons s'implantent, les brumes s'assemblent. La boue est rouge ou noire. Ville monstrueuse, nuit sans fin!

Moins haut, sont des égouts. Aux côtés, rien que l'épaisseur du globe. Peut-être des gouffres d'azur, des puits de feu? C'est peut-être sur ces plans que se rencontrent lunes et comètes, mers et fables.

Aux heures d'amertume, je m'imagine des boules de saphir, de métal. Je suis maître du silence. Pourquoi une apparence de soupirail blêmirait-elle au coin de la voûte?

V

I am the saint, at prayer on the terrace—while the peaceful herds pasture all the way to the sea of Palestine.

I am the scholar in the dark armchair. Branches and rain beat against the library casement.

I am tramping the high roads through the dwarf woods; the murmur of the sluices covers the sound of my step. I see the long, melancholy laundering of the gold sunset.

I could well be the lost child on the jetty shooting out into the high sea, or the little valet following the lane whose brow touches the sky.

The ways are rough. The hillocks are covered with broom. The air is motionless. How far off the birds and the streams are! This can only be the world's end, pushing on.

VI

Let me finally have the rental of that tomb, white-washed, with its cement joins standing out in relief,—a long way underground.

I set my elbows on the table, the lamp throws a strong light on the newspapers I idiotically re-read, the boring books.

At a tremendous distance above my subterranean parlour, houses are planted, mists gather. The mud is red or black. Urban monstrosity, night without end!

Not so high up, there are sewers. To each side, only the thickness of the globe. Perhaps gulfs of azure, wells of fire. Perhaps it is on these planes that moons and comets, seas and fables all meet.

In hours of bitterness, I try to imagine balls of sapphire, of metal. I am master of silence. Why should the semblance of a vent-hole grow pale in the corner of the vault?

Conte

Un Prince était vexé de ne s'être employé jamais qu'à la perfection des générosités vulgaires. Il prévoyait d'étonnantes révolutions de l'amour, et soupçonnait ses femmes de pouvoir mieux que cette complaisance agrémentée de ciel et de luxe. Il voulait voir la vérité, l'heure du désir et de la satisfaction essentiels. Que ce fût ou non une aberration de piété, il voulut. Il possédait au moins un assez large pouvoir humain.

Toutes les femmes qui l'avaient connu furent assassinées. Quel saccage au jardin de la beauté! Sous le sabre, elles le bénirent. Il n'en commanda point de nouvelles. — Les femmes réapparurent.

Il tua tous ceux qui le suivaient, après la chasse ou les libations. — Tous le suivaient.

Il s'amusa à égorger les bêtes de luxe. Il fit flamber les palais. Il se ruait sur les gens et les taillait en pièces. La foule, les toits d'or, les belles bêtes existaient encore.

Peut-on s'extasier dans la destruction, se rajeunir par la cruauté! Le peuple ne murmura pas. Personne n'offrit le concours de ses vues.

Un soir, il galopait fièrement. Un Génie apparut, d'une beauté ineffable, inavouable même. De sa physionomie et de son maintien ressortait la promesse d'un amour multiple et complexe! d'un bonheur indicible, insupportable même! Le Prince et le Génie s'anéantirent probablement dans la santé essentielle. Comment n'auraient-ils pas pu en mourir! Ensemble donc ils moururent.

Mais le Prince décéda, dans son palais, à un âge ordinaire. Le Prince était le Génie. Le Génie était le Prince.

La musique savante manque à notre désir.

Tale

A Prince was annoyed at having given all his time to perfecting commonplace forms of lavishness. He had an intuition of astounding changes in loving, and suspected his women of being capable of more than mere compliance, enhanced with sky and luxury. He wanted to see the truth, the hour of the essence of pure desire and its satisfaction. Pious aberration or not, he wanted this. And at any rate he possessed a wide enough sway of human power.

All the women who had known him were assassinated. Such carnage in the gardens of beauty! Under the sword's point, they blessed him. He ordered no new ones.—They reappeared.

All his followers in hunting or drinking were put to death.—All went on following him.

He took pleasure in strangling luxury animals, pets. He sent palaces up in flames. He flung himself on people and cut them in pieces.—The throngs, the golden roofs, the gorgeous animals all persisted.

Can one attain ecstasy in destruction, a second youth through cruelty? The people never murmured. No-one offered to oppose his views.

One evening, he was out galloping in his pride. A Genie appeared, of ineffable, even unspeakable beauty. His looks and mien held the promise of a complex and multi-faceted love! of happiness inexpressible, even intolerable! The Prince and the Genie probably cancelled each other out in the essence of perfect health. How could they not die of it? So, together they died.

Yet this Prince died in the ordinary way at a usual age, in his palace. The Prince was the Genie. The Genie was the Prince.

Music for all its cunning falls short of our desire.

Vies

I

O les énormes avenues du pays saint, les terrasses du temple! Qu'a-t-on fait du brahmane qui m'expliqua les Proverbes? D'alors, de là-bas, je vois encore même les vieilles! Je me souviens des heures d'argent et de soleil vers les fleuves, la main de la campagne sur mon épaule, et de nos caresses debout dans les plaines poivrées. — Un envol de pigeons écarlates tonne autour de ma pensée. — Exilé ici, j'ai eu une scène où jouer les chefs-d'œuvre dramatiques de toutes les littératures. Je vous indiquerais les richesses inouïes. J'observe l'histoire des trésors que vous trouvâtes. Je vois la suite! Ma sagesse est aussi dédaignée que le chaos. Qu'est mon néant, auprès de la stupeur qui vous attend?

II

Je suis un inventeur bien autrement méritant que tous ceux qui m'ont précédé; un musicien même, qui ai trouvé quelque chose comme la clef de l'amour. À présent, gentilhomme d'une campagne aigre au ciel sobre, j'essaye de m'émouvoir au souvenir de l'enfance mendiante, de l'apprentissage ou de l'arrivée en sabots, des polémiques, des cinq ou six veuvages, et quelques noces où ma forte tête m'empêcha de monter au diapason des camarades. Je ne regrette pas ma vieille part de gaieté divine; l'air sobre de cette aigre campagne alimente fort activement mon atroce scepticisme. Mais comme ce scepticisme ne peut désormais être mis en œuvre, et que d'ailleurs je suis dévoué à un trouble nouveau, — j'attends de devenir un très méchant fou.

III

Dans un grenier où je fus enfermé à douze ans j'ai connu le monde, j'ai illustré la comédie humaine. Dans un cellier j'ai appris l'histoire. À quelque fête de nuit dans une cité du Nord j'ai rencontré toutes les femmes des anciens peintres. Dans un vieux passage à Paris on m'a enseigné les sciences classiques. Dans une magnifique demeure cernée par l'Orient entier j'ai

Lives

I

Oh the vast avenues of the holy land, the temple
terraces! What have they done with the Brahmin who
explained the Parables to me? I can still see the old
women of that time and far place. I can recall the hours
by rivers, the landscape's hand on my shoulder, and our
standing caresses in the freckled plains.—A volley of
scarlet pigeons thunders round my thought.—In exile
here, I had a background for enacting all the dramatic
masterpieces of all literatures. I could reveal unheard-of
riches to you. I can see the history of the treasures you
found. I can see what followed! My wisdom is as much
despised as chaos. What is my nothingness, compared
with the amazement awaiting you?

II

As an inventor I have quite other merits than any
before me. I'm even a musician, who has found
something like the very key of love. At this moment,
nobleman of a harsh country-side under a sober sky,
I try to feel moved at the memory of my mendicant
childhood, my apprenticeship, arrival in clogs, the
arguments, the five or six bereavements, the drinking
bouts when my cool brain wouldn't let me rise to the
pitch of my companions. I've no regret for my old
share in divine gaiety; the sober climate of this harsh
country is an active nutriment for my atrocious
scepticism. But seeing that this scepticism can never
henceforth be put to work, and that I am given over to
a new disturbance besides,—I expect to become a very
vicious madman.

III

In a loft where I was locked up at twelve years of age, I
knew the whole world, I lit up the human comedy. In a
cellar I learnt history. At some night festival in a
northern city, I met all the women of the early painters.
In an old alley-way in Paris I was taught the classic
sciences. In a splendid dwelling framed by the entire
Orient, I completed my immense work and spent my

accompli mon immense œuvre et passé mon illustre
retraite. J'ai brassé mon sang. Mon devoir m'est remis.
Il ne faut même plus songer à cela. Je suis réellement
d'outre-tombe, et pas de commissions.

Villes

Ce sont des villes! C'est un peuple pour qui se sont
montrés ces Alleghanys et ces Libans de rêve! Des
chalets de cristal et de bois qui se meuvent sur des rails
et des poulies invisibles. Les vieux cratères ceints
de colosses et de palmiers de cuivre rugissent
mélodieusement dans les feux. Des fêtes amoureuses
sonnent sur les canaux pendus derrière les chalets.
La chasse des carillons crie dans les gorges. Des
corporations de chanteurs géants accourent dans des
vêtements et des oriflammes éclatants comme la
lumière des cimes. Sur les plates-formes au milieu des
gouffres les Rolands sonnent leur bravoure. Sur les
passerelles de l'abîme et les toits des auberges l'ardeur
du ciel pavoise les mâts. L'écroulement des apothéoses
rejoint les champs des hauteurs où les centauresses
séraphiques évoluent parmi les avalanches. Au-dessus
du niveau des plus hautes crêtes, une mer troublée par
la naissance éternelle de Vénus, chargée de flottes
orphéoniques et de la rumeur des perles et des conques
précieuses; — la mer s'assombrit parfois avec des
éclats mortels. Sur les versants, des moissons de
fleurs, grandes comme nos armes et nos coupes,
mugissent. Des cortèges de Mabs en robes rousses,
opalines, montent des ravines. Là-haut, les pieds dans la
cascade et les ronces, les cerfs tettent Diane. Les
Bacchantes des banlieues sanglotent et la lune brûle et
hurle. Vénus entre dans les cavernes des forgerons et des
ermites. Des groupes de beffrois chantent les idées des
peuples. Des châteaux bâtis en os sort la musique
inconnue. Toutes les légendes évoluent et les élans se
ruent dans les bourgs. Le paradis des orages s'effondre.
Les sauvages dansent sans cesse la Fête de la Nuit. Et,

august retirement. I have brewed my blood. I am
relieved of my task. That isn't even to be thought of
any more. I really am from beyond the tomb, and no
commissions accepted.

Towns

Yes, towns! This is a people for whom these Alleghanys
rose up and these Lebanons of dream! Chalets of
crystal and timber move on invisible rails and pulleys.
The ancient craters ringed with colossi and brazen palm
trees rumble melodiously in their fires. Festivals of love
resound on the canals suspended beyond the chalets.
The fugue of carillons resounds along the gorges.
Guilds of gigantic singers come in vestments and
oriflammes dazzling as snow summits. On the platforms
in the midst of the abysses, Orlandos sound their
defiance. On the rope bridges over precipices and on
the roofs of inns the glow of the sky be-flags the masts.
Collapsing transfigurations reach as low as the
mountain plains where seraphic centauresses perform
their evolutions amid the avalanches. Above the level of
the highest ranges, a sea disturbed by the continual
birth of Venus, laden with choric fleets and with the
rumour of pearls and precious conches—the sea darkens
now and then with mortal flashes. On the slopes
harvests of flowers as large as our weapons or our
goblets are mooing. Processions of Queen Mabs in
russety, opalescent robes, climb from ravines. Up there
with their hooves in the cascades and the brambles,
goats give suck to Diana. Suburban Bacchantes are
sobbing, and the moon burns and howls. Venus makes
her way into the caverns of blacksmiths and anchorites.
Groups of belfries resound with the notions of the
peoples. Unknown music echoes from castles built of
bones. All the legends are busy evolving and impulses
rush out in country towns. The paradise of storms caves
in. Savages dance without ceasing the Festival of Night.
And, for an hour, I went down into the hubbub of a

une heure, je suis descendu dans le mouvement d'un boulevard de Bagdad où des compagnies ont chanté la joie du travail nouveau, sous une brise épaisse, circulant sans pouvoir éluder les fabuleux fantômes des monts où l'on a dû se retrouver.

Quels bons bras, quelle belle heure me rendront cette région d'où viennent mes sommeils et mes moindres mouvements?

Départ

Assez vu. La vision s'est rencontrée à tous les airs.

Assez eu. Rumeurs des villes, le soir, et au soleil, et toujours.

Assez connu. Les arrêts de la vie. — O Rumeurs et Visions!

Départ dans l'affection et le bruit neufs!

À une Raison

Un coup de ton doigt sur le tambour décharge tous les sons et commence la nouvelle harmonie.

Un pas de toi, c'est la levée des nouveaux hommes et leur en-marche.

Ta tête se détourne: le nouvel amour! Ta tête se retourne,—le nouvel amour!

"Change nos lots, crible les fléaux, à commencer par le temps," te chantent ces enfants. "Élève n'importe où la substance de nos fortunes et de nos vœux," on t'en prie.

Arrivée de toujours, tu t'en iras partout.

Baghdad boulevard where companies of people were
singing the joy of the new toil, under a dense wind,
wandering about without managing to escape the
fabulous phantoms of the mountains where one ought
to have been.

What good strong arms, what lovely hour will bring
me back that region where my dreams come from, and
my slightest impulses?

Setting Out

Seen enough. Vision has met itself in every air.

Had enough. Rumour of cities at nightfall, and in the
sun, and always.

Known enough. The pauses of life.—Oh Rumours
and Visions!

Setting out, in new affection and new sound.

To a Reason

A touch of your finger on the drum discharges all
sounds, and initiates the new harmony.

One pace of yours is the rising up of a new mankind
and its forward march.

Your head turns away: love renewed! Your head
turns back: love renewed!

"Change our lots, wipe out the curses, starting with
time," those children call. "Raise, no matter where, the
wherewithal of our fortunes and desires," people
implore.

Arrived from always, you will go all ways.

Aube

J'ai embrassé l'aube d'été.

Rien ne bougeait encore au front des palais. L'eau était morte. Les camps d'ombres ne quittaient pas la route du bois. J'ai marché, réveillant les haleines vives et tièdes, et les pierreries regardèrent, et les ailes se levèrent sans bruit.

La première entreprise fut, dans le sentier déjà empli de frais et blêmes éclats, une fleur qui me dit son nom.

Je ris au wasserfall blond qui s'échevela à travers les sapins: à la cime argentée je reconnus la déesse.

Alors je levai un à un les voiles. Dans l'allée, en agitant les bras. Par la plaine, où je l'ai dénoncée au coq. À la grand'ville, elle fuyait parmi les clochers et les dômes, et, courant comme un mendiant sur les quais de marbre, je la chassais.

En haut de la route, près d'un bois de lauriers, je l'ai entourée avec ses voiles amassées, et j'ai senti un peu son immense corps. L'aube et l'enfant tombèrent au bas du bois.

Au réveil il était midi.

Fleurs

D'un gradin d'or, — parmi les cordons de soie, les gazes grises, les velours verts et les disques de cristal qui noircissent comme du bronze au soleil, — je vois la digitale s'ouvrir sur un tapis de filigranes d'argent, d'yeux et de chevelures.

Des pièces d'or jaunes semées sur l'agate, des piliers d'acajou supportant un dôme d'émeraudes, des bouquets de satin blanc et de fines verges de rubis entourent la rose d'eau.

Dawn

I have held the summer dawn in my arms.

All was moveless yet on the fronts of public buildings. The water was inert. The shadows encamped on the forest road did not budge. I walked on, waking up the lively warm breaths; and the precious stones stared, and wings rose without a sound.

The first initiative proved, on the pathway, full already of cool and pallid gleams, to be a flower that told me its name.

I laughed at the flaxen wasserfall flinging out its hair through the fir trees; at the silvered summit I recognised the goddess.

Then one by one I lifted the veils. In the path, by waving my arms. In the open plain, where I announced her to the cock. In the city, she was taking flight among the belfries and domes; and running like a beggar along the marble quays, I chased her.

At the top of the road, close by a laurel thicket, I wrapped her round in her accumulated veils, and I could just feel her immense body. Dawn and child fell down together at the bottom of the wood.

On waking, it was noon.

Flowers

From a dais of gold—among the silk cords, the greyish gauzes, the green velvets and the crystal discs that blacken like bronze in the sun—I can see the foxglove opening on a carpet of silver filigree, eyes, and heads of hair.

Gold pieces scattered on the agate, pillars of mahogany supporting a dome of emerald, bouquets of white satin and slender rods of ruby surround the rose of the water.

Tels qu'un dieu aux énormes yeux bleus et aux formes de neige, la mer et le ciel attirent aux terrasses de marbre la foule des jeunes et fortes roses.

Matinée d'Ivresse

O *mon* Bien! O *mon* Beau! Fanfare atroce où je ne trébuche point! Chevalet féerique! Hourra pour l'œuvre inouïe et pour le corps merveilleux, pour la première fois! Cela commença sous les rires des enfants, cela finira par eux. Ce poison va rester dans toutes nos veines même quand, la fanfare tournant, nous serons rendus à l'ancienne inharmonie. O maintenant, nous si digne de ces tortures! rassemblons fervemment cette promesse surhumaine faite à notre corps et à notre âme créés: cette promesse, cette démence! L'élégance, la science, la violence! On nous a promis d'enterrer dans l'ombre l'arbre du bien et du mal, de déporter les honnêtetés tyranniques, afin que nous amenions notre très pur amour. Cela commença par quelques dégoûts et cela finit, — ne pouvant nous saisir sur-le-champ de cette éternité, — cela finit par une débandade de parfums.

Rire des enfants, discrétion des esclaves, austérité des vierges, horreur des figures et des objets d'ici, sacrés soyez-vous par le souvenir de cette veille. Cela commençait par toute la rustrerie, voici que cela finit par des anges de flamme et de glace.

Petite veille d'ivresse, sainte! quand ce ne serait que pour le masque dont tu nous a gratifié. Nous t'affirmons, méthode! Nous n'oublions pas que tu as glorifié hier chacun de nos âges. Nous avons foi au poison. Nous savons donner notre vie tout entière tous les jours.

Voici le temps des *Assassins*.

Like a god with immense blue eyes and snowy form,
the sea and sky draw to the marble terraces the throng
of young and vigorous roses.

A Morning High

Oh *my* Good, *my* Beautiful! Atrocious fanfare that
cannot make me blench. Faery wheel and rack! Hurray
for the unheard-of masterpiece, for the miraculous body,
for the first time! It started with childish giggles, and
will finish that way. This poison will linger in our veins
even when the fanfare turns off and we are thrown back
on the same old dissonance. But oh, this moment, we
being worthy of these tortures, let us fervently hold to
this superhuman promise made to our created body and
soul: this promise, this madness! Elegance, science,
violence! We have been promised that the tree of good
and evil will be buried in darkness, the tyrannic
proprieties swept away, so that we can bring on our
utterly pure love. It all began with a touch of nausea
and will finish—seeing we cannot seize this eternity
right off—it will finish in a scurry of perfumes.

Childish laughter, slave-like prudence, virginal
austerity, horror of the images and objects all round, be
sanctified by the memory of this vigil. It started with
clownishness, and now it's ending with angels of flame
and ice.

Little vigil, high and holy! even if it were only for the
mask you favoured us with. Method, we have proved
you. We will not forget that yesterday you glorified
every one of our ages. We have faith in the poison. We
are ready to give our lives entire every day.

Now is the time of the *Assassins*.

Solde

À vendre ce que les Juifs n'ont pas vendu, ce que
noblesse ni crime n'ont goûté, ce qu'ignorent l'amour
maudit et la probité infernale des masses! ce que le
temps ni la science n'ont pas à reconnaître:

Les Voix reconstituées; l'éveil fraternel de toutes les
énergies chorales et orchestrales et leurs applications
instantanées; l'occasion, unique, de dégager nos sens!

À vendre les Corps sans prix, hors de toute race, de
tout monde, de tout sexe, de toute descendance! Les
richesses jaillissant à chaque démarche! Solde de
diamants sans contrôle!

À vendre l'anarchie pour les masses; la satisfaction
irrépressible pour les amateurs supérieurs; la mort
atroce pour les fidèles et les amants!

À vendre les habitations et les migrations, sports,
féeries et conforts parfaits, et le bruit, le mouvement et
l'avenir qu'ils font!

À vendre les applications de calcul et les sauts
d'harmonie inouïs. Les trouvailles et les termes non
soupçonnés, — possession immédiate.

Élan insensé et infini aux splendeurs invisibles, aux
délices insensibles, — et ses secrets affolants pour
chaque vice — et sa gaieté effrayante pour la foule.

À vendre les corps, les voix, l'immense opulence
inquestionnable, ce qu'on ne vendra jamais. Les
vendeurs ne sont pas à bout de solde! Les voyageurs
n'ont pas à rendre leur commission de si tôt.

Jeunesse

I

Dimanche

Les calculs de côté, l'inévitable descente du ciel et la
visite des souvenirs et la séance des rhythmes occupent
la demeure, la tête et le monde de l'esprit.

Bargains

For sale: what the Jews haven't sold, what nobility and crime have never enjoyed, what the cursed love and the infernal probity of the masses know nothing of! what neither time nor science has any way of recognising:

The Voices restored; the fraternal awakening of all the choral and orchestral energies and their instant putting into practice; unique opportunity to release our senses!

For sale, the Bodies beyond price, beyond all race, all world, all sex, all ancestry! Riches abounding at every gesture and turn! Diamonds at throwaway prices!

For sale, anarchy for the masses; irrepressible satisfaction for superior amateurs; atrocious death for faithful hearts and lovers!

For sale, habitations and migrations, games, faery magics, and perfect comforts, and the noise, movement and future they make!

For sale, the calculations made to work and the leaps of harmony unheard-of. The lucky finds and the terms never dreamed of,—immediate possession.

Wild and infinite impulse to invisible splendours, to imperceptible delights—and its secrets maddening for every vice—and its gaiety that terrifies the crowd.

For sale, the bodies, the voices, the immense unquestionable opulence, that which one will never sell. The sellers haven't exhausted their stock! The travellers don't have to hand in their commissions so soon.

Youth

I

Sunday

Reckonings aside, the inevitable descent from heaven, the visitations of memory and the session of rhythms all occupy the dwelling, the head and the world of the mind.

— Un cheval détale sur le turf suburbain et le long des cultures et des boisements, percé par la peste carbonique. Une misérable femme de drame, quelque part dans le monde, soupire après des abandons improbables. Les desperadoes languissent après l'orage, l'ivresse et les blessures. De petits enfants étouffent des malédictions le long des rivières.

Reprenons l'étude au bruit de l'œuvre dévorante qui se rassemble et remonte dans les masses.

II

Vingt Ans

Les voix instructives exilées... L'ingénuité physique amèrement rassise... — Adagio. — Ah! l'égoïsme infini de l'adolescence, l'optimisme studieux: que le monde était plein de fleurs cet été! Les airs et les formes mourant... — Un chœur de verres, de mélodies nocturnes... En effet, les nerfs vont vite chasser.

III

Tu en es encore à la tentation d'Antoine. L'ébat du zèle écourté, les tics d'orgueil puéril, l'affaissement et l'effroi. Mais tu te mettras à ce travail; toutes les possibilités harmoniques et architecturales s'émouvront autour de ton siège. Des êtres parfaits, imprévus, s'offriront à tes expériences. Dans tes environs affluera rêveusement la curiosité d'anciennes foules et de luxes oisifs. Ta mémoire et tes sens ne seront que la nourriture de ton impulsion créatrice. Quant au monde, quand tu sortiras, que sera-t-il devenu? En tout cas, rien des apparences actuelles.

Mouvement

Le mouvement de lacet sur la berge des chutes du
    fleuve,
Le gouffre à l'étambot,
La célérité de la rampe,

—A horse gallops off on the suburban race-track and along the cultivated fields and plantations, stricken by the carbonic plague. Some wretched heroine of melodrama, here or there in the world, yearns for improbable emotional outbursts. The desperadoes long for storms, excitement, wounds. Small children stifle curses along the river-banks.

Let's to work again, study, to the sound of the devouring task that gathers and mounts up in the masses.

II

At Twenty

The instructive Voices exiled ... Physical ingenuousness bitterly sunk on itself, resigned ... Adagio.—Ah, the infinite egoism of adolescence, the studious hopes: how full of flowers the world was this summer! Dying shapes and airs ... Let some choir sing calm to impotence and loss! A chorus of musical glasses, nocturnal melodies ... But off go the nerves on the run.

III

You are still hung up on the temptation of St. Anthony. The outbursts of zeal cut short, the nervous tics of childish pride, collapse and terror. But you will settle to this work: all harmonic and architectonic possibilities will take impulse round where you sit. Unforeseeable perfect beings will offer themselves to your experience. All about you dreamily the curiousness of antique throngs and of indolent luxury will flow abundant. Your memory and your senses will simply be the food of your creative impulse. As for the world, when you emerge, what will it be like? Nothing like what it appears now, in any case.

Movement

The rocking movement against the bank of the falling
    river,
The whirling gulf at the stern-post,
The speeding hand-rail,

L'énorme passade du courant
Mènent par les lumières inouïes
Et la nouveauté chimique
Les voyageurs entourés des trombes du val
Et du strom.

Ce sont les conquérants du monde
Cherchant la fortune chimique personnelle;
Le sport et le confort voyagent avec eux;
Ils emmènent l'éducation
Des races, des classes et des bêtes, sur ce vaisseau:
Repos et vertige
À la lumière diluvienne
Aux terribles soirs d'étude.

Car de la causerie parmi les appareils, le sang, les
    fleurs, le feu, les bijoux,
Des comptes agités à ce bord fuyard,
— On voit, roulant comme une digue au delà de la
    route hydraulique motrice,
Monstrueux, s'éclairant sans fin, — leur stock
    d'études;
Eux chassés dans l'extase harmonique,
Et l'héroïsme de la découverte.

Aux accidents atmosphériques les plus surprenants,
Un couple de jeunesse, s'isole sur l'arche,
— Est-ce ancienne sauvagerie qu'on pardonne? —
Et chante et se poste.

Génie

Il est l'affection et le présent puisqu'il a fait la maison
ouverte à l'hiver écumeux et à la rumeur de l'été — lui
qui a purifié les boissons et les aliments — lui qui est le
charme des lieux fuyants et le délice surhumain des
stations. — Il est l'affection et l'avenir, la force et

The immense sweep of the current
Lead on, through the incredible lights
And the novelty of chemical change,
The voyagers surrounded by the water-spouts of the
    valley
And by the riptide.

They are the world-conquerors
Seeking their personal chemical fortune;
Sport and comfort travel along with them:
They are carrying education
For the masses, the classes, and the beasts, on this
    vessel;
Dizzying stillness
In the diluvial light,
In the relentless evenings of study.

For, from the chatter among the equipment, the blood,
    the flowers, the fire, the jewels,
From the reckonings bandied about against that
    fleeting rim,
One can see—rolling along like a breakwater beyond
    the hydraulic motored way,
Monstrous, endlessly coming into view—their stock-in-
    trade of study:
While they drive on in the harmonic ecstasy
And heroism of discovery.

Against the most astonishing atmospheric happenings,
A couple, young, stands isolated on the ark,
—Is this the old wildness now forgiven?—
And sings, taking up its stand.

Genie

He is the sense of loving and the present moment,
seeing that he made the house open to foamy winter
and the hum of summer, he who has purified all things
to drink and eat, he who is the magic of vanishing
places, and the superhuman delight of pauses. He is the

l'amour que nous, debout dans les rages et les ennuis, nous voyons passer dans le ciel de tempête et les drapeaux d'extase.

Il est l'amour, mesure parfaite et réinventée, raison merveilleuse et imprévue, et l'éternité: machine aimée des qualités fatales. Nous avons tous eu l'épouvante de sa concession et de la nôtre: ô jouissance de notre santé, élan de nos facultés, affection égoïste et passion pour lui, — lui qui nous aime pour sa vie infinie...

Et nous nous le rappelons et il voyage... Et si l'Adoration s'en va, sonne, sa promesse sonne: "Arrière ces superstitions, ces anciens corps, ces ménages et ces âges. C'est cette époque-ci qui a sombré!"

Il ne s'en ira pas, il ne redescendra pas d'un ciel, il n'accomplira pas la rédemption des colères des femmes et des gaietés des hommes et de tout ce Péché: car c'est fait, lui étant, et étant aimé.

O ses souffles, ses têtes, ses courses: la terrible célérité de la perfection des formes et de l'action.

O fécondité de l'esprit et immensité de l'univers!

Son corps! le dégagement rêvé, le brisement de la grâce croisée de violence nouvelle!

Sa vue, sa vue! tous les agenouillages anciens et les peines *relevées* à sa suite.

Son jour! l'abolition de toutes souffrances sonores et mouvantes dans la musique plus intense.

Son pas! les migrations plus énormes que les anciennes invasions.

O Lui et nous! l'orgueil plus bienveillant que les charités perdues.

O monde! et le chant clair des malheurs nouveaux!

Il nous a connus tous et nous a tous aimés: sachons, cette nuit d'hiver, de cap en cap, du pôle tumultueux au château, de la foule à la plage, de regards en regards, forces et sentiments las, le héler et le voir, et le

sense of loving and the future, the strength and the love
glimpsed by us, as we stand in our rages and boredoms,
watching him pass by in the sky of storms and the flags
of ecstasy.

He is love, the perfect measure re-invented, the
marvellous and unforeseen reason, and eternity:
beloved machine of the destined qualities. We have all
felt the panic of his yielding and our own: Oh the joy
of our own health, the upsurge of our faculties, self-love
and passion for him,—for him who loves us for his own
infinite life ...

And we call him back to us and he travels ... And if
Adoration goes, resounding, his promise resounds:
"Away with those superstitions, those ancient bodies,
those households, and ages. It is this present era which
has foundered!"

He will not go away, he will not come down again
from a heaven, he will not carry out the redemption of
women's anger and men's levity, of all that Sin: for that
is accomplished by his very existence, and his being
loved.

Oh his breathings, his heads, his running careers: the
fearful swiftness of the perfecting of forms, of the act
realised.

Oh prodigality of the mind and immensity of the
universe!

His body! The dreamed-of release, the refraction of
grace crossed with a new violence!

His appearing! All the old kneelings, the punishments
absolved at his passing.

His day! Abolition of all sufferings sounding and
moving in the intensest music!

His pace! Migrations more immense than the
invasions of the dark ages.

Oh ourselves and Him! pride more benevolent than
vanished charities.

Oh world! and the clear song of the new woes!

renvoyer, et, sous les marées et au haut des déserts de neige, suivre ses vues, — ses souffles, — son corps, — son jour.

He has known us all and loved all: let us know, this winter night, from cape to cape, from stormy pole to chateau, from human throngs to empty shores, from gazes to gazes, all force and feelings weary, how to hail him and see him, send him on his way, and, beneath the tides, and on icy desert summits, follow his seeings, —his breathings,—his body,—his day.

Chronologies

Baudelaire

1819. Marriage of Baudelaire's parents; his father a widower of sixty, originally educated for the priesthood, but since 1800 a member of the French administration: his mother, Caroline Dufays, aged twenty-six.

1821. April 9. Birth of Charles-Pierre Baudelaire.

1827. Death of the poet's father.

1828. Second marriage of his mother, to Jacques Aupick, professional soldier, veteran of Waterloo, later to be a general and diplomat.

1830. The family move to Lyon, where Charles receives his early schooling.

1836. Aupick promoted and transferred to Paris, where Charles becomes a pupil at the Lycée Louis-le-Grand.

1839. He is expelled from the lycée—for refusing to denounce a comrade. Enrolled as a law student, he spends his time writing, idling, exploring the literary-bohemian world of the day.

1841. In order to protect Charles from "bad influences," his mother and stepfather have him sent on a voyage to Calcutta—June 9. On landing at Mauritius, Charles refuses to go further, takes ship for home.

1842. Back in Paris in March, Charles enters on his paternal inheritance at twenty-one; takes an apartment on the Île St. Louis. First encounter with Jeanne Duval, then acting at an obscure theatre. Of Creole extraction; a mixture of animal charm, stupidity, and cunning, her attraction for the poet persists (without illusions on either side) for the rest of his life. She is the "bizarre deity," the bronze-faced angel who haunts some of his most characteristic poems—*Les Bijoux*, *La Chevelure*, *La Chambre Double*, *Le Balcon*, and others.

1844. With half his patrimony already spent, the remainder is removed from his control by a family council, and entrusted to a notary who is to pay him a monthly allowance of 200 francs. This humiliation is a lifelong injury, and explains the poet's future attitude to his mother.

1845. May 24: Baudelaire makes his debut as an art critic with the *Salon* of 1845. His first poem published, "Sonnet to a Creole Lady."

1846. Writes another *Salon* for this year.

1847. "Wine and hashish are bad remedies for misery and depression." (From a letter to his mother)

1848. He joins the revolutionary fighters on the Paris barricades. His main impulse would seem to be to have a shot at his stepfather. This year marks his first discovery of the works of Poe.

1851. He is present in the street fighting at the Coup d'État of Louis Napoléon, December 2.

1852. Publishes a lengthy study of Edgar Allan Poe, his life and work, in the *Revue de Paris*. Beginning of his relationship with Mme. Sabatier—the feminine opposite of Jeanne Duval: a well-kept demi-mondaine whose salon was much frequented by writers and artists.

1853. General Aupick appointed to the Senate.

1854. Unsuccessful attempts to interest a theatre in a sketch of a play to be called *The Drunkard*, and in another based on Poe's *Imp of the Perverse*.

1855. He changes apartments six times in a month—largely to escape creditors. Publication of eighteen poems, under the title *Les Fleurs du Mal* in the *Revue des Deux Mondes*, July 8. First poems in prose published.

1856. *Histoires Extraordinaires*, his translation of some of Poe's tales, appear in volume form (Michel Lévy).

Break with Jeanne Duval. But Baudelaire continues to take responsibility for her welfare, at much sacrifice of his money, nerves, and time.

1857. A second collection of Poe's tales in translation is published. Death of General Aupick. June 25: publication of *Les Fleurs du Mal*. August 20: for "outrage to public morals" the poet is fined 300 francs, and six of the poems are suppressed by court order.

1858. From now onward Baudelaire divides his time between Paris and brief but frequent escapes for rest and refuge to his mother's house at Honfleur.

1860. *Les Paradis Artificiels*, a study of the effects of

wine, hashish, opium, incorporating liberally translated extracts from De Quincey's *Confessions*, first published in book form.

1861. Second edition of *Les Fleurs du Mal*, much expanded, but without the poems condemned in 1857.

1862. Baudelaire notes in his Journals (begun about 1855) that he has received a "singular warning" of mental or nervous collapse. Twenty of the prose poems appear serially in *La Presse*.

1863. Poulet-Malassis, publisher of *Les Fleurs*, arrested for debt, escapes prison by flight to Belgium. Baudelaire sells all rights in his translations of Poe to Michel Lévy for 2,000 francs (including two volumes yet to be written).

1864. A lecture tour in Belgium is a financial failure. The poet's health deteriorates rapidly.

1865. Another volume of Poe translations. Three very enthusiastic articles on Baudelaire's poetry, by a twenty-one-year-old poet, Paul Verlaine, appear in *L'Art*.

1866. March 15: touring in Belgium with his friend, Félicien Rops, the poet collapses in the church of Saint-Loup, Namur. Speechless after a paralytic stroke in a Brussels hospital, he is brought back under his mother's care to Paris, where he remains in a nursing home. He never recovers his faculties.

1867. Death of the poet on August 31: burial in Montparnasse cemetery. December 4: the rights in all his literary works are put up for auction, at a reserve of 1,000 francs, and sold for 1,750 to Michel Lévy, who proceeds to exploit his acquisition with the very successful publication of a collected edition (1868–1870), a project which he had turned down during the poet's lifetime.

Mallarmé

1842. March 18: birth of the poet in Paris.

1847. August 2: his mother dies.

1848. His father remarries; Stéphane and his sister largely in the care of grandparents.

1856. Stéphane is sent as boarder to the lycée in Sens. He is already an assiduous, dedicated, and quite accomplished poet.

1860. Copies out thirty poems from *Les Fleurs du Mal*. Graduating from the lycée in November, decides to take up work as a schoolteacher, to give the maximum possible time to writing.

1862. Meets Marie Gerhard, a German girl employed in Paris as a governess. November, leaves with her for London, in order to study English for a year.

1863. August 10: marries Marie. Obtains a teacher's certificate and an appointment to a school in Tournon.

1864. November 19: birth of the poet's daughter, Geneviève.

1865. Completes a first version of the *Faune* and sends it to Coquelin the actor, and Banville.

1866. Ten of his poems appear in *Le Parnasse Contemporain*. Friendships with Verlaine, Coppée, and many others. Unlike Baudelaire and Rimbaud, he has the gift of friendship.

1867. Appointed to a school in Avignon.

1870. Given "indefinite leave of absence"—a form of dismissal. Reads *Igitur* to a circle of—very bewildered —friends, including the poet Mistral, Mendès, and Villiers de l'Isle-Adam.

1871. Birth of the poet's son, Anatole. M. seeks a post as librarian; to London in August in search of work. October, is appointed as English teacher at the Lycée Condorcet in Paris, where he settles.

1872. Meets Rimbaud, with Verlaine, at a literary dinner.

1873. Forms a friendship with Manet.

1874. *L'Après-Midi d'un Faune* offered to publisher Lemerre, and refused.

1875. Translates Poe's *Raven* for an edition illustrated by Manet. Moves to the Rue de Rome, where he shortly founds his famous "at homes" on Tuesday evenings, social monologues, later to be described by Claudel, Gide, Valéry and other habitués.

1876. *L'Après-Midi* finally appears in a de-luxe edition.

1877. Publishes a very peculiar form of philological study, *Mots Anglais Pour Toutes Les Grammaires*.

1879. Death of his son Anatole, aged eight.

1883. Verlaine includes a study of Mallarmé in his *Les Poètes Maudits* (Doomed Poets).

1884. Chivalric liaison with Méry Laurent, ex-actress and demimondaine, for whom he writes a number of sonnets. Huysmans' *À Rebours* is published. His eulogy of Mallarmé makes the poet famous—and notorious for his obscurity.

1885. Professor at the Collège Rollin.

1887. His one collection of poems published.

1888. Translates Poe's *Poems* and Whistler's *Ten o'Clock*.

1890. To Belgium, giving lectures on his contemporaries.

1893. Presides at a literary banquet; recognized as the idol of a school of young writers.

1894. *Vers et Prose* published, with portrait by Whistler. Granted a pension, retires from teaching. March: invited to Oxford and Cambridge to deliver a lecture, *La Musique et les Lettres*. December: first performance of Debussy's *Prélude à l'Après-Midi d'un Faune*.

1896. January 9, death of Verlaine. Mallarmé is elected Prince des Poètes in his place.

1897. A banquet in his honour. *Divagations*, prose poems and essays, published.

1898. July: reads *Un Coup de Dés Jamais N'Abolira le Hasard* to his young friend and disciple, Paul Valéry. September 9: dies suddenly of a stroke.

1925. Edited by his son-in-law, the unfinished *Igitur* is published for the first time (Gallimard).

Rimbaud

1854. October 20: birth of Arthur Rimbaud at Charleville, in the Ardennes, his father an army captain, his mother a member of a local family of small farmers.

1861. Rimbaud's father abandons his family and is never heard of by them again. "She wanted to treat me like one of the children"—his parting verdict on his

wife. Violent parental quarrels are among Arthur's earliest memories. After futile searches and inquiries, Mme. Rimbaud dons widow's weeds ...

1865. Rimbaud enrolled at the collège or high school of Charleville.

1869. Carries off first prize for Latin verse in an inter-schools competition. Writes his first poems in French.

1870. May 24: writes to Théodore de Banville, a then famous poet, enclosing a number of his own poems. No reply. Napoleon III, having rashly declared war on Prussia, July 5, capitulates at Sedan on September 1. Metz besieged. Mézières, next to Charleville, is bombed and set on fire. August 29: Arthur first runs away from home. Arrested in Paris on thirty-first. Gets his form master, Georges Izambard, to have him released and taken home. October 7: second bid for escape, on foot to Douai. Writes many of his early sonnets on his wanderings—*Ma Bohème*, *Au Cabaret-Vert*, etc. Brought home by police.

1871. February 25: third escape, to Paris, where he contrives to subsist for about a fortnight. May 15: date of his "Lettre du Voyant" to a friend, Démeny. Another attempt to elicit a response from Banville having failed, he sends some poems, including *Bateau Ivre*, to Verlaine, who replies warmly. Joins Verlaine in Paris, and meets his circle of friends, Forain, Coppée, and others.

1872. Having abandoned school for some time, he leaves home for Paris in May. With Verlaine to Belgium in July, and on to London in September. Back at home by Christmas.

1873. London again; then at Roche, a farm owned by his mother, where he writes the beginnings of *Une Saison en Enfer*. May: back in London with Verlaine. On to Brussels, where they quarrel—Rimbaud wishing to break the connection. Verlaine shoots his friend in the arm. Verlaine sent to prison. Arthur returns to Roche, where he completes *Une Saison* ... It is printed (his mother paying the costs) in Brussels. He goes to Paris, October, in time for its publication. The

book is ignored, and he is cold-shouldered as being
"responsible" for Verlaine's prison sentence.

1874. Most of this year in London, with another young
poet, Germain Nouveau. They live on pence from
tutoring and odd jobs. Here he writes or finishes most
of the *Illuminations*. Mother and sister come to London
for a month, but cannot persuade him to go back with
them.

1875–1879. A pattern of ceaseless wandering begins,
with a return to Charleville each winter: a round of
jobs, from tutor to porter to storekeeper—Stuttgart,
Marseilles, Milan, Brindisi, Cyprus. A last stormy
meeting with Verlaine in Stuttgart.

1880. Looking for work in the Red Sea ports, he finally
takes an agent's post in Harar, where he settles for ten
years, trading—never very profitably. The obsession
with alchemical gold is now transferred to the coin. All
savings turned into specie and stuffed into a belt, worn
night and day.

1886. Unknown to the author—and thanks probably to
Verlaine—thirty-six of the *Illuminations* appear in a
magazine, *La Vogue*. Beginnings of the cult. R.'s sole
later reference to his poems: "*rinçures*" (so much slop).

1891. June 8: return to France, sick. His leg amputated
in a Marseilles hospital. Spends a last month at home,
then insists on setting out again before the winter. Back
to Marseilles, under his sister's care. Dies there,
November 10, in hospital, of cancer. "I'm paralyzed—
must be carried on board—before they sail!" were
among the last words of his delirium.

1901. A memorial is erected by subscription, in the
square at Charleville. The poet's mother refuses to be
present at the unveiling, and is said never to have
looked at the monument.

Further Reading

Literature on Baudelaire and Rimbaud is legion, and in many languages. The best biographies remain those by Enid Starkie: *Baudelaire* (1933) and *Rimbaud* (1938). There are revised later editions. The reader has to cope with a prose style singularly laden at times with the richest fruits of cliché ... nevertheless the approach is authoritative, unprejudiced, carefully weighed against all the available evidence—where other writers have found distortion and omission almost irresistible. J. P. Sartre's *Baudelaire* (1947) states a case for the prosecution—for which Baudelaire, at this date, needs no defending counsel.

The literature on Rimbaud in French tends to be a jungle of subjective interpretation and hagiography— witness the hyperbole of René Char; or the opening sentence of a quite recent biography by two young hands: "We shall now attempt to narrate the life of perhaps the greatest genius who ever trod the earth ..." The reader is best advised to keep to the works and to the factual biographical details—and to read the rest as a study in mythology. One saving exception is Yves Bonnefoy's *Rimbaud Par Lui-Même* (Éditions du Seuil, 1961).

On Mallarmé, where interpretation is perhaps most needed, there is the monumental *Vie de Mallarmé* by Henri Mondor (1941), not so far translated into English. But Guy Michaud's *Mallarmé* (New York University Press, 1965), for all its brevity, is a model of insight, clarity, and economy in its approach to the work—and to the life and personality of the poet. Robert Greer Cohn's *Toward the Poems of Mallarmé* (University of California Press, 1965) offers more elaborate, analytic appreciations of all the more difficult poems. All the books cited have detailed further bibliographies.

About the translator

David Paul was born in the north of England of Irish parents. He graduated from Durham University with a major in French. A free-lance writer, he has worked for the Bollingen Series edition of the *Collected Works of Paul Valéry* in English, translating "Idée Fixe" and "Mon Faust," among others. His translations of Valéry's poetry appeared in 1971. Also, he was a visiting professor at the University of Montana for the year 1970–71.

Besides several plays, broadcast in England and elsewhere, his poems, articles and stories have appeared in *Partisan Review*, *The Hudson Review*, *Southern Review*, *New Statesman*, *Observer* and other periodicals.